처음 만나는 혁명가들

마르크스
레닌
룩셈부르크
트로츠키
그람시

국립중앙도서관 출판예정도서목록(CIP)

처음 만나는 혁명가들 : 마르크스, 레닌, 룩셈부르크, 트로
츠키, 그람시 / 지은이: 마이크 곤살레스, 이언 버철, 샐리
캠벨, 에스미 추나라, 크리스 뱀버리 ; 옮긴이: 이수현. ---
서울 : 책갈피, 2015
      p. ;   cm

원표제: Rebel's guide to Marx
원표제: Rebel's guide to Lenin
원표제: Rebel's guide to Rosa Luxemburg
원표제: Rebel's guide to Trotsky
원표제: Rebel's guide to Gramsci
원저자명: Mike Gonzalez, Ian H. Birchall, Sally Campbell
, Esme Choonara, Chris Bambery
영어 원작을 한국어로 번역
ISBN 978-89-7966-109-5 03990 : ₩14000

혁명가[革命家]
전기(인물)[傳記]

340.99-KDC6
320.092-DDC23   CIP2015001997

처음 만나는 혁명가들

마르크스, 레닌, 룩셈부르크, 트로츠키, 그람시

마이크 곤살레스, 이언 버철, 샐리 캠벨,
에스미 추나라, 크리스 뱀버리 지음 | 이수현 옮김

책갈피

A Rebel's Guide to Marx(Mike Gonzalez) in 2006
A Rebel's Guide to Lenin(Ian Birchall) in 2005
A Rebel's Guide to Rosa Luxemburg(Sally Campbell) in 2011
A Rebel's Guide to Trotsky(Esme Choonara) in 2007
A Rebel's Guide to Gramsci(Chris Bambery) in 2006
ⓒ Bookmarks Publications

Korean translation edition ⓒ 2015 by Chaekgalpi Publishing Co.
Bookmarks와 협약에 따라 이 책의 한국어 판권은 책갈피 출판사에 있습니다.

처음 만나는 혁명가들

마르크스, 레닌, 룩셈부르크, 트로츠키, 그람시

지은이 | 마이크 곤살레스, 이언 버철, 샐리 캠벨,
　　　　에스미 추나라, 크리스 뱀버리
옮긴이 | 이수현
펴낸곳 | 도서출판 책갈피

등록 | 1992년 2월 14일(제2014-000019호)
주소 | 서울 성동구 무학봉15길 12 2층
전화 | 02) 2265-6354
팩스 | 02) 2265-6395
이메일 | bookmarx@naver.com
홈페이지 | http://chaekgalpi.com

첫 번째 찍은 날 2015년 2월 5일

값 14,000원

ISBN 978-89-7966-109-5
잘못된 책은 바꿔 드립니다.

차례

01 카를 마르크스　　7
　　노동계급의 자기 해방

02 블라디미르 레닌　　71
　　혁명의 무기 볼셰비키당을 만들다

03 로자 룩셈부르크　　135
　　사회주의냐 야만이냐

04 레온 트로츠키　　209
　　혁명적 마르크스주의 전통을 사수하다

05 안토니오 그람시　　275
　　실천철학과 '현대 군주'

　　더 읽을거리　339
　　후주　346

일러두기

1. 이 책은 Mike Gonzalez, *A Rebel's Guide to Marx*(Bookmarks, 2006), Ian Birchall, *A Rebel's Guide to Lenin*(Bookmarks, 2005), Sally Campbell, *A Rebel's Guide to Rosa Luxemburg*(Bookmarks, 2011), Esme Choonara, *A Rebel's Guide to Trotsky*(Bookmarks, 2007), Chris Bambery, *A Rebel's Guide to Gramsci*(Bookmarks, 2006)를 번역한 것이다.

2. 인명과 지명 등의 외래어는 최대한 외래어 표기법에 맞춰 표기했다.

3. 《 》부호는 책과 잡지를 나타내고 〈 〉부호는 신문, 주간지를 나타낸다. 논문은 " "로 나타냈다.

4. 본문에서 [ ]는 옮긴이가 독자의 이해를 돕거나 문맥을 매끄럽게 하려고 덧붙인 것이고, 지은이가 인용문에서 덧붙인 것은 [— 지은이]라고 표기했다.

5. 본문의 각주는 옮긴이가 넣은 것이고, 지은이의 각주는 ' — 지은이'라고 표기했다.

6. 원문에서 이탤릭체로 강조한 부분은 고딕체로 나타냈다.

01
카를 마르크스

노동계급의 자기 해방

'건방진' 반항아의 탄생

카를 마르크스는 혁명가였다. 생애 말년에 그는 마르크스주의자를 자처하는 사람들을 보면 자신이 마르크스주의자인지 아닌지 의심스럽다고 말하곤 했다. 1883년 마르크스가 죽은 뒤 그의 이름이 폭정과 착취를 정당화하는 데 이용된 경우가 많았다 (그것은 마르크스의 신념에 정면으로 반하는 것이었다). 그럼에도, 마르크스가 평생의 협력자 프리드리히 엥겔스와 함께 저술한 《공산당 선언》은 1990년대 말에 깜짝 베스트셀러였고, 21세기 초에 BBC의 라디오 청취자들은 역사상 가장 위대한 철학자로 카를 마르크스를 꼽았다.

그러나 마르크스를 철학자로만 여기는 것은 온당하지 않다. 뭐니 뭐니 해도, 마르크스 자신이 다음과 같이 말했다. "지금까지 철학자들은 세계를 해석했을 뿐이다. 그러나 중요한 것은 세계를 변화시키는 것이다." 이 유명한 말은 마르크스 자신의 발전 과정에서 아주 중요한 순간, 즉 철학자가 혁명적 사상가로 바뀌는 순간에 나온 말이다.

카를 마르크스는 1818년 독일 라인란트 지방 트리어의 부유한 유대인 가정에서 태어났다. 트리어는 세기의 전환기에 나폴레옹 군대에 잠시 점령당했다가 다시 프로이센 절대왕정의 지배를 받게 됐다. 나폴레옹은 트리어에 아주 잠깐 머물렀지만, 프랑스혁명의 자유와 변화에 대한 사상을 어느 정도 남겨 놓았다.

마르크스의 아버지 히르셸은 프로이센의 유대인들이 겪는 차별을 비난했을 뿐 아니라 제대로 된 대의제 정치제도의 필요성도 이따금 공개적으로 얘기했다고 한다. 하인리히(히르셸은 유대교에서 그리스도교

프로이센 독일 동북부를 지배하던 왕국. 1871년 독일을 통일하고 독일제국을 선포했다.

로 개종하고 이름을 하인리히로 바꿨다)는 결코 혁명가가 아니었지만, 당시 유럽을 휩쓸던 새로운 분위기에서 완전히 자유롭지도 않았다. 청년 마르크스는 아버지의 자유주의 사상의 영향을 어느 정도 받을 수밖에 없었다.

마르크스의 아버지는 아들이 법학을 공부해서 좋은 직업을 갖기를 바랐다! 그래서 마르크스는 17살 되던 1835년에 본 대학교 법학과에 들어갔다. 그러나 그가 더 흥미를 느낀 것은 시와

포도주와 철학이었다(반드시 이 순서는 아니었지만). 그것은 부분적으로 루트비히 폰 베스트팔렌의 영향 때문이었다. 마르크스 집안과 가깝게 지낸 부자였던 루트비히 폰 베스트팔렌은 청년 마르크스에게 셰익스피어나 그리스 시인들의 시를 들려주곤 했다. 그의 딸 예니는 1843년에 마르크스와 결혼해 평생의 동반자가 된다.

철학에 대한 마르크스의 열정은 단지 학술적 취향만은 아니었다. 마르크스가 대학생이었을 때 철학적 논쟁은 사회, 역사, 인류의 발전 가능성 등을 둘러싼 논의에 참여하는 기회이기도 했다. 이런 열정적 논의에서 탁월한 저술가가 있었으니, 바로 헤겔이었다. 헤겔은 프랑스 혁명의 열렬한 지지자였다. 그는 프랑스 혁명으로 시작된 새 시대에는 이성이 인류의 삶을 좌우하기 시작할 것이라고 믿었다.

그러나 마르크스가 헤겔의 사상을 알게 될 무렵, 헤겔은 신이 곧 최고의 이성이며 억압적이고 권위주의적인 프로이센 국가야말로 절대 이성의 표현이라고 믿는 보수적 사상가가 돼 있었다.

자유주의 사상을 간직한 채 트리어에서 올라온 마르크스는 "스승을 물구나무 세우는"데 몰두한 제자들, 즉 청년 헤겔주의자들에게 끌렸다. 그들이 공감한 헤겔은 아직 혁명적이었던 젊은 시절의 헤겔이었다. 그들은 무신론자에 자유주의자들이었을 뿐 아니라 보헤미안들이었고 절친한 술친구들이었다. 마르크스가 베를린으로 옮겨 와 그들의 '박사 클럽'에 가입했을 때, 그들은 마르크스의 턱수염과 긴 머리를 급진적 사상가다운 풍모라고 여겼다.

청년 헤겔주의자들과 그 주위 사람들은 억압적인 프로이센 국가에 대한 적대감으로 똘똘 뭉쳐 있었다. 그들은 1789년의 프랑스 혁명에서 나타난 계몽주의, 변화, 진보적 사상 등을 이용해, 봉건적인 독일을 현대적이고 민주적인 자본주의 국가로 변모시킬 수 있다고 봤다.

마르크스는 아버지에게 배운 사상을 이미 넘어서 있었다. 그러나 1841년 트리어로 돌아온 마르크스가 〈라이니셰 차이퉁〉(라인 신문)의 편집자 일을 시작했을 때, 여전히 봉건적인 프로이센 국가에 반대한 그 진보적 신문에 돈을 대 준 사람들은 아버지 주위의 진보적 기업인들과 같은 부류였다.

마르크스의 생애 내내 그의 사상은 정치적·사회적 사건들의 경험과 상호작용하며 발전했다. 한 가지 사례가 숲에서 벌목하는 농민의 전통적 권리가 폐지된 사건이었다. 새 법률은 나무가 사유재산이라는 근거로 농민의 벌목권을 절도죄로 규정했다. 대지주들과 마르크스의 신문에 돈을 대 주던 신흥 자본가계급은 그 법률이 완전히 정당하다는 데 의견이 일치했다. 따라서 사적 소유에 바탕을 둔 새 자본주의 경제는 결코 빈민과 무산자를 보호해 주지 못하는 듯했다. 게다가 사적 소유를 보호하기 위해 존재하는 국가는 결코 노동계급을 보호하지 않는다는 것도 마르크스는 깨달았다.

그 사건은 마르크스가 계급의 관점에서 사회를 이해하기 시작한 첫걸음이었다. 마르크스가 자신의 새로운 사상을 〈라이니셰 차이퉁〉에 일부 발표했을 때, 프로이센 국가의 검열관은 그 신문의 내용이 아주 불온해서 발행을 금지하고 "점차 건방지게 구는 편집자"를 제거해야 한다고 판단했다. 독일의 다른 진보적 신문들도 똑같은 운명에 처하게 됐다. 그 직후 마르크스와 예니는 프랑스로 이주했다. 예니의 귀족 집안은 예니가 운명을 같이 할, 땡전 한 푼 없고 점차 급진화하는 이 언론인을 달갑지 않게 여겼다. 그러나 마르크스와 예니 모두 그 점을 전혀 중요하게 생각하지 않았다.

파리로 이주하다

많은 독일인 망명객이 파리로 왔다. 파리에서 그들은 《도이체-프란최지셰 야르뷔허》(독일-프랑스 연보)라는 새 잡지를 통해 진보적 사상들을 주장했다. [1843년] 10월에 마르크스는 철

학자 루트비히 포이어바흐에게 사상이 사회적 존재의 산물이
라는(사람들의 신념은 물질적·사회적 상
황에 의해 결정된다는) 포이어바흐의 핵
심 주장을 담은 글을 기고해 달라고 부
탁했다. 그것은 엄청나게 중요한 통찰이었

루트비히 포이어바흐 헤겔
다음 세대의 독일 철학자로
종교와 헤겔 철학을 유물론
적으로 비판했다.

다. 왜냐하면 마르크스가 헤겔과 심지어 청년 헤겔주의자들까
지 넘어서도록 자극했기 때문이다. 그 주장은 여전히 꽤나 추
상적이었지만, 세계의 변혁이 물질적 과정이라는 점을 입증했
다. 중요한 것은 실제 생활 조건을 혁명적으로 바꾸는 것이었
다. 그러면 그 과정에서 새로운 사상과 새로운 가능성이 나타
날 것이었다.

마르크스의 생각이 바뀐 것은 단지 지적 도약만은 아니었다.
프랑스에서 마르크스는 발전하는 산업사회 노동계급 대중의 현
실을 직접 목격했다. 프랑스에서는 공산주의 사상과 사회주의 사
상이 이미 뿌리를 내리고 있었다. 프랑스 노동자들 사이에서뿐
아니라 4만 명 남짓 되는 독일인 이주 노동자들 사이에서도 뿌리
를 내리고 있었다. 마르크스는 그런 노동자 활동가들의 "신선함
과 고귀함"에 감동했다. "역사는 우리 문명사회의 이 '야만인'들
사이에서 인간 해방을 위한 실천적 요소를 준비하고 있다."[1]

《도이체-프란최지셰 야르뷔허》는 겨우 한 호만 발행됐다. 왜
냐하면 몰래 독일로 보낸 책들을 가로챈 정부 검열관들이 분노

했기 때문이다. 마르크스를 비롯한 여러 사람에게 체포 영장이 발부됐고 출판사는 겁에 질렸다. 생애 내내 흔히 그랬듯이 마르크스는 곤경에 빠졌고 집안의 재정 형편도 급속하게 나빠졌다. 또 다른 의미에서 그것은 마르크스가 운동 내의 다른 사람들과 흔히 격렬한 논쟁을 통해 자신의 사상을 알리고 발전시킬 뜻밖의 기회였다. 파리 체류 당시 마르크스가 쓴 글들은 훨씬 뒤에야 발견돼 《1844년 경제학·철학 수고》(줄여서 《파리 수고》라고도 한다)라는 제목으로 출간됐다.

당시 마르크스는 겨우 26살이었다. 그러나 그 저작을 보면, 마르크스가 자본주의 사회의 노동을 이해하는 데서 크게 진전했음을 알 수 있다. '소외'는 마르크스가 만든 용어는 아니었다. 그러나 헤겔 같은 선배 철학자들은 소외를 심리 상태로 이해하거나 아니면 각성하지 못한 인간 전체의 특징으로 여긴 반면, 마르크스는 소외를 노동이라는 물질적 조건 속에서 파악했다.

노동자가 상품을 더 많이 생산할수록 그는 더 값싼 상품이 되고 만다. 사물 세계의 가치 증대는 인간 세계의 가치 감소와 정비례하므로 … 노동의 실현은 곧 노동자의 현실성 상실로 나타난다. … 노동자가 자신의 생산물에서 소외된다는 것은 그의 노동이 대상, 곧 외부적 존재가 된다는 것을 뜻할 뿐 아니라 노동이 노동자의 외부에 존재한다는 것, … 그리고 노동자가 대상에 부여한 생명이

그에게 적대적이고 낯선 것으로서 그와 대립한다는 것을 뜻하기도 한다.[2]

이 대단한 역설은 마르크스 이론의 기초 가운데 하나다. 인간은 자신의 노동을 통해 세계를 만들고, 그 과정에서 자기 해방의 수단도 만들어 낸다. 그러나 자본주의 사회의 노동과정은 생산자들이 그런 해방의 가능성에서 멀어지게 만든다. 왜냐하면 생산물이 생산자들의 손을 떠나 대상, 즉 상품으로 사고 팔리며, 노동자들은 그 상품을 결코 통제할 수 없기 때문이다.

이것은 사회의 지배적 사회관계 때문이다. 즉, 특정 계급에게 모든 생산물의 소유권을 부여하고 재화를 생산하는 다수의 다른 계급은 노동력만 소유하게 만드는 계급 구조 말이다. 자본가는 노동력을 또 하나의 상품으로 구매한다. 그리고 생산을 좌우하는 것은 사회적 필요가 아니라 자본가의 이윤 추구 욕망이다.

따라서 노동자들이 소외를 극복할 수 있는 방법은 자본가들에 대항하는 실천적 투쟁뿐이다. 1844년 바로 그해에 벌어진 독일 슐레지엔 직공들의 투쟁을 보며 마르크스는 노동자들이 어떻게 체제에 맞서 싸울 수 있는지 분명히 깨달았다. 자신의 고국을 되돌아보며 마르크스는 프랑스의 공장주와 자본가계급이 1789년에 강력한 국가를 공격해 무너뜨린 것과 달리 독일의 공장주와 자본가계급은 너무 취약해서 그럴 수 없다는 것을 깨달았다. 따라서

1839년 청년 헤겔주의자 시절의
마르크스.

오직 노동계급만이 그런 과제를 수행할 수 있었다.

마르크스는 당시 독일 노동자들이 정치적으로 충분히 교육받지 못했다고 주장하는 일부 사람들을 경멸하며 독일 노동자들의 계급의식이 충분히 성숙했다고 반박했다. 그리고 슐레지엔 직공들의 투쟁이야말로 그 분명한 증거라고 주장했다. 마르크스가 슐레지엔 직공들을 열정적으로 옹호한 것을 보면, 그가 옛 동료들로부터 얼마나 멀어졌는지 알 수 있다.

마르크스는 자본주의 생산 체제의 작동 방식을 설명한 영국 경제학자들의 연구를 탐독하며 세계를 새롭게 이해하게 됐다. 이제 "노동계급의 자기 해방"을 말하기 시작한 그에게 그런 새로운 이해는 혁명의 대의에 이바지하는 것이었다. 이제 그는 역사의 원동력이 신이나 이성 같은 어떤 외부의 힘이 아니라 경제적 목표를 추구하는 사회 세력들이라는 사실을 깨달았다.

철학자 루트비히 포이어바흐도 종교를 비판하며 마르크스와 비슷한 방향으로 나아가고 있었다. 그러나 마르크스는 한층 더 멀리 나아가, 역사를 움직이는 것은 인간의 행동이며 물질세계와 생산 조건을 변화시키기 위한 투쟁 과정에서 인간의 의식도 바뀐다고 주장했다.

세계를 뒤흔든 열흘*

1844년에 마르크스는 위대한 협력자 프리드리히 엥겔스를 처음 만났다.** 기업인의 아들인 엥겔스는 이미 잉글랜드 북부 맨체스터에 있는 아버지의 공장에서 근무하며 "노동계급의 상태"(새로운 공장에서 그들이 겪는 착취와 빈곤, 산업자본주의의 생산 기계를 움직이는 사람들의 불행)를 목격했다. 엥겔스는 점차 대중운동으로 성장하던 차티스트 운동과 긴밀한 관계를

* 존 리드가 러시아 혁명에 대해 쓴 유명한 책의 제목. 프랜시스 윈은 이 제목을 이용해 1844년 8월 마르크스와 엥겔스의 첫 만남을 재치 있게 묘사했다(《마르크스 평전》, 푸른숲, 2001) — 지은이.

** 엄밀하게 말하면, 두 번째 만남이었다. 그보다 2년 전에 우연히 잠깐 만난 적이 있지만, 그때는 대화를 거의 나누지 않았다 — 지은이.

맺고 있기도 했다. 그 운동은 새로운 [산업자본주의] 사회의 비참한 현실에 맞서 노동계급의 저항을 조직하기 시작하고 있었다.

두 청년(엥겔스는 마르크스보다 세 살 어렸다)은 8월에 파리에서 만나기 전에 이미 서로의 저작을 알고 있었다. 그래서 두 혁명가는 만나자 마자 의견이 일치했고 노동계급의 혁명적 투쟁을 고무할 수 있는 새로운 공산주의 세계관을 발전시키는 것이 자신들의 과제라고 확신했다.

그러나 먼저 노동자 운동 내의 영향력을 둘러싼 전투, 특히 독일 노동자들에게 어느 정도 영향력을 미치던 사람들과 전투가 벌어졌다. 《신성가족》은 한때 마르크스와 함께했던 청년 헤겔주의자들을 겨냥한 장황하지만 논쟁적인 저작이었다. 이제 마르크스와 엥겔스는 사상을 정치적 맥락에서 떼어 놓고 논의하기를 거부했다. "사상은 아무것도 실현할 수 없다. 사상을 실현하기 위해서는 실천적 힘을 발휘할 수 있는 사람들이 필요하다."[3]

그때부터 마르크스와 엥겔스는 (엥겔스가 "부자와 빈민의 공공연한 전쟁"이라고 부른) 혁명을 준비하는 데 도움이 될 수 있는 조직을 건설하기 시작했다. 그들의 활동은 프랑스(마르크스가 여전히 살고 있던)나 독일(엥겔스가 여러 정치조직과 노동자 단체를 상대로 연설하던) 보안경찰의 감시를 피할 수 없었다. 마르크스가 기고하던 독일어 신문 〈포어베르츠!〉(전진)는 1844년 말 프랑스 당국에 의해 발행이 금지됐다. 몇 주 뒤인 1845년 2월 독일 정부의 압력을 받은 프랑스 정부가 마르크스를 추방했다. 두 달 뒤, 머지않아 자신에게도 추방 명령이 내려질 것이라고 확신한 엥겔스도 독일을 떠났다.

두 혁명가는 벨기에 브뤼셀에서 다시 만났다. 브뤼셀에서도 늘 보안경찰의 감시를 받았지만, 어느 정도 정치적 관용이 허용됐다. 이미 마르크스는 "포이어바흐에 관한 테제"와 《독일 이데올로기》를 저술하고 있었다. 혁명은 구체적 상황에서 현실의 노동자들이 일으키는 것이었고, 엥겔스는 마르크스가 이미 《1844년 수고》에서 일반적으로 묘사한 노동자들의 투쟁과 물질적 조건에 대한 생생한 증거를 제공할 수 있었다.* 철학(사상을 통해 세계를 파악하는 것)은 이제 혁명적 실천으로 대체됐다. 그것은 자본주의와 소외를 끝장낼 수 있는 도구들을 만드는 것

• 엥겔스는 1844~45년에 《영국 노동계급의 상태》를 썼다.

이었다. 마르크스주의는 노동자 혁명의 이론과 실천이 돼야 했다.

마르크스와 엥겔스는 이 새로운 사상을 《독일 이데올로기》에서 표현했다. 그들은 이 책에서 공산주의를 "노동계급의 해방을 위한 조건에 대한 교의"라고 규정했다. 겨우 3쪽밖에 되지 않고 11개의 테제에 불과한 "포이어바흐에 관한 테제"는 그들이 과거의 사상과 어떻게 단절하고 있는지를 아주 분명하게 보여 줬다. 청년 헤겔주의자들은 사상과 의식이 행동을 낳는다고 주장했다. 그래서 그들은 슐레지엔 직공들이 아직 "충분히 의식적"이지 않

1864년 런던, 마르크스와 세 딸 그리고 엥겔스.

다는 이유로 그들의 파업을 경멸했다. 마르크스는 청년 헤겔주
의자들을 비웃으며 인간은 세계를 변화시키는 과정에서 자신의
사상도 변화시킨다고 반박했다. 그는 역사적 과정이 "개인의 변
화와 환경의 변화가 동시에 일어나는" 과정이라고 말했다. "의식
이 존재를 결정하는 것이 아니라 존재가 의식을 결정한다."[4]

　그런 통찰 덕분에 마르크스와 엥겔스는 사상이 계급 분열을

유지하는 데 어떻게 이용되는지도 알 수 있었다. 그들은 《독일 이데올로기》에서 다음과 같이 썼다. "어느 시대에나 지배계급의 사상이 지배적 사상이다. 즉, 사회의 물질적 힘을 지배하는 계급이 정신적 힘도 지배한다."[5]

흔히 상식이라고, 보편적·일반적 진리라고 널리 알려진 것들을 마르크스는 이데올로기라고 불렀다. 다시 말해, 특정 계급의 관점에서 세계를 이해하고 파악하는 방식이라는 것이었다. 그리고 그 계급이 생산수단뿐 아니라 표현하고 설명하는 수단도 대부분 통제한다. 그래서 예컨대, 민족주의는 모든 국민이 공통의 이해관계를 공유한다고 시사하지만 그것은 사회의 핵심에 존재하는 뿌리 깊은 계급 갈등을 감출 뿐이다. 대부분의 시기에 이데올로기는 지배자들에게 유리하게 사회의 응집력을 유지해 준다. '진리'라는 가면 뒤에 이해관계를 숨기는 것이다.

그러나 이런 일은 빈번한 강압이 없이는 불가능하다. 사람들은 일상적 경험을 통해 자신들이 불평등하고 부당하고 분열된 사회에서 살고 있음을 끊임없이 깨닫는다. 과거에는 교회가 지배 이데올로기를 선전하고 강화한 반면, 오늘날 우리가 사는 사회에서는 한편으로는 교육이, 다른 한편으로는 대중문화가 그런 사상을 퍼뜨리고 강화한다. 착취당하는 다수의 경험과 지배 이데올로기가 충돌할 때라야 새로운 급진적 사상이 위력을 발휘할 수 있게 된다. 노동자들이 체제에 맞서 공공연한 반란을 일으킬 때, 수많은 사람들이 자신들의 진정한 이해관계를 반영하는 새로운 사상에 설복될 수 있다.

그래서 마르크스가 "포이어바흐에 관한 테제"의 마지막 테제에서 내린 유명한 결론은 철학자들이 세계를 이해하려 하는 것 이상의 일을 해야 한다는 것이었다. 즉, 철학자들은 세계를 변화시키는 투쟁의 능동적 일부가 돼야 한다는 것이었다. 이제 마르크스와 엥겔스는 이 프로젝트에 자신들의 삶과 에너지를 쏟아붓게 된다.

1845년에 마르크스는 엥겔스와 함께 영국으로 왔다. 영국에서 마르크스는 차티스트 운동의 지도자들을 비롯해 여러 사람을 만났다. 그들은 런던에 거주하는 사회주의자들의 모임이 그해 말에 열려야 한다고 주장했다. 비록 마르크스와 엥겔스 둘 다 그 모임에 참석할 수는 없었지만, 그것은 앞으로 일어날 일을 미리 보여 줬다. 두 사람 다 자본주의의 국제적 성격을 강조했고 노동계급의 대응도 자유롭게 국경을 넘나들 수 있어야 한다고 주장했다. 다시 브뤼셀로 돌아온 마르크스와 엥겔스는 제1인터내셔널의 전신인 공산주의자통신위원회를 결성했다. 그들의 목적은 "유럽의 프롤레타리아를 설득해 자신들의 신념을 받아들이게 하는 것"이었다.

이것은 노동계급의 투쟁에 직접 관여할 수 있는 새로운 정당의 맹아였다고 할 수 있다. 혁명가들이 노동계급 내에서 노동계급과 함께 활동해야 한다는 당연한 듯한 신념을 자칭 공산주의자들이 모두 공유한 것은 아니라는 사실을 기억할 필요가 있다. 노동계급의 해방이 혁명의 동력인데도 혁명가들이 모두 그런 신념을 공유한 것은 결코 아니었다!

당시 마르크스는 고통스런 저술 일정을 특별히 늦추지 않으면서도 엥겔스와 함께 조직 문제에도 관심을 기울였다. 어느 누구도 1848년의 혁명적 사건들을 예측할 수 없었지만, 이미 분위기는 바뀌고 있었다. 마르크스와 엥겔스는 유럽의 사회주의 지도자들을 불러 모아 노동계급 운동과 어떤 관계를 맺어야 하는지 분명히 설명하기 시작했다. 그리고 흔히 그랬듯이 그들은 운동 내의 다른 경향들과 격렬하게 논쟁을 벌여야 했다. 왜냐하면 운동 내의 다른 경향들이 가진 사상은 사뭇 다른 형태의 조직으로 표현될 것이었기 때문이다.

예컨대, 피에르조제프 프루동의 사상은 장인과 숙련 노동자의 신념을 표현했는데, 그는 자본의 순환 밖에서 활동하는 조합들을 만들어야 한다고 주장했다. 그러나 프루동은 노동조합에 적대적이었고 "혁명에 반대"했다.˙ 더 중요한 것은 급진적 재단사 빌헬름 바이틀링 같은 사람들의 사상이었다. 프랑스의 오귀스트 블랑키와 마찬가지로 바이틀링도 노동자들이 아직 혁명을 일으킬 준비가 돼

> • 마르크스에게 보낸 편지에서 프루동 자신이 쓴 표현이다. 마르크스의 유명한 저서 《철학의 빈곤》은 프루동을 비판한 것이다.

있지 않다고 생각했다. 그들은 노동자들이 혁명을 일으킬 준비가 될 때까지는 소수의 음모가 집단이 노동자들을 대신해서 혁명을 일으켜야 한다고 주장했다. 소수 정예 집단의 음모적 방법으로 사회 변화를 달성하려는 블랑키와 그 추종자들의 시도는 번번이 실패했지만, 그들은 조금도 굴하지 않고 계속 그 방법을 고수하는 듯했다.

그러나 마르크스와 엥겔스는 그런 사상이 차티스트 운동 모델(노동자들의 대중조직)을 따라 혁명 조직을 건설하는 데 심각한 장애물이라고 생각했다.

1846년 말쯤 마르크스와 엥겔스의 사상을 지지하는 사람들이 늘고 있었다. 특히, 본부가 런던에 있고 유럽 대륙의 다른 지부들보다 차티스트 운동의 영향을 더 많이 받은 의인義人동맹에서 마르크스와 엥겔스의 지지자들이 늘어났다. 전에는 유럽에서 득세하던 "대륙의 지식인들"이라는 느낌이 [마르크스와 엥겔스에게] 어느 정도 남아 있었다. 그러나 이제 마르크스와 엥겔스는 '당'이나 적어도 모종의 공동의 조직 형태를 건설하는 것이 중요하다고 생각했다. 그런 조직을 통해서 자신들의 사상이 전파되리라고 본 것이다. 브뤼셀에서 그들은 '통신위원회'가 주기적으로 회의를 열어야 한다고 주장했고, 독일 공산주의자들이 자유주의

의인동맹 주로 해외에 이주해 있던 독일 숙련공들로 이뤄진 국제 비밀결사. 빌헬름 바이틀링이 주도했으며 1839년 블랑키의 파리 봉기에 참가했다가 패배하자 본부를 런던으로 옮겼다.

개혁가들과 어떤 관계를 맺어야 하는가 등등의 전략·전술 문제들을 논의하기 시작했다. 이런 활동은 마르크스와 엥겔스가 순전히 지식인 노릇만 하고 있다는 비난에 대한 가장 효과적인 대답이었다.

독일에서 긴장이 점차 고조되고 영국에서 차티스트 운동이 계속 성장하고 있을 때 두 사람은 정치조직이라는 문제에 몰두했다. 그들의 저작도 그런 일반적 과제를 많이 다뤘다.

의인동맹 런던 지부는 1847년 5월 1일 런던 국제회의를 소집했다. 그들은 회의 소집과 관련해서 마르크스와 엥겔스에게 상의하지는 않았지만, 특사 한 명을 브뤼셀로 보내 의인동맹 가입과 5월 회의 참석을 요청했다. 그것은 운동 내에서 마르크스와 엥겔스의 정치적 권위가 높아지고 있다는 가장 분명한 증거였다.

결국 그 회의는 1847년 6월 초에 열렸다. 그것은 의인동맹이 공산주의자동맹으로 이름을 바꾼 뒤 개최한 첫 회의였다. 공산주의자동맹은 개회사에서 "기존 사회질서와 사적 소유를 비판하고 소유 공동체를 염원하는" 조직을 표방했다. 그리고 "만국의 노동자여, 단결하라!"를 구호로 채택했다. 엥겔스와 빌헬름 볼프(마르크스와 엥겔스의 가까운 협력자)만이 그 회의에 참석할 수 있었다. 마르크스는 브뤼셀에 남아 있었다. 그러나 '마르크스-엥겔스파'의 영향력은 이미 명백했고 그해 11월, 동맹의 제2차 회의가 가까워짐에 따라 더욱 강력해졌다. 왜냐하면 동맹의 목표가 점점 더 분명해지고 있었기 때문이다. 엥겔스는 다음과 같이 썼다.

공산주의는 교리가 아니라 운동이다. 공산주의는 원칙이 아니라 사실에서 출발한다. 공산주의가 이론이라면, 그것은 이 투쟁에서 프롤레타리아가 차지하는 위치와 … 프롤레타리아 해방의 조건을 이론으로 표현하는 것이다.[6]

11월 대회에 참가한 각국 대표들은 앞으로 자신들이 어떤 종류의 운동을 건설할지를 놓고 열흘 동안 토론하고 논쟁했다. 마르크스와 엥겔스 둘 다 그 대회에 참석했다. 마침내 대회가 합의에 이르렀을 때, 새 조직의 선언문 작성 책임이 두 사람에게 맡겨졌다. 브뤼셀로 돌아간 마르크스는 선언문 집필을 주저하거나 적어도 원고 마감을 계속 어긴 듯하다. 수백 쪽을 단숨에 써 내려갈 수도 있는 사람이 그러고 있었다. 그러나 런던에서 날아온 최후통첩 때문에 결국 마르크스는 행동에 나서야 했다. 1848년 2월 말에 《공산당 선언》(주로 마르크스가 썼지만 마르크스와 엥겔스가 모두 서명했다)이 출판사로 보내졌다. 《공산당 선언》이 거리 간이 서점에 나타나고 겨우 며칠 만에 전 유럽은 소용돌이에 휘말리게 된다.

혁명의 물결에 올라타기

마르크스와 엥겔스의 위대한 업적 가운데 하나는 1848년의 정신이 분명히 드러나기도 전에 그 정신을 그토록 분명하게 표현한 저작을 쓴 것이다. 《선언》은 당대의 물질적 현실에서 출발해서, 흔히 거의 드러나지 않고 표면 아래 숨어 있는 긴장과 갈등을 파악하는 정치적 세계관을 강조한다. 마르크스와 엥겔스는 《선언》의 유명한 첫 문장에서 다음과 같이 말했다. "유령 하나가 유럽을 배회하고 있다. 공산주의라는 유령이."[7]

이것은 결코 평범한 정치 팸플릿이 아니다. 그것은 열정적 선언이고 비전이다. 21세기의 독자에게, 그리고 지금까지 《선언》을 읽은 사람들 모두에게 그 책이 자기 시대의 현실과 여전히 관련이 있는 것처럼 보였고 지금도 그렇게 보이는 것은 놀라운 일이다. 《선언》이 묘사하는 세계는 오늘날 우리에게도 아주 낯익은 세계다. 그러나 《선언》이 나왔을 당시의 세계는 여전히 [자본주의의] 유아기였다. 마르크스가 그토록 심오한 통찰력으로 이해한 산업자본주의는 그 가차없는 발전의 첫 단계를 지나고 있었을 뿐이다. 이때 이미 마르크스와 엥겔스는 체제 전체의 바탕이 되는 착취의 비밀과 이윤 추구에서 비롯하는 인간성 파괴를 폭로했다. 그러나 자신들의 말이 후대에 그토록 냉혹하고 강력하게 입증되리라고는 생각하지 못했을 것이다.

부르주아지는 생산도구를 끊임없이 혁신하고 그럼으로써 생산관계와 … 사회관계 전체도 끊임없이 혁신하지 않으면 생존할 수 없다. … 모든 사회 조건의 끊임없는 교란, 끝없는 불확실성과 동요야말로 과거와 다른 부르주아 시대의 특징이다. 확고부동하던 관계들은 모두 … 사라져 버리고, 새로 형성된 관계들은 미처 확립되기도 전에 모두 낡은 것이 돼 버린다. 단단한 것은 모두 녹아서 흔적도 없이 사라지고, 신성한 것은 모두 더럽혀진다. 마침내 인간은 자신의 진정한 생활 조건과 인간관계를 냉철하게 바라볼 수밖에 없게 된다. …

부르주아지는 생산물 시장을 끊임없이 확대해야 하기 때문에 전 세계를 누비고 다녀야 한다. 부르주아지는 어느 곳에서나 둥지를 틀어야 하고, 정착해야 하고, 연고를 맺어야 한다.[8]

독자들이 기억해야 할 사실이 하나 있다. 마르크스와 엥겔스가 《선언》을 쓴 것은 석유에 대한 탐욕이 지구 정반대 편에 있는 중동을 전쟁터로 만들기 전이었고, 나이키와 코카콜라의 로고가 수많은 이질적 문화에 새겨지기 전이었고, 런던 주식시장에서 내려진 결정이 가난한 나라의 수많은 사람들의 삶을 망가뜨리기 전이었다.

《선언》의 강점은 자본주의 체제에 대한 분석, 체제의 작용과 충격에 대한 묘사가 정확하다는 것만이 아니다. 그런 주장을 뒷

받침하는 강렬한 비난과 열정적 폭로도 《선언》의 강점이다. 이것은 어쨌든 공산당 선언이다. 따라서, 자본주의의 진취적 역동성을 인정하면서도 자본주의 체제를 칭찬하지 않고 매장해야 한다고 주장한다. 문제는 자본주의의 무덤을 파는 자가 누구인가 하는 것이다.

그 답은 좀 더 뒷부분에 나온다. 자본주의가 낡은 사회 안에서 등장함에 따라, 소규모 작업장은 대규모 공장에 흡수되고, 소농은 현대적 집약 생산 농장 체제(성장하는 도시들에 식량을 공급하는)의 농업 노동자가 되고, 소상인은 끊임없이 성장하는 국민적·국제적 상업 단위의 뒷전으로 밀려난다. 그래서 브리티시 페트롤리엄BP이나 핼리버튼 같은 회사들이 나타나기 시작한다.

도시 안팎에서 성장하는 산업들로 빨려 들어온 노동자들은 새로운 폭정에 직면한다.

공장에 집결한 노동자 대중은 군대식으로 편제된다. 그들은 산업 군대의 병사로서, 완벽한 위계제에 따라 장교와 하사관의 지휘·통제를 받게 된다. 노동자들은 부르주아 계급과 부르주아 국가의 노예일 뿐 아니라 매일 매시간 기계, 감독관, 특히 부르주아 공장주 개인의 노예가 된다.[9]

처음에 노동자들은 공장 소유주의 협박과 작업반장의 위협에

잔뜩 움츠러들어 감히 조직적으로 저항하지 못한다. 비록 고통 속에서 때때로 분노를 터뜨리며 기계를 부수기도 하지만 말이다.

아이러니는, 당연히 기계가 노동자들의 적이 아니라는 것이다. 기계는 적에게 이용될 뿐이다. 마르크스는 이것이 분명히 역설이라고 생각했다. 인간이 더 많이 생산할수록, 노동의 노예에서 해방될 가능성은 더 커진다. 그러나 자본주의 사회에서는 그 가능성을 자본가들이 가로챈다. 기계가 인간을 해방하기는커녕 점점 더 노예로 만든다. 그러나 뭔가 다른 일도 일어난다. 프롤레타리아, 즉 노동계급은 도시로 이끌릴 뿐 아니라 생산이 점차 복잡해지고 기계화함에 따라 점점 더 집중되기도 한다. 그래서 기업주들은 훨씬 더 많은 이윤을 뽑아낼 수 있게 된다. 그러나 이 때문에 노동자들의 집단적 힘도 강화된다. 그래서 그들은 스스로 조직하고 기계 소유주들에 맞서 싸울 수 있게 된다.

따라서 마르크스는 노동계급이 사회주의 혁명의 주체라고 생각했다. 그가 노동자들을 이상화했거나, 노동자들이 더 강력하고 훌륭한 투사들이라고 생각했거나, 그들이 자본주의 사회에서 비롯하는 온갖 모순적 태도에서 어느 정도 벗어나 있는 사람들이라고 생각했기 때문이 아니다. 노동자 개인은 여느 사람들과 마찬가지로 이기적이거나 여성 차별적이거나 잔인할 수 있다. 그럼에도 새로운 자본주의 사회에서 차지하는 독특한 위치 때문에 노동자들은 사회를 변혁하는 데 이해관계가 있게 되고 사회를 변혁할 수 있는 잠재력을 갖게 된다. 그들은 무산자 계급이고, 그들의 무기는 집단적 힘밖에 없다.

마르크스는 브뤼셀 한복판에 있는 빌 광장의 '푸른 앵무새' 카페에 앉아서 《공산당 선언》을 대부분 썼다. 원고는 1848년 2월에 인쇄소로 보내졌다. 《선언》이 출간됐을 때, 프랑스의 거리에 바리케이드가 설치되고 전투가 벌어지고 있다는 소식이 들려왔다. 증오의 대상이던 총리 프랑수아 기조가 사임했고 이튿날 국왕이 퇴위했다. 몇 주 만에 봉기의 열기가 베를린에 이르렀고 또 다른 정부가 무너졌다. 흥분한 엥겔스는 다음과 같이 썼다. "튈르리와 팔레루아얄[파리의 왕궁들]의 불길은 프롤레타리아의 서광이다. … 이제 어디서나 부르주아지의 지배는 무너질 것이다. … 독일도 그 뒤를 따르기 바란다."[10]

> **프랑수아 기조** 본래 1830년 7월 혁명에 참가한 자유주의자였으나 루이 필리프 왕정에서 요직을 맡으면서 급격히 보수화해 노동자들을 탄압했다.

브뤼셀 당국은 유럽을 휩쓸기 시작한 불길에 겁을 먹었고, 마르크스 부부에 대한 그들의 관용도 갑자기 사라졌다. 3월에 마르크스는 파리로 추방당했다. 이제 그는 파리가 공산주의자동맹의 본부라고 선언했다. 엥겔스도 파리로 합류했고, 두 사람은 독일로 돌아갈 준비를 하기 시작했다. 그러나 독일 망명자들 사이에서 격렬한 논쟁이 벌어졌다. 그들 일부는 무장 원정대인 '독일인 군단'을 조직하자고 주장했다. 이에 마르크스는 여느 때처럼 격렬하게 반대했다. 마르크스는 더 광범한 민주주의 운동 내에서 노동자 운동을 조직하는 것이 급선무라고 생각했다. 4월에 독일로 돌아온 마르크스는 쾰른에서 새 일간지 〈노이에 라이니셰 차이퉁〉(신라인 신문)을 발행할 준비를 했다. 이 신문은 마르크스가 혁명운동 내의 정치적 논쟁에 개입하기 위한 수단이었고 절정기에 5000부가 판매됐다.

이 신문의 전신인 〈라이니셰 차이퉁〉은 4년 전, 좌절한 독일 중간계급의 지지를 받았다. 이제 그들은 마르크스의 사업을 지지하기를 더 주저했다. 낡은 정권이 몰락한 뒤에 등장한 새 제도들(예컨대 새 국회)에 대해 〈노이에 라이니셰 차이퉁〉이 너무 비판적이었기 때문이다. 독일 전역에서 노동자 단체들이 결성되고 있었다. 비록 그들의 요구가 당면한 경제 쟁점이나 순전히 민주주의적인 요구에만 집중하는 경향이 있긴 했지만 말이다. 6월에 창간호가 나왔을 때 마르크스와 엥겔스는 그 신문을 공산주의자들의 조직적 구심으로 여겼다.

공산주의자동맹은 어떻게 됐을까? 마르크스와 엥겔스 둘 다 공산주의자동맹이 너무 작아서, 수많은 사람들을 공공연한 활동에 끌어들이고 있는 사건들에 중대한 영향을 미치기에는 역부족이라고 생각했다. 급속한 변화와 격변의 시기에는 공산주의자들이 더 큰 운동과 분리되거나 심지어 반대하기보다는 운동에 영향을 미치는 것이 중요했다. 마르크스의 새로운 세계관의 핵심 사상은 거대한 의식의 변화가 자동으로 일어나는 것이 아니라 물질적 변화라는 맥락 속에서 일어난다는 것이었다. 새로운 사상이 채택되고 받아들여지려면 그 사상이 운동 내에 존재해야 한다. 마르크스는 그렇게 주장하면서 또 다른 주요 독일 사회주의자 고트샬크와 격렬하게 논쟁했다. 고트샬크는 독일 노동자들 사이에서 인기가 많았지만, 노동자들이 더 광범한 혁명운동에 참여해선 안 된다는 생각을 부추기고 있었다.

안드레아스 고트샬크 가난한 사람들을 치료해 준 의사로 인기가 많았고 공산주의자동맹 쾰른 분회와 쾰른노동자협회의 지도적 인물이었다. 의회 선거 보이콧을 주장해서 마르크스에게 종파주의자라고 비판받았다.

사실, 독일 노동자 운동의 발전 단계는 민주주의 권리를 쟁취하려 애쓰는 수준이었다. 반면에, 영국 차티스트 운동은 영향력이 절정에 달했고 마르크스와 엥겔스는 차티스트 운동이 분명히 유럽 노동자 투쟁의 최선두에 서 있다고 생각했다. 마찬가지로, 그들은 자유주의자들과 공동 활동을 한다고 해서 운동의 정치적 지도력도 그들에게 넘겨줘야 하는 것은 결코 아니라는 점을 분명히 했다.

〈노이에 라이니셰 차이퉁〉 첫 호가 발행됐을 때 유럽의 사태는 또다시 새로운 국면에 접어들었다. 프랑스에서는 2월에 왕정을 대체한 자유주의 정부의 민주주의 공약들이 실행되지도 못하고 파산했음이 드러났다. 이제 우파가 다수인 새 국회가 2월 혁명의 직접적 성과들을 공격하고 있었다. 도시 노동자의 생계를 보장해 주던 국립작업장이 6월에 폐쇄됐고, 노동자들은 빈곤으로 내몰렸다. 대중이 파리의 거리로 쏟아져 나와 항의했다. 이제 그들은 가혹한 탄압에 직면했다. 마르크스가 프랑스 부르주아지의 비겁한 행동을 비난했을 때, 독일 부르주아지는 마르크스의 비난이 자신들을 직접 겨냥한 것이라고 여기고 〈노이에 라이니셰 차이퉁〉에 대한 지지를 철회했다.

7월에 독일에서도 반동적인 정부가 상대적으로 자유주의적인 정부를 대체했다. 마르크스와 그의 신문은 탄압의 첫 표적 가운데 하나였고, 그 뒤 몇 달 동안 신문 발행이 여러 차례 금지됐다. 그러나 빈에서 베를린까지 민주적 권리가 점차 위협받고 있을 때 마르크스와 그의 신문은 여전히 노동자의 권리를 일관되게 옹호하며 강력하게 투쟁했다. 마르크스는 늘 노동자들 사이에서 영향력을 건설하는 전략(나중에 그가 "연속혁명"이라고 부른)을 중요하게 여겼다. 그러나 운동이 저항할 준비가 되기 전에 반동의 공세를 불러올 무모한 행동에도 적극적으로 반대했다. 마르크스와 엥겔스가 썼듯이, 당시는 "혁명적 자제"의 시기였다. 왜냐하면 그들은 반혁명이 반격을 준비하고 있다는 것이 머지않아 분명해질 것이라고 생각했기 때문이다.

빈(오스트리아 수도)의 운동은 거리에서 그런 탄압에 직면했다. 독일의 여러 곳에서 대중 시위가 벌어져 빈의 형제·자매를 지지하자고 호소했다. 10월에 그들은 패배했고, 두 달 뒤에 베를린과 독일 전역에서도 반혁명 쿠데타가 일어나 프리드리히 4세가 프로이센 국가 수반이 됐다. 그 뒤 몇 달 동안 마르크스와 엥겔스는 특히 신문을 통해 쉴 새 없이 활동했다. 민주주의 세력을 불러 모으고, 노동자와 농민의 동맹을 건설하고, 가장 중요하게는 독일 운동을 국제적 상황의 일부로 분석하고 이해하기 위해 노력했다.

독일에서는 운동이 잇따라 후퇴했지만 마르크스는 유럽 곳곳에서 계속되는 투쟁을 보며 혁명의 가능성을 낙관했고, 바덴 임시의회와 프랑크푸르트 임시의회처럼 여전히 저항하는 조직들을 지지했다.

1849년 중반 무렵 혁명운동은 퇴조하고 있었다. 헝가리 봉기는 러시아의 차르[황제] 군대에 짓밟혔다. 독일에서는 반동 세력이 나날이 힘을 얻고 있었다. 5월 16일 마르크스는 자신을 쾰른에서 추방한다는 명령서를 받았고 이튿날 파리를 향해 출발했다. 한편, 엥겔스는 바덴 봉기군에 가담했다. 그들이 떠나기 전에 발행된 〈노이에 라이니셰 차이퉁〉 종간호는 온통 빨간 잉크로 인쇄돼 있었다.

비록 우리의 요새를 넘겨줘야 했지만, 우리가 무기와 짐을 챙겨서 철수하는 동안 밴드가 음악을 연주하고 지붕에는 붉은 기가 펄럭이고 있었다. … 언제 어디서나 우리의 마지막 말은 '노동계급의 해방'이 될 것이다.[11]

되돌아보기, 내다보기

마르크스는 성장하는 혁명운동의 선동가이자 지식인 지도자로서 명성을 얻었기 때문에 어디를 가든 각국 정부는 그를 의심의 눈초리로 바라봤다. 파리를 떠나라는 압력을 받은 마르크스와 그 가족은 1849년 8월 런던으로 돌아왔다. 머지않아 그의 친구이자 동지이자 협력자인 프리드리히 엥겔스도 런던으로 왔다. 그들끼리 있을 때 엥겔스는 '장군'으로 통했다. 왜냐하면 엥겔스가 독일에서의 경험 이후 혁명적 봉기를 조직하는 데 관심이 많았기 때문이다.

비록 유럽의 혁명운동은 후퇴했지만, 두 사람 다 독일과 프랑스에서 새로운 운동이 분출할 것이라고 여전히 낙관적으로 전망하고 있었다. 예니의 편지가 여실히 보여 주듯이, 마르크스 가족은 엄청난 경제적 곤경에 처해 있었다. 그들이 가진 얼마 안 되는 돈은 대부분 독일을 빠져나온 동지들을 돕거나 또 다른 잡지를 발행하는 데 쓰였다. 1850년 1월에 첫 호가 발행된 그 잡지는 5호까지 발행됐다.[*] 임신한 예니가 런던에 도착한 것은 9월의 어느 흐린 날이었다. 마르크스는 무심한 사람은 아니었지만, 1848~49년 사건들의 연장선에서 운동을 건설하려는 생각에 여전히 들떠 있었다.

• 《노이에 라이니셰 차이퉁 폴리티셔 외코노미셰 레뷰》 (신라인 신문 정치경제 평론).

1848년에 마르크스와 엥겔스는 공산주의자동맹이 해체돼야 하고 사회주의자들이 혁명 속에서 떠오른 더 광범한 운동에 관여하고 그 안에서 이데올로기적 영향력을 확대하기 위해 투쟁하는 것이 더 긴급한 과제라고 주장했었다. 1850년 초에는 이제 핵심 과제가 바뀌었음이 분명해지고 있었고, 그들은 동맹이 재건돼야 한다고 강력하게 주장했다. 그들은 또 유럽 전역의 노동계급 활동가들과 사회주의자들의 기억 속에 생생하게 남아 있는 사건들에서 배우고 그 교훈을 이해하는 것이 장차 혁명 조직 건설 국면에서 엄청나게 중요한 기여가 될 것이라고 생각했다.

마르크스는 세 편의 역사 저술에서 당시의 사건들을 분석했다. 하나는 새로 재편된 공산주의자동맹에 보낸 호소문(1850년 3월과 6월)이고 또 하나는 단명한 잡지에 실린 일련의 에세이들(1월부터 10월까지)로 훗날 《1848~50년 프랑스 계급투쟁》이라는 제목으로 발간됐다. 세 번째 해설서인 《루이 보나파르트의 브뤼메르 18일》은 마르크스의 역사 저술 가운데 십중팔구 가장 탁월한 저작일 것이다. 그러나 이 저작들은 사건과 무관한 객관적 관찰자의 단순한 변론이 아니었다. 어쨌든 마르크스는 또다시 공산주의자동맹의 집행위원회 의장으로 선출됐고, 그의 저작은 1848년 혁명에서 배우고 이를 바탕으로 사회주의 조직을 건설하는 데 적극적·의식적으로 기여했다. 마르크스가 썼듯이, "혁명은 죽었다. 혁명 만세!"

1848년의 경험에서 마르크스가 끌어낸 결론과 통찰은 놀랍게도 지금도 여전히 유효한 듯하다. 그러나 당시의 사건들에 대한 나름의 해설서들을 발간한 다른 많은 논평가들과 달리 마르크스는 노동계급의 관점에서, 그리고 미래의 사회주의자들을 위한 정치적·조직적 결론들을 끌어내려는 노력의 일환으로 그 사건들을 평가했다.

마르크스가 내린 첫째 결론은 혁명이 일어날 때마다 처음에는 중간계급의 중요한 부문이 노동계급과 함께 행동했다는 것이다. 그러나 그런 공동 행동은 독일에서든 프랑스에서든 오래가지 못했다. 어느 나라에서든 의회제 민주주의 도입(1848년 혁명의 즉각적 성과)의 주된 수혜자가 될 부르주아지가 이제 혁명이 그 수준에서 멈추지 않고 노동계급과 그 동맹 세력이 사유재산의 존재 자체를 위협하는 수준으로까지 혁명을 더 멀리 더 신속하게 밀고 나아갈까 봐 두려워했다. 그래서 부르주아지는 한때 동맹 세력이던 노동계급을 배반했고, 얼마 전까지만 해도 타도 대상이던 옛 지배계급과 많은 경우 타협하려 했다.

자본주의 사회의 보존에 이해관계가 걸린 계급이 자본주의 사회의 변혁을 끝까지 추구하지 못할 것이라는 점을 생각하면, 노동계급이 어제의 동맹 세력에게서 독립해서 그런 변혁을 지속하는 것이 절박한 과제가 된다. 부르주아지에게는 최대한 빨리 혁명을 끝내는 것이 이로운 반면, "우리에게 이로운 것, 우리의 과제는 혁명을 연속적인 것으로 만드는 것이다." 이 연속혁명 사상은 레온 트로츠키의 사상으로 알려졌지만, 그 기원은 마르크스가 1848년의 혁명적 경험을 성찰한 데서 유래했다.

레온 트로츠키 러시아 혁명을 승리로 이끈 볼셰비키 지도자. 4장 참조.

또한 마르크스는 블랑키주의자들과도 격렬한 논쟁을 벌였다. 파리 봉기에서 중요한 구실을 했던 블랑키주의자들은 이제 혁명가들이 비밀리에 활동해야 한다고 거듭거듭 강조했다. 마르크스와 엥겔스는 그 주장을 끈질기게 물고 늘어졌다. 중요한 것은, 부르주아지가 조만간 운동을 중단시키려 할 것임을 노동계급이 깨닫고 부르주아지로부터 독립해서 조직해야 한다는 것이었다. 그러려면 노동자 운동이 노동계급의 이해관계와 다른 사회계급들의 이해관계를 분명히 인식하고 혁명이 어떻게 일어날 수 있는지 분명히 이해해야 했다. 다시 혁명적 분출이 시작되기 전에 적어도 일부 노동자들이 그 점을 이해하는 것이 아주 중요했다.

이제 혁명적 노동계급 정당을 건설하는 것이 과제였다. 마르크스는 그 시점에 혁명의 즉각적 전망을 지나치게 낙관한 듯하다(마르크스가 죽은 뒤 엥겔스는 《프랑스 계급투쟁》 개정판 서문에서 이 점을 인정했다). 그러나 마르크스가 혁명가들의 과제는 혁명운동의 지도력을 장악하고 그 운동을 끝까지 밀고 나아갈 수 있는 정당을 건설하는 것이라고 주장한 것은 완전히 정당했다. 그런 결론을 마르크스는 다음과 같이 요약했다. "프롤레타리아 독재."

마르크스의 말 중에서 이만큼 오해를 불러일으키고 잘못 해석된 말도 드물 것이다. "독재"라는 말은 나치즘이나 스탈린주의, 그리고 지난 100년 남짓 동안 자본주의가 만들어 낸 온갖 폭정 따위를 떠올리게 만든다. 그러나 마르크스가 그 말을 썼을 때는 그런 뜻이 아니었다. 사실, 마르크스는 모든 형태의 국가에 대해 말한 것이었다. 그 국가가 얼마나 민주주의적인가 하는 것과 무관하게 말이다. 마르크스는 모든 국가를 계급 지배의 도구로 봤다.

프랑스와 독일에서 혁명 뒤에 들어선 국가는 노동자들을 무자비하게 탄압했다. 그 국가의 많은 장관들이 민주주의 투쟁에서 한때 노동계급의 동맹 세력이었는데도 말이다. 마르크스는 어떤 종류의 국가가 다수의 이익을 보호할 것인가 하고 물었다. 그의 대답은 다음과 같았다. "노동계급의 배타적인 정치적 지배, 그리고 이와 분리될 수 없는 사회적 조건의 완전한 혁명적 변화."[12] 오직 그런 국가만이 노동자들이 이룩한 성과를 지킬 수 있고 그런 성과를 보증할 사회적 조건의 변혁을 감독할 수 있을 것이다. 당시 마르크스는 단지 일반적 사상(즉, 이론)만을 갖고 있었다. 그 실체는 1871년의 파리코뮌을 통해 드러나게 된다.

마르크스는 이 흥미진진한 세계적 격변의 시기를 되돌아보며 경제체제의 위기와 혁명 사이의 분명한 연관을 신중하게 분석했다. 경제 위기는 실수나 우연의 산물이 아니라 자본주의에 고유한 내적 모순의 결과였다. 마르크스가 내린 결론은 위기의 부재, 다시 말해 1840년대 말 영국의 번영과 경제성장의 물결 때문에 차티스트 운동의 혁명적 잠재력이 가라앉았다는 것이다. 반면에, 프랑스에서는 노동계급이 혁명적 잠재력을 실현할 만큼 경제적으로 충분히 강력하거나 핵심적이지 않았다.

마르크스 같은 혁명적 유물론자에게 분명한 사실은 "사상이 역사를 바꾸지 않는다"는 것이었다. 물질적 환경 속에서 살아 움직이는 사회 세력들이 그런 사상을 구현하고 전달해야만 사상이 역사를 바꿀 수 있다. 마르크스는 자본주의가 어떤 리듬과 추진력으로 전진하는지, 그리고 어떤 환경에서 위기가 발생하는지를 이해하는 것이 노동계급의 조직을 건설하고 그 성원들을 정치적으로 준비시키는 것만큼이나 중요한 과제라고 생각했다.

"새로운 과학적 관점"

1850년 중반쯤 마르크스는 혁명이 더는 당면 의제가 아니라는 것을 분명히 깨달았다. 유럽 자본주의는 성장과 팽창의 시기로 접어들고 있었고, 프로이센 황제 암살 기도가 실패한 뒤 쾰른의 공산주의자들이 박해를 받긴 했지만 부르주아 민주주의는 큰 어려움 없이 낡은 질서의 찌꺼기를 털어내고 있었다.

공산주의자동맹 내에서 격렬한 논쟁이 벌어졌다. 조직의 지도부 다수는 여전히 혁명이 금방이라도 일어날 수 있다고 확신하고 있었고, 따라서 무기와 굳건한 확신만 있으면 된다고 봤다. 또, 1848년 운동 직후에 독일 동지들이 자기 나라의 노동계급은 계속 급진화하고 있다고 강조함에 따라 민족주의적 색채를 띤 주장들이 대두했다.

그래서 마르크스와 엥겔스는 두 가지 쟁점을 중요시했다. 첫째, 그들이 《공산당 선언》에서 아주 분명히 밝혔듯이, 노동자들의 혁명운동은 국제적 성격을 띠어야 한다. 둘째, 혁명이 일어나려면 주관적 요인(노동자들의 의식과 노동자들 사이에서 혁명적 사상의 고양)과 객관적 요인(체제의 위기)이 결합돼야 한다.

독일 민족의 관점이 《선언》의 보편적 전망을 대체했다. 독일 장인의 민족 감정에 영합하는 행태도 있었다. 《선언》의 유물론적 관점이 관념론에 굴복했다. 혁명은 현실 상황의 산물이 아니라 의지력을 발휘한 결과로 여겨졌다. 우리는 노동자들에게 다음과 같이 말한다. '상황을 바꾸고 여러분 스스로 권력을 행사할 수 있도록 단련되려면 여러분은 15년, 20년, 50년의 내전을 겪어야 합니다.' 반면에 (그들은 다음과 같이 말한다) '우리는 지금 당장 권력을 장악해야 합니다. 그러지 않으려면 집에 가서 잠이나 자는 게 나을 것입니다."[13]

당시는 마르크스에게 편한 시기가 아니었다. 그는 비참할 정도로 가난했고 그의 가족은 자주 이사해야 했다. 엥겔스의 헌신적이고 끊임없는 지원만이 마르크스의 가족을 벼랑 끝에서 계속 구해 준 듯하다. 그해 말 마르크스 부부가 무척 사랑한 아들 하인리히(마르크스가 "포크시"라고* 부른)가 죽었다. 여섯 달 뒤, 그들과 함께 살던 하녀가 아들 프레디를 낳았다. 프레디의 아버지는 분명히 마르크스였다. 그는 결코 인정하지 않았지만 말이다. 엥겔스가 자신의 친구이자 동료를 보호하기 위해 프레디의 아버지인 양 행세했다. 엥겔스의 그런 희생은 처음도 아니었고 마지막도 아니었다!

> • 영국 국왕 일가를 살해하고 의회를 폭파하기 위해 '화약 음모 사건'(1605년)을 공모한 가이 포크스를 기념하는 날(11월 5일)에 태어났기 때문에 붙인 별명.

이제 마르크스는 대영박물관 열람실에 자주 갔다. 그는 자본주의 체제 전체의 일반적 특징을 규명하고 설명하려는 아주 거창한 프로젝트(마르크스 이외의 사람들이 보기에는)에 착수했다. 운동 내의 일부 사람들(주로 밤늦게까지 앉아서 무장봉기 계획을 짜곤 했던)은 마르크스가 정치로부터 후퇴했다고 비난했다. 그러나 마르크스와 엥겔스는 정치조직 건설을 포기한 것이 결코 아니었다. 그들은 당 건설이라는 생각을 결코 포기하지 않았다. 비록 1864년 제1인터내셔널 창설 전까지는 겉으로 드러나지 않았지만 말이다.

마르크스는 결코 다른 사회주의자들과의 논쟁을 그만두지도 않았고, 소책자를 발간하고 빈번하게 신문 기사 쓰는 일을 그만두지도 않았다. 그들이 공산주의자동맹과 결별한 뒤에 찾아온 일시적 소강상태에서 그런 논쟁들은 새로운 당 건설 과정의 일부였다.

그러나 당시 마르크스가 자본주의 체제를 탐구하는 것이 자신의 주요 정치적 과제라고 생각한 것은 분명하다. 그것은 단지 적을 아는 문제만은 아니었다. 자본주의 체제의 동력, 자본주의 체제의 발전이 낳는 모순과 긴장을 이해하려는 것이었다. 그리고 자본주의 체제가 위기를 피할 수 없다는 점을 생각할 때, 중요한 것은 언제 어디서 균열이 나타날지를 예상하거나 심지어 예측하는 것이었다. 이 모든 것은 공산주의자들로 하여금 미래의 계급투쟁을 준비하게 만드는 과업의 일부였다.

마르크스가 스스로 설정한 과제는 자본주의 세계 체제가 작동하고 발전하는 방식을 이해하는 것(체제의 "운동 법칙"을 밝히는 것)이었다. 그러나 그것이 다가 아니었다. 문제는 겉으로 드러나는 것과 내부에서 체제를 움직이는 것이 다를 수 있다는 점이다. 어쨌든, 마르크스는 초기 저작에서 자본주의의 메커니즘과

법칙에 대한 설명과 사상이 실상을 은폐하거나 왜곡하는 방식(그가 "이데올로기"라고 말한)을 길게 분석한 바 있다.

예컨대, 오늘날 우리는 권력자들이 자신들의 이익을 위해 내린 경제적 결정을 마치 자연현상인 양 사람들에게 설명하는 것을 흔히 목격하곤 한다. 뉴스를 보면 "시장의 움직임"이나 이런저런 지표의 증감을 설명하는 골치 아픈 통계 수치들이 나오는데 흔히 방송 말미에 자연재해 소식과 일기예보 사이에 배치된다. 마치 우리가 결코 통제할 수 없는 사물의 영역이라는 듯이 말이다. 부르주아 "경제학자들은" 특정 계급(사회의 부를 생산하면서도 체제와 체제의 작동 방식을 전혀 통제할 수 없는 사람들과 이해관계가 정반대인)의 이해관계에 따라 결정되는 "부르주아 생산관계를 … 마치 고정불변의 영원한 것인 양 묘사한다."[14]

마르크스는 청년기 저작에서, 자본주의 사회에서 노동자들이 겪는 경험(대다수 노동자들이 스스로 무기력하다고 느끼게 만들고 그들이 다루는 기계 자체가 생명을 갖고 있다고 느끼게 만드는 소외)을 묘사한 바 있다. 문제는 부의 생산자들과 자본 소유자들 사이의 그런 관계를 만들어 내는 자본주의의 구체적 조건이 무엇인가 하는 점이었다. 그리고 자본가의 이런저런 행동과 노동자들을 다루는 특정 사례들이 아니라 체제 전체가 앞으로 나아가게 만드는 진정한 동력이 무엇인가 하는 점이었다. 세계 자본주의 체제에서 자본가계급과 노동계급의 관계는 어떠한가?

물론 그 답은 추상적 공식 속에 있지 않았다. 어쨌든 마르크스는 유물론자였다. 따라서 그의 태도는 실제의 역사적 시기에 정말로 살아 움직이는 세력들의 행동을 관찰한 것에 바탕을 두고 있었다. 그가 한 일이 모두 그랬듯이, 이론의 검증은 물질적 현실과 그 발전을 설명하는 실천적 검증이 될 것이다. 그리고 역사적 운동이 그렇듯이 그 과정은 변증법적일 것이다. 즉, 오직 사회를 변화시킴으로써만 해결할 수 있는 모순과 갈등을 만들어내는 변증법적 과정 말이다. 그런 긴장들은 자본주의 사회의 주기적 위기에서 드러났다. 중요한 것은 혁명운동이 그런 위기의 본질을 이해하고 예상하며 그런 위기가 제공하는 기회를 이용할 수 있는 조직적 준비였다. 따라서 마르크스는 그런 탐구의 시기가 근본적으로 정치적인 그 프로젝트에 직접적·물질적으로 기여하는 것이라는 점을 믿어 의심치 않았다.

우리 당이 또다시 탐구에 몰두할 수 있는 평화를 얻게 돼서 기뻤다. 우리 당의 이론적 토대가 새로운 과학적 관점이라는 사실은 대단한 장점이었다. 그런 관점을 정교하게 다듬는 것만으로도 충분히 바빴다. 그런 이유만으로도 우리 당은 '위대한 망명객들'과 달리 결코 사기가 꺾일 수 없었다.[15]

마르크스가 말한 "우리 당"은 자신과 엥겔스였다. 투쟁의 즉각적 전망이 밝지 않았지만 그들은 낙심하지 않았다. 정말이지, 마르크스의 신속한 회복력은 특히 놀랍다. 왜냐하면 당시 마르크스와 그의 가족은 가난과 불안정에 시달리며 아주 힘든 나날을 보내고 있었기 때문이다. 그들은 끊임없이 이사를 다녀야 했고, 마르크스 부부를 비롯해 가족 모두 자주 병치레를 했고, 어린 아들 에드가가 죽었다. 오직 엥겔스의 성실하고 헌신적인 지원만이 그들을 파멸에서 구해 줬다.

마르크스는 그 뒤 20년을 대부분《자본론》을 쓰며 보냈다. 그러나《자본론》1권은 1867년에야 출간됐고, 세 권이 모두 출간된 것은 그가 죽은 뒤였다.《자본론》초고의 첫 부분은 (1859년에)《정치경제학 비판 서설》이라는 제목으로 출판됐다.

야수를 규명하기

이 놀라운 저작의 핵심 사상은 무엇이었을까? "봉건사회의 폐허에서 성장한 현대 부르주아 사회는 계급 적대를 없애지 못했다. 오히려 새로운 계급들, 억압의 새로운 조건들, 투쟁의 새로운 형태들을 만들어 냈을 뿐이다."[16]

첫째, 자본주의는 변화하고 발전하는 역사의 한 단계였다.(그리고 오늘날 일부 부르주아 이론가들의 주장과 달리 "역사의 종

《자본론》이 출간된 1867년의
마르크스.

말"도 아니다!) 자본주의는 특정한 역사적 상황에서 나타났고,
그 전의 모든 계급사회와 마찬가지로 내부 모순들 때문에 분열
해 있었다. 둘째, 가차없는 이윤 창출 압력 때문에 자본주의는
노동생산성 증대와 기술 진보를 끊임없이 추구했다. 따라서 《공
산당 선언》에서 마르크스가 멋지게 표현한 "생산의 끊임없는 혁
신"이 일어났다. 셋째, 이윤의 원천은 노동 자체, 좀 더 정확히 말
하면 노동 착취다. 요즘 사람들은 착취를 도덕적 문제(권력 남
용)로 보는 경향이 있다. 마르크스는 더 특수하고 기술적인 의미
로 착취라는 말을 사용해서 자본과 노동의 관계를 묘사했다. 자

본은 노동자가 계속 제구실을 할 수 있게 하는 데 들어가는 비용보다 훨씬 더 많은 양의 가치(잉여가치)를 노동자에게서 뽑아내려 한다.

따라서 마르크스는 자본주의가 계급사회라고 봤다. 즉, 소수의 계급이 생산수단을 소유하고(마르크스는 이들을 부르주아지라고 불렀는데, 오늘날 우리가 말하는 자본가계급이다) 나머지(압도 다수)는 노동할 능력만을 소유한(이들이 프롤레타리아, 즉 노동계급이다) 사회라는 것이다.

각각의 계급은 성姓·인종·외모·취향 등에 따라 내부적으로 엄청나게 다양할 것이다. 자비로운 기업주가 있는 반면 억압적인 기업주도 있을 것이다. 인종차별주의자도 있고 자유주의자도 있을 것이다. 민족주의자도 있고 세계시민주의자도 있을 것이다. 노동자들 중에도 교육받은 노동자와 그렇지 않은 노동자, 숙련 노동자와 미숙련 노동자, 흑인과 백인, 남성과 여성이 있을 것이다. 그러나 그들은 사회적 자원과 맺는 관계나 조직되는 방식에 따라 서로 다른 계급에 속한다. 부르주아지는 무엇보다 사회의 부에 대한 소유권을 지키기 위해 행동했을 뿐 아니라 힘과 권위를 이용해 사회적 생산을 자신들에게 이롭게 조직했다.

"축적하라, 축적하라. 이것이 모세와 예언자들의 말씀이니라."[17] 이 간단한 말로 마르크스는 자본주의의 추진력을 요약했다. 생산수단을 소유한 사람들은 같은 계급이지만, 그들은 또한 시장을 지배하고 더 많은 이윤을 차지하기 위해 자기들끼리 서로 경쟁한다. 체제를 움직이는 것은 이윤이다. 자본가는 단지 생산수단을 소유한 것만이 아니다. 그런 자원을 이용해 돈을 더 많이 벌고 경쟁자들을 앞지르기 위해 노력하기도 한다. 자본주의는 그런 일이 가능하도록 경제체제를 조직하는 방식이다.

그런 조직 체계(마르크스가 생산양식이라고 부른)는 물론 복잡하다. 거기에는 생산 자체를 준비하는 특정 방식뿐 아니라 생산을 지속시킬 수 있는 다양한 형태와 구조도 필요하다. 즉, 노동자들의 출퇴근 수단, 그들에게 새로운 기계의 사용법을 가르쳐 줄 교육, 실제로 생산을 해야 하는 사람들이 가난에 시달리는데도 현재의 세계야말로 가능한 최상의 세계라고 그들을 설득할 다양한 문화적 수단의 창출 등등이 필요한 것이다. 마르크스는 이 모든 측면을 분석하고 검토했다.

그러나 그 핵심에는 생산이 놓여 있었다. 자본가들은 어떻게 이윤을 얻었는가? 그들은 돈을 투자하고 기계를 구입하고 사람을 고용하고 무엇을 어떻게 생산할지를 결정했다. 그러나 물건을 실제로 생산하는 사람은 임금을 받고 기계를 작동시키는 노동자들이었다. 마르크스 시대에 바로 그런 일을 하는 사람들이 계속 늘어나고 있었다. 분명히 그는 수천 명이 거대한 생산 라인에서 제품을 생산하는 20세기의 대규모 공장들을 상상할 수 있었을 것이다.

그때도 지금처럼 생산은 갖가지 사람들이 참가하는 매우 복잡한 과정이었다. 19세기의 방적 공장들에서는 인도와 이집트의 노예 노동자들이 딴 면화를 사용했다. 그 면화를 랭커셔로 운반하는 데 수많은 사람들의 노동이 들어갔다. 일부 사람들(지금보다는 훨씬 더 수가 적었다)은 방적 공장의 노동자들을 먹이고 교육하고 간호했다. 그때 이후 더욱 야만적이고 비인간적인 체제의 사상자들을 돌봐 줄 사람들[서비스 노동자]이 대거 생겨났다. 생산의 사슬에서 서로 다른 위치에 있는 이 사람들(콜센터의 상담원에서 사회복지사와 버스 기사까지)을 모두 단결시켰고 지금도 단결시키고 있는 것은 그들과 체제의 관계다. 그들은 생산수단을 소유한 자들에게 자신의 노동력을 판매하고 임금을 받는다.

그러나 자본주의적 생산의 핵심은 노동자들이 임금으로 받는 것보다 훨씬 더 많은 것을 생산한다는 사실이었다. 그들이 생산한 것의 가치와 임금으로 받는 돈의 차이(잉여가치)는 자본가들의 수중으로 들어갔다.

물론 기업주들은 항상 자신들이 그 돈을 가져가는 것이 정당하다고 주장한다. 왜냐하면 그들은 재투자를 해야 하고, 자신들이 돈을 투자하는 과정에서 무릅쓰는 "위험"에 대한 보상이 필요하기 때문이라는 것이다. 그러나 투자가 실패하고 노동자들이 일자리를 잃을 때 경영진과 이사들은 거액의 보상을 받고 노동자들과 달리 자신들이 "위험을 무릅쓴" 결과로부터 보호받는다.

사실, 그들이 기계를 혁신하고 은행에 대출금을 갚고 난 뒤 남은 이윤의 일부는 부르주아 생활양식을 유지하는 데 쓰인다. 그러나 다른 일부는 새롭고 더 나은 기계에 투자되기도 한다. 그런 기계 덕분에 노동자들은 훨씬 더 많은 잉여가치를 생산하고 투자자는 경쟁에서 우위를 차지할 수 있게 될 것이다. 그러나 모든 자본가가 그와 똑같이 하려고 할 것이다. 그렇다면 어떻게 해야 그가 다른 자본가들보다 유리해질까? 그 답은 아주 간단하다. 노동자들이 더 많이 생산하도록 쥐어짜는 데 성공한 자본가가 앞서 나간다.

그러나 노동자 한 사람이 맡는 기계가 점점 더 많아질수록 전체 생산과정 대비 이윤의 원천(노동자의 살아 있는 노동)이 감소한다. 이 때문에 이윤율의 저하 경향이 나타나는데, 심지어 이윤의 총량이 증가하더라도 이윤율은 저하할 수 있다. 이것은 장기적으로 자본주의에 심각한 위협이다.

따라서 자본주의적 생산을 움직이는 것은 다른 자본가들을 희생시켜 이윤을 축적하려는 가차없고 필사적인 노력이다. 축적과 경쟁이 표어다. 그리고 한 공장의 노동자가 동일한 임금을 받는 다른 공장의 노동자보다 더 많이 생산한다면, 그 공장의 이윤은 늘어날 것이다. 이것이 실제로 뜻하는 바는 시장을 향한 그런 경쟁에서 전 세계의 자원을 점점 더 많이 차지해야(소비하고 파괴해야) 한다는 것이다. 삼림을 벌목하고, 땅속에서 석유와 가스를 채굴하고, 화석연료를 태우고, 농업을 집약화하고, 그 과정에서 점점 더 많은 토지를 고갈시킨다. 그러나 현재의 공장들(한때 유럽과 북아메리카에만 있었으나 지금은 중국·한국·멕시코에도 있는)은 미래의 자원을 사용하고 있다.

왜 그들은 그 사실을 깨닫지 못할까? 수많은 사람들에게 명백한 그 사실을 왜 조지 W 부시는 인정하지 않을까?* 자본가는 끊임없이 경쟁을 해야 하기 때문에 멈춰 서서 미래(오늘 내일 정도가 아니라 장기적 미래)를 생각하지 않는다. 왜냐하면 다른 자본가도 모두 똑같이 행동하기 때문이다. 마르크스가 확인한 자본주의 추진력의 모순 하나는 그것이 장기적으로 지구를 파괴

> • 이 글이 쓰인 2006년 당시 미국 대통령 조지 W 부시는 교토의정서 비준을 거부했을 뿐 아니라 기후변화 대책을 반대하는 일에 앞장섰다.

한다는 것이다. 그러나 핼리버튼과 제너럴모터스는 내년에 관심이 없다. 바로 오늘 회계장부에서 이윤을 보여 줘야 한다. 그것이 모세와 예언자들의 말씀이다!

중요한 문제가 하나 더 있었다. 이 제품들은 **누구를 위해** 생산되는가? 생산이 사람들의 필요에 부응하는 사회에서는 무엇을 생산할 것인가 하는 문제가 사람들의 필요에 따라 결정될 것이다. 공장은 굶주린 사람들을 위해 식품을 생산하고 아픈 사람들을 위해 구급차를 생산할 것이다. 그러나 자본주의 사회에서는 다른 고려 사항들이 우세하다는 것이 아주 명백하다. 그래서 무

기가 넘쳐나는데도 구급차는 부족하고, 불필요하고 쓸모없는 식품이 상상할 수 없을 만큼 많이 생산되고 적잖이 버려지는데도 기본 식료품이 모자라 수많은 사람들이 굶주린다. 상품은 시장에서 사고 팔리는 것이기 때문이다. 생산자와 소비자 사이에 직접적 관계가 존재하지 않는다. 그리고 무엇을 생산할 것인가 하는 문제는 이윤 창출의 관점에서만 결정된다.

시장을 위한 생산의 또 다른 결과는 자본주의 사회에서는 생산과 사회적 필요를 조정하려는 종합적 노력이 전혀 없다는 것이다. 마르크스가 썼듯이, 공장 내의 독재는 그 대립물, 즉 경제 전체의 자의성(무계획성)과 맞물려 있다. 개별 기업 내에서는 계획이 이뤄지지만, 체제 전체에는 계획이 없다. 이 때문에 많은 자본주의 옹호론자들의 주장과 달리 불안정, 위기, 호황과 불황이 자본주의 경제체제의 우연한 특징이 아니라 고유한 본질이 된다. 따라서 자본주의는 본질적으로 투쟁·충돌·모순을 바탕으로 하는 체제다.

그래서 우리는 다음과 같은 역설에 직면한다. 한편으로 자본주의는 생산을 더 '효율적'으로 만드는 방식을 끊임없이 발전시키고, 값싼 노동력을 찾아 끊임없이 이동하고, 노동생산성을 향상시킬 기술을 발전시키고, 원료 가격을 낮추기 위해 분투한다. 그리고 다른 한편으로 오늘날 많은 노동자들은 전보다 더 많은 시간을 직장에서 보내고 있고, 대자본이 한때 마지못해 약속했던 연금을 다시 빼앗아 가려 함에 따라 머지않아 노동자들의 정년퇴직 연한이 더 높아질 듯하다. 그래서 자본주의는 전 세계인에게 식량, 주택, 의료 서비스를 제공할 수 있는 잠재력을 갖고 있지만 체제의 본성 때문에 수많은 사람들이 그런 기본적 필요조차 충족시키지 못한 채 살아가고 있다. 자본주의 사회에서는 인류를 노동에서 해방시켜야 하는 것이 오히려 정반대의 결과를 낳고 있다.

위기와 기회

마르크스는 1848년을 돌아보며 자본주의의 위기가 혁명적 반응을 낳았다고 생각했다. 비록 그 결과는 그의 희망과 달랐지만, 그럼에도 그것은 노동계급의 힘과 지배자들의 무자비함을 모두 보여 줬다. 이것은 다음번 위기(그의 연구에 따르면, 자본주의는 그 혼란스런 본성 때문에 위기를 피할 수 없음이 드러났다) 때 기억해야 할 중요한 교훈이었다. 그리고 다음번에 노동계급 운동은 미리 준비돼 있어야 한다.

1857년에 경제 위기가 시작됐다. 그 위기는 마르크스에게는 약간 얄궂은 것이었다. 왜냐하면 1년 전에 예니가 작은 유산을 물려받은 덕분에 마르크스 가족은 밀린 빚을 갚고 더 나은 집으로 이사할 수 있었기 때문이다. 막상, 1857년의 경제 위기에도 불구하고 투쟁은 분출하지 않았다. 그러나 새로운 운동이 나타났다. 특히 유럽 [대륙]에서 그랬다. 프랑스와 독일에서 노동계급의 수가 늘고 있었고, 노동계급 조직화를 가장 급진적으로 표현한 차티스트 운동이 소멸함으로써 생겨난 정치적 공백을 새로운 정치적 표현들이 메우고 있었다.

1863년 영국에서는 미국 남북전쟁의 북군을 지지하고, 영국 정부가 노예 소유를 허용하는 남부연합 편을 들어 전쟁에 개입하는 것에 반대하는 대규모 노동자 집회들이 열렸다. 마르크스는 이것이 매우 중요한 의미가 있다고 생각했다. 런던에서 열린 대중 집회들에서는 이탈리아 급진주의자 가리발디가 환영받았고 폴란드에서 일어난 반란도 열렬한 지지를 받았다. 더욱이, 이 집회들은 모두 (몇 년 전부터 마르크스·엥겔스와 협력해 온) 런던노동조합협의회가 조직한 것이었다.

1864년 9월 바로 그 노동자 단체가 국경을 뛰어넘은 연대를 강화하고 각국의 노동자들이 자본가들의 농간에 빠져 서로 싸우지 않도록 하기 위한 국제 대회를 열자고 호소했다. 머지않아 국제노동자협회[제1인터내셔널]가 될 단체의 창립에 마르크스가 직접 관여한 것은 아니었지만, 창립 대회에 참가해 달라는 초청을 받았다. 마르크스는 그 전 한두 해 동안 이렇다 할 개입을 한 적이 없었지만, 그 기회는 결코 놓치지 않았다. 왜냐하면 그가 썼듯이 이번에 만들어지는 조직은 "정말로 중요한 사람들", 즉 노동운동 지도자들의 조직이었기 때문이다. 비록 대회 참가자들이 모두 노동계급 소속인 것도 아니었고 국제 노동자들의 대의에 완전히 헌신하는 사람들인 것도 아니었지만 말이다.

조직의 규약과 원칙을 작성해 달라는 요청을 받은 마르크스는 그 어느 때보다 발 빠르게 움직여야 했다. 마르크스의 중요한 역할을 인정하고 그에게 참여를 요청한 사람들조차 사회주의에 회의적이었고 혁명의 필요성에 대해서는 전혀 확신하지 못하고 있었다. 영국의 노조 지도자들은 자신들의 목표가 모든 노동자의 표를 획득하는 것이라고 생각했다.[18] 대회에 참가한 프랑스인들은 마르크스의 오랜 적인 프루동의 영향을 크게 받은 사람들이었다. 이탈리아인들은 마치니의 급진적 민족주의를 지지하는 사람들이었다.

이것은 노동자 운동의 지도자들 사이에서 혁명적 사상의 영향력을 유력하게 만들 수 있는 흔치 않은 정치적 기회였다. 비록 당시는 그 운동이 아직 성숙하지 않은 듯 했지만 말이다. 그러나 마르크스가 《자본론》을 쓰기 위해 자본주의의 발전을 연구하면서 더 확신하게 된

주세페 마치니 이탈리아 통일 운동을 이끈 민족주의자. 마르크스는 마치니의 사상을 "중간계급[부르주아] 공화주의자의 낡은 사상"이라고 비판했다.

사실은 유럽 자본주의의 맹아기는 노동계급의 수가 늘어나고 자본과 노동의 충돌이 불가피하게 심화한 시기이기도 했다는 것이

다. 마르크스는 "국제노동자협회 개회사"에서 1848년 이후 노동자 투쟁이 어떻게 발전했는지 설명했다. 그런 분석을 통해 얻은 핵심 사상은, 그때조차 노동계급 운동의 국제주의가 사회주의를 위한 투쟁에 필수적인 것이었다는 점이다.

마르크스는 서로 다른 지부들에 단일한 중앙집중적 규약이 적용되지 않을 것이라는 점을 규약에서 신중하게 밝혔다. 그러나 운동에 중앙집중적이고 통일된 방향이 필요하다는 것이 곧 인터내셔널 내부 논쟁에서 명백하게 드러날 것이라는 점 또한 분명히 깨닫고 있었다. 사실, 국제노동자협회 임시 규약은 마르크스의 가장 핵심적인 사상을 고스란히 담고 있다.

> 노동계급의 해방은 노동계급 스스로 이룩해야 한다. … 노동계급의 해방을 위한 투쟁은 계급적 특권이나 독점을 위한 투쟁이 아니라 평등한 권리와 의무를 위한 투쟁, 모든 계급 지배의 철폐를 위한 투쟁이다.[19]

"개회사"는 "노동계급이 정치 권력을 장악하는 것"이 국제노동자협회의 목표라고 강조했는데, 참가자들은 이 말을 저마다 다르게 이해했다. 이 때문에 책략과 논쟁의 여지가 생겼다. 그러나 1년 뒤에 열린 국제노동자협회 대회에서 일부 프랑스 대표들이 마르크스의 참석권에 문제를 제기했을 때, 영국 노동조합 대표한 명이 "시민 마르크스는 노동계급의 승리를 위해 자신의 전 생애를 바쳤다"는 것을 그들에게 일깨웠고, 다른 대표 한 명은 "노동계급의 관점에서 정치경제학을 연구한 사람들이 모두 대회에 참석할 수 있게 해야 한다"고 주장했다.[20]

마르크스의 참석을 반대한 사람들은 프루동 추종자들이었다. 그들의 다수는 노동자들이었지만, 대체로 자본주의의 새로운 주요 산업들에 종사하는 노동자들은 아니었다. 그들은 숙련직 수공업 노동자들이었고, 자본주의에 대한 모종의 대안으로 상호부조 단체들의 설립을 주장한 프루동의 사상을 여전히 고수하고 있었다.* 이것은 부르주아지의 계급 권력에 도전하고 새로운 사회질서(다수의 이익이 보장되고 이윤이 더는 사회의 편제를 모두 좌우하는 동력 구실을 하지 않는)의 건설을 준비하는 노동자들의 혁명적 단체를 만들자는 마르크스의 주장과는 정반대였다.

독일에서는 페르디난트 라살의 추종자들을 상대로 전투가 벌어졌고, 빌헬름 리프크네히트가 이끄는 사회민주주의노동자당SDAP의 건설은 "마르크스의 당"을 향한 중대한 일보 전진이었다.

• 프루동이 여성 노동은 "타락"이고 여성이 있어야 할 곳은 가정이라고 주장했다는 점도 지적해야겠다. 이런 견해는 마르크스의 철저한 비판을 받았고 결국 패배했다 — 지은이.

페르디난트 라살 전독일노동자협회ADAV의 창시자. 국가를 통한 사회주의 도입을 지지해 마르크스의 비판을 받았다.

빌헬름 리프크네히트 마르크스와 엥겔스의 오랜 협력자. 3장에 나오는 카를 리프크네히트의 아버지다.

사회민주주의노동자당 훗날 사회민주당이 된다.

새로운 권력: 파리코뮌

1871년에 역사는 이런 논쟁을 극적인 형태로 표현했다. 1870년 7월 프랑스의 루이 보나파르트(나폴레옹 3세)가 프로이센 지도자 비스마르크의 도발에 대응해 전쟁을 선포했다. 9월에 나폴레옹 3세는 포로가 됐다. 파리에서는 국민방위정부가 들어서서 공화국을 선언했다. 그러나 그 정부의 저항은 오래가지 않았고, 1871년 2월에 신생 통일 독일과 평화 협상을 벌이기 위한 국회의원 선거가 치러졌다.

반동적인 티에르가 이끄는 정부는 파리를 떠나 베르사유에 머무르고 있었다. 정부와 부자들은 프로이센 군대에게 포위당한 수도 파리를 포기했다. 오직 국민방위군이라는 시민군만이 도시를 보호하고 있었다. 무장한 민중의 위협을 점차 두려워하게 된 티에르가 몽마르트 언덕의 국민방위군 대포들을 탈취하려 했을 때, 파리 시민들이 들고일어나 코뮌 수립을 선포했다.

파리코뮌이 존속한 두 달 동안 마르크스는 코뮌을 주목했고 완전히 매료됐다. 마르크스는 그 전부터 루이 나폴레옹의 제2공

오토 폰 비스마르크 프로이센의 총리로 오스트리아와 프랑스를 상대로 전쟁을 벌여 승리했다. 1871년 독일제국을 건설하고 초대 총리가 됐으며 사회주의 운동을 강력하게 탄압했다.

아돌프 티에르 1830년 7월 혁명과 1848년 2월 혁명에 참가한 부르주아 자유주의자. "권좌 밖에 있을 때는 거리낌 없이 혁명을 부채질했지만 정권을 장악했을 때는 주저 없이 폭력을 동원해 혁명을 교살했다"(마르크스). 파리코뮌을 진압하고 대통령이 된다.

1871년 파리코뮌 당시의 바리케이드.

화국을 맹비난하며 프랑스에서 새로운 혁명이 일어나리라고 확신하고 있었다. 사실, 몇 달 동안 포위된 채 물자 부족에 시달리고 있었기 때문에 노동자들이 봉기하기에 좋은 상황은 아니었다. 마르크스는 파리 노동자들이 베르사유로 진군하지 않으면 고립돼 패배할 것이라고 우려했다. 그리고 이번 봉기로 부르주아 국가의 무자비함(그리고 지배계급에게는 양심의 가책 따위가 전혀 없다는 것)이 드러나리라는 것도 알고 있었다.

  그러나 마르크스는 코뮌을 분석하며 노동자 권력의 모습을 봤다. 그것이 직면할 문제, 극복해야 할 한계, 완전히 새로운 질서를 건설하는 과정에서 보여 줄 수 있는 창의성을 봤다. 1871년 3월 파리코뮌으로 새로운 권력이 탄생했다. 마르크스는 코뮌이 초기에 저지른 실수들과 무관하게 코뮌을 열정적으로 옹호했다. 실제로 마르크스는 자신의 사위인 폴 라파르그를 파리로 보내 코뮈나르[코뮌 참가자]들과 협력하게 했다.

코뮌의 어떤 점이 새로웠을까? 파리에서 일어난 사건들에 대한 마르크스의 분석서인 《프랑스 내전》은 당시 세대(그리고 후대)의 그런 물음에 답한다. "이것은 근본적으로 노동계급의 정부였고 … 노동자들의 경제적 해방을 이뤄 낼 정치형태가 드디어 발견된 것이다."

가장 중요한 점은 코뮌이 부르주아지의 지배 도구들을 폐지했다는 것이다. 상비군이 시민군, 즉 "무장한 인민"으로 대체됐고, 부르주아 민주주의 기구들은 이제 직접민주주의로 대체됐다. 그래서 모든 대표들이 즉시 해임되고 새로 선출될 수 있었고(이런 직접민주주의의 권리는 1905년과 1917년 러시아 혁명의 소비에트에서 되살아났다), 정치적 의무를 지는 대가로 특권을 누릴 수도 없었다("공무를 수행한 대가는 노동자들의 평균임금 수준이어야 했다"). 코뮌은 새로운 국가였다. 낡은 국가는, 레닌이 말했듯이, "궁극적으로 다수를 폭력으로 억압하는 데" 항상 의존했다. 그러나 파리에서는 다수와 분리되지도 않고 다수 위에 군림하지도 않으며 오히려 다수에 복종하는 통치 형태가 낡은 국가를 대체했다. 이것은 마르크스가 아주 오래전부터 상상해 온 프롤레타리아 독재였다.

　겨우 두 달 동안 존속했기 때문에 코뮌은 새로운 질서를 실행에 옮길(여성 해방에 착수하고, 착취를 폐지하고, 공동의 사회생활 구조들을 창출할) 시간이 부족했다. 마르크스가 썼듯이, "코뮌의 가장 큰 업적은 코뮌이 존속했다는 것 자체였다." 그리고 이로부터 마르크스가 끌어낸 결론은 마르크스의 주장 가운데 아마 가장 영향력 있는 주장일 것이다. "노동계급은 단순히 기존의 국가기구를 접수해서 자신의 목적에 맞게 사용할 수 없다."21

　부르주아 국가는 자본가계급의 지배를 지키고 유지하기 위해서 존재한다. 부의 재분배, 착취의 폐지와 평등에 전념하는 사회는 독자적 권력 기구, 즉 노동자 국가가 필요하다. 그런 사회의 모습이 어떨지, 그리고 노동자 민주주의 기구들이 어떻게 건설될 수 있는지를 역사는 그 두 달 동안 파리에서 힐끗 보여 줬다. 그리고 패배의 대가가 얼마나 끔찍한지도 보여 줬다.

　인터내셔널 회원 17명이 코뮌 의회 의원이었다(그중 극소수만이 마르크스 지지자들이었다). 코뮌 의원 92명의 견해는 아주 다양했고, 코뮌 방어와 반동적인 공화국 비판을 제외하면 분명한 입장도 거의 없었다. 프루동 추종자들은 분열해 있어서 심지어 코뮌이 존속한 기간 내내 베르사유에서 수수방관한 사람들도 있었다.

또 다른 사람들은 블랑키 추종자들과 러시아 아나키스트 미하일 바쿠닌 추종자들이었다. 바쿠닌은 코뮌의 유산을 둘러싸고 마르크스와 논쟁을 벌였고, 이 때문에 결국 제1인터내셔널은 붕괴하게 된다. 바쿠닌은 열정적 음모가였고 국가를 철저하게 적대시했지만, 노동계급의 친구는 결코 아니었다. 사실, 바쿠닌은 노동계급이 스스로 권력 장악을 조직하거나 준비해서는 안 된다고 주장했다. 그것이 모종의 권위주의 체제로 귀결될 것이라는 이유에서였다. 모순적이게도, 그는 소수의 비밀 음모가 집단이 국가를 공격해야 한다고 주장했다. 그들은 아무에게도 책임지지 않고, 심지어 자신들이 대변한다는 사람들에게도 결코 책임지지 않을 것이다!

무엇보다, 바쿠닌이 마르크스의 가장 핵심적이고 귀중한 원칙(노동계급의 해방은 노동계급 자신의 행동이어야 한다는 것)에 도전했다는 점이 중요했다. 1872년에 열린 인터내셔널 대회에서 바쿠닌은 중앙집중적이고 규율 있는 조직이라는 생각을 비판했다. 마르크스와 엥겔스는 가장 단호한 말로 응수했다. 인터내셔널은 "토론 클럽이 아니라 혁명의 강력한 엔진"이다. "그것은 멋진 이론이 아니라 투쟁을 위해 조직된 단체다."[22]

코뮌은 노동계급의 용기와 창의성을 입증했고, 새로운 사회질서를 힐끗 보여 줬으며, 그런 사회질서를 건설하려면 부르주아 국가를 파괴해야 한다는 것도 분명히 입증했다. 코뮌의 패배와

겁에 질린 지배계급의 끔찍한 보복(코뮈나르 수만 명을 살해했다)을 통해 인터내셔널의 필요성도 극명하게 보여 줬다.

마르크스는 코뮌의 패배가 "파리 프롤레타리아의 이 최상의 봉기에 호응하는 혁명운동이 베를린·마드리드 등 모든 중심지에서 나타나지 않았기 때문"이라고 주장했다.[23] 미래의 과제는 다음 번 반란이 훨씬 더 광범할 것임을 깨닫고 확실히 그렇게 되도록 만드는 것이었다.

바쿠닌과 마르크스의 내분 때문에 제1인터내셔널은 그런 도구가 될 수 없었다. "괴로워하는 야수를 죽여서 그 고통을 끝내 준" 것은 바로 마르크스와 엥겔스 자신들이었다. 1876년에 인터내셔널은 공식적으로 해체됐다.

마르크스는 1883년 3월에 죽었다. 역설이게도, 그의 말년은 그와 예니와 자녀들의 삶을 그토록 괴롭혔던 금전적 압박에서 자유로웠다. 그러나 늘그막에 약간 편안해지기는 했지만, 그 무엇도 자녀들의 죽음과 2년 전 예니의 죽음을 보상할 수 없었다. 물론 마르크스를 처음 만난 뒤 혁명가의 길을 줄곧 함께 걸어 온 엥겔스가 그의 임종을 지켰다. 엥겔스는 그 뒤 12년을 더 살면서, 자신의 친구·협력자·동지의 사상을 퍼뜨리는 데 전념했다. 특유의 겸손한 태도로 엥겔스는, 마르크스가 죽어서 "인류가 머리 하나만큼 작아졌다"고 선언했다. 그는 또 자신의 오랜 친구에 대해 다음과 같이 말했다.

지배계급의 보복으로 학살당한 파리코뮌 참가자들.

마르크스는 무엇보다 혁명가였습니다. 그의 진정한 임무는 어떻게
든 자본주의 사회와 그로부터 생겨난 국가기구를 전복하고 현대
프롤레타리아의 해방에 기여하는 것이었습니다. … 투쟁이 그의
본성이었습니다. 그리고 그는 어느 누구보다 열정적으로 완강하게
성공적으로 투쟁했습니다.[24]

우리 시대의 마르크스

"21세기에 대해 마르크스가 할 수 있는 말은 전혀 없다"고 떠

드는 사람들이 항상 있다. 마르크스의 사상이 한때 유행하긴 했지만 과거지사일 뿐이라고 주장하는 사람들이 늘 있었다. '공산주의'의 몰락은 마르크스가 쓸모없음을 입증하는 명백한 증거라고들 한다.

1989년에 동유럽 정권들이 순식간에 잇따라 무너진 것은 사실이다. 그 정권들은 스스로 사회주의 사회라고 주장했지만, 그들이 무너질 때 드러난 사실은 노동계급이 사회를 전혀 통제하지 못했고 자원 할당 방식도 노동계급의 이해관계에 따라 결정되지 않았다는 것이다. 오히려 소수 지배자들이 자신들의 이익을 위해 다수를 희생시키는 기괴하고 잔인한 폭정을 정당화하기 위해 마르크스의 핵심 사상(혁명은 노동계급의 자기 해방이라는)이 뒤집혀 있었다. 그런 나라들에서 득세한 것은 자본의 논리, 즉 어떤 대가를 치러서라도 이룩해야 하는 축적과 국가 간 경쟁이었다. 그러나 이런 것들은 사회주의가 아니라 자본주의의 특징이다.

자본주의의 작동 방식을 해명해 주는 운동 법칙과 추진력을 이해하기 위해 우리는 거듭거듭 마르크스에게 되돌아간다. 가차없는 잉여가치 추구가 여전히 다른 모든 고려 사항을 압도하고, 자본의 지배가 세계를 모양 짓는다. 아니 더 정확히 말하면, 세계를 기형으로 만든다.

노동과정의 외관이 변하고, 부르주아지의 복장과 생활양식이 바뀌고, 작업복보다 가운이나 근무복을 입는 노동자가 점차 늘어나고, 전에는 귀청이 터질 듯 시끄럽던 공장에서 이제는 나지막한 잡음만 들릴 수 있다. 그러나 사회의 부와 자원을 소유하고 통제하고 관리하는 사람들과, 그 부를 생산하며 받는 임금에 의존해 살아가는 사람들 사이의 관계는 여전히 마르크스가 묘사한 그대로다. 오히려 마르크스가 살던 때보다 오늘날의 자본주의가 마르크스의 묘사에 더 가깝다. 오늘날 한국의 노동계급만해도 마르크스가 살던 빅토리아 시대 중반의 전 세계 노동계급보다 더 많다. 마르크스 시대보다 오늘날 세계 노동계급에 대해 말하기가 훨씬 더 쉽다.

온실가스, 오염된 호수, 사막화, 뒤틀리고 텅 빈 산업화 초기의 역사적 건축물들은 세계의 가차없는 변모가 세계를 파괴하는 지경에 이르렀음을 입증하고 있다.

그러나 마르크스가 자본주의와 그 야만성을 이해하는 데 관심을 가진 것은 도덕적 비판을 위해서가 아니라 노동계급의 해방을 준비하기 위해서였다. 자본주의가 일체의 한계나 국경의 제한도 인정하지 않고 확장한 것과 꼭 마찬가지로 노동계급의 혁명운동도 국제적이어야 한다. 노동계급의 조직된 힘이 언젠가는 권력과 지배의 구조들을 쓸어버리고 국가 자체도 사멸시킬 것이다. 그러나 그런 일은 자동으로 일어나지 않는다. 오직 노동자들의 투쟁을 통해서만 가능할 것이다. 그리고 그런 투쟁 과정에서 자본의 힘이 도전받고 극복될 뿐 아니라 새로운 사회가 탄생할 것이다. 그런 사회에서는 인류의 자원이 인간 해방을 달성하는 데 쓰일 것이다.

그 과제가 지금처럼 절박한 때는 결코 없었다.

02
블라디미르 레닌

혁명의 무기 볼셰비키당을 만들다

레닌이 왜 오늘날에도 유효한가?

역사가들은 대부분 레닌과 레닌주의가 아주 나쁜 것이라고 말한다. 레닌이 자신이 만든 당을 통해, 그리고 나중에는 러시아 혁명으로 탄생한 국가를 통해 독재 권력을 휘둘렀다는 것이다. 이들에 따르면, 많은 사람들이 죽고 권위주의 사회가 건설된 것이 모두 레닌 탓이다. 스탈린은 단지 레닌의 뒤를 따랐을 뿐이며, 레닌은 히틀러나 오늘날의 사담 후세인 같은 악당 반열에 오를 수 있는 인물이다.

최근 언론들이 마틴 에이미스의 새 책을 엄청 띄워줬는데, 그는 이 책에서 (섹스와 폭력 소설들을 쓰던 경력에서 잠시 이탈해) 러시아 역사에 대한 방대한 지식을 과시하며 다음과 같이 결론 내렸다. 레닌과 트로츠키는 "스탈린보다 시기적으로 앞선 것만이 아니다. 그들은 아주 효율적인 경찰국가를 만들었고, 스탈린은 나중에 그것을 이용했을 뿐이다."[1]

좌파들도 레닌이 크론시타트 반란을 진압했고[122~123쪽 참조], 우크라이나 아나키스트들의 독립운동을 억압했으며, 혁명 이후 등장한 공장위원회들을 파괴했다고 비판한다.

레닌의 진정한 모습은 약간 더 복잡하다. 그가 여러 가지 실수를 한 것은 분명하다. 레닌은 가차없었고(사리사욕이 아니라 대의를 위해서였지만) 자신이 옳다고 믿는 것을 위해 지칠 줄 모르고 투쟁했다. 무엇보다 그는 1917년 10월 러시아 혁명의 성공에서 핵심적 구실을 했다. 러시아 혁명은 스탈린에게 질식사당하기 전까지 아주 잠시 동안 다른 세계의 가능성을 열어 놓았다. 이윤이 아니라 인간의 필요를 위해 생산하고, 가진 자들이 아니라 일하는 사람들이 결정을 내리고, 인종과 민족을 떠나 모든 인류가 서로 싸우지 않고 협력하며, 아이들이 전쟁과 빈곤을 역사의 교훈으로만 배우고 그런 끔찍한 일들이 있었다는 사실에 경악하는 그런 세계의 가능성을 열어 놓았다.

오늘날의 세계는 레닌 당시의 세계와 사뭇 다르다. 레닌이 처음 만든 전단들은 직접 손으로 쓴 것이었지만, 오늘날은 키보드만 누르면 자신의 사상을 전 세계에 퍼뜨릴 수 있다. 그러나 레닌이 살아 돌아온다 해도 몇 가지 사실은 단번에 알아차릴 것이다. 끝없는 전쟁, 빈부 격차 심화, 국가 탄압 강화, 부유한 기업들의 가난한 나라 약탈, 주류 정치인들의 부패와 무능 등등. 다른 세계는 가능할 뿐 아니라 인류의 생존을 위해 필요한 것이기도 하다. 다른 세계를 성취하려면 우리에게 조직이 필요하다. 우리의 적들이 강력하게 조직돼 있으므로 우리도 그렇게 조직돼야 한다.

레닌의 생애에서 핵심 주제는 조직의 필요성이었다. 조직의 형태는 시대에 따라 매우 달랐다. 따라서 신화적인 '레닌주의 당' 따위는 존재하지 않는다. 레닌의 저작은 비법들을 모아 놓은 책이 아니고, 가장 훌륭한 레닌주의자는 레닌의 말을 가장 많이 인용하는 사람이 아니다. 레닌의 경험과 업적을 분석하는 것은 우리가 그의 방법들을 이해하는 데 도움이 되고, 따라서 우리 자신의 투쟁에 필요한 조직 형태를 더 쉽게 발전시키는 데도 도움이 될 것이다.

레닌은 어떻게 혁명가가 됐을까?

나중에 레닌으로 알려진 블라디미르 울랴노프는 1870년에 장학사의 아들로 태어났다. 당시 러시아는 광대한 제국이었고, 대다수 사람들은 무지몽매한 농민으로 태어나서 살다가 죽었다. 그들은 등뼈가 휘도록 일했고, 주기적 기근에 시달렸고, 전쟁터로 끌려가 학살당하지 않는 한은 자기 고향 마을 밖의 세계에 대해서 아는 게 거의 없었다. 농민을 사실상 지주의 재산으로 만든 농노제는 1861년에야 폐지됐다. 차르로 불린 황제는 제멋대로 통치했고, 어떤 의회 기구도 없었다.

당시의 주요 좌파 세력은 나로드니키(민중주의자)였다. 요즘으로 치면 그들은 '테러리스트'로 불렸을 것이다. 그들은 주로 학생과 지식인이었고, 억압받는 농민을 해방하는 것이 자신들의 사명이라고 믿었다. 그들의 투쟁 방법은 흔히 폭탄 투척과 요인 암살이었다. 그들은 엄청난 용기를 보여 줬지만 그 영향력은 미미했다. 레닌의 형도 그런 활동에 가담했다가 1887년에 교수형당했다.

그 사건을 계기로 레닌은 혁명가가 됐다. 한동안 그는 세계를 변혁할 전략을 모색했다. 결국 그는 카를 마르크스의 저작에 의존했다. 마르크스는 자본주의가 노동자들을 착취한다고, 즉 노동자들은 자신이 생산한 제품의 가치보다 훨씬 더 적은 임금을 받는다고 주장했다. 그러나 착취당하는 노동자들이 혁명을 일으켜 자본주의 체제의 무덤을 팔 것이고, 공동 소유를 바탕으로 하는 사회를 건설할 것이다. 농민이 아니라 노동자가 사회변혁의 핵심이다. 지주를 제거한 농민은 자기들끼리 토지를 나눠 가질 수 있지만, 노동자는 공장을 나눠 가질 수 없다. 노동자들에게는 오직 집단적 해결책만이 가능하다. 마르크스는 소수의 영웅적 혁명가들이 노동자들을 해방할 수 없다고 주장했다. "노동계급의 해방은 노동계급 자신의 행동이어야 한다."

레닌은 노동자들이 있는 곳에 혁명가들이 있어야 한다고 생각했다. 그러나 1890년대 초의 소규모 학습 서클들에서 활동하던 노동자 지식인들과 결의에 찬 개인들은 지식을 얻고자 했을 뿐 동료 노동자들과 가깝게 지내지는 않았다.

레닌은 사회주의자들이 임금이나 노동조건 같은 쟁점을 둘러싸고 벌어지는 현실 투쟁에 관여해야 한다고 주장했다. 그런 쟁점들이 아무리 제한적인 것처럼 보이더라도 말이다. 레닌은 1890년대에 페테르부르크에서 활동을 시작할 때 선동가를 훈련하는 것이 중요한 과제라고 주장했다. 레닌도 공장의 조건들을 탐구하고 유인물을 만들어 공장에서 배포하는 활동을 했다.

1899년에 그는 《러시아 자본주의의 발전》을 출간했다. 그 책은 3년간의 탐구를 바탕으로 감옥과 유형지에서 쓴 것이었다. 상세한 통계 수치들로 가득한 그 책의 요지는 간단했다. 러시아는 여전히 농민이 압도적으로 많은 나라지만, 현대식 공업이 점차 성장하고 있고 그와 함께 노동계급도 성장하고 있다는 것이다. 나로드니키는 틀렸다. 러시아의 미래는 노동계급의 것이다.

그런 사회 발전은 모순적 결과를 초래했다. 노동자들은 남녀를 불문하고 야만적으로 착취당하고 있었다. 그러나 공업 덕분에 그들은 무지에서 벗어날 수 있었고, 농민 가정의 고립된 생활에서도 벗어날 수 있었고, 공장에서 집단적 반란을 일으킬 수 있었다. 공업화 전의 농민 생활이라는 황금기로 돌아가는 것은 불가능했다. "자본주의의 진보성을 확신하고 싶다면 … 소생산 자들의 엄청난 고립분산성을 떠올리기만 해도 된다. 자본주의는 경제와 생활의 낡은 형태들을 그 뿌리까지 해체하고 있다."[2]

레닌은 노동자들이 공장에서 사회주의 의식을 발전시키기 시작했다고 주장했다. "파업은 모두 노동자들의 마음속에 사회주의 사상을 아주 강력하게 불어넣는다."[3]

볼셰비즘의 탄생: 《무엇을 할 것인가?》

1898년 민스크에서 열린 러시아 사회민주노동당RSDLP 창당 대회에는 겨우 아홉 명의 대표만이 참석했다. 레닌은 혁명 활동 때문에 붙잡혀 시베리아에서 유형 생활을 하고 있었으므로 그 대회에 참석할 수 없었다.

차르 치하에서 사회주의 활동은 불법이거나 기껏해야 반半합법이었다. 체포돼 투옥되거나 시베리아로 끌려가지 않은 채 1년 이상 활동한 혁명가는 거의 없었다. 1900~05년에 레닌은 런던·뮌헨·제네바 등지에서 망명 생활을 했다.

1902년에 레닌은 《무엇을 할 것인가?》를 출간해 자신의 조직관을 자세히 설명했다. 레닌을 비판하는 사람들뿐 아니라 지지자들도 대부분 레닌이 그 책에서 시공을 초월한 바람직한 혁명 조직의 상像을 제시했다고 생각한다. 이것은 터무니없는 생각이다. 레닌은 특정 상황에 맞는 책을 썼을 뿐이다. 《무엇을 할 것인가?》는 보편적 처방전이 아니라 역사적 문서다. 그러나 오늘날에도 여전히 유효한 중요한 주장들을 일부 담고 있기도 하다.

그보다 몇 해 전에 레닌은 노동자들이 노동조합 활동을 통해 사회주의 쪽으로 끌려온다고 강조했다. 이제 그는 정반대 말을 했다. "노동조합운동은 노동자들이 부르주아지에게 예속된다는 것을 뜻한다."[4] 이것은 엄청난 과장이었지만, 레닌이 말한 요지는 노동조합이 자본주의 체제 자체를 제거하기 위해서가 아니라 자본주의 체제 안에서 노동자들의 조건을 개선하기 위해 존재한다는 것이었다.

당의 과제는 사회주의를 위해 투쟁하는 것이었다. 노동조합 투쟁은 그 목적을 위한 수단일 뿐 그 자체가 목적은 아니었다. 사회주의 사상은 자동으로 발전하지 않을 것이다. 마르크스와 엥겔스에서 레닌 자신에 이르기까지 중요한 사회주의 사상가들은 노동자 출신이 아니었다. 흔히 하루에 11시간씩 고되게 일하는 공장 노동자들은 글을 쓰는 것은 말할 것도 없고 책을 읽기도 힘들다. 그런 상황에서 레닌은 다음과 같이 주장한 것이다 (흔히 문맥에서 따로 떼어서 인용되곤 한다). "계급의 정치의식은 오직 외부에서만, 즉 경제투쟁의 외부에서만, 다시 말해 노동자와 사용자의 관계라는 영역 밖에서만 노동자들에게 도입될 수 있다."[5]

레닌은 또 부르주아 사상이 사회에서 지배적인 이유를 묻고 다음과 같이 답했다. "부르주아 이데올로기가 사회주의 이데올로기보다 훨씬 오래전에 생겨났고, 더 발전해 있고, 마음대로 사용할 수 있는 온갖 선전 수단을 훨씬 더 많이 갖고 있다는 단순한 이유 때문이다."[6] 레닌이 오늘날의 대중매체를 본다면 뭐라고 말할까?

노동자들은 "자생적으로" 사회주의 사상에 도달하지 못할 것이다. 기존 질서는 매우 강력한 자기 방어 수단을 갖고 있다. 사회주의자들도 자신들의 대안을 위해 투쟁할 강력한 수단이 필요하다.

이를 위해 꼭 필요한 수단은 바로 사회주의 신문이다.《무엇을 할 것인가?》의 마지막 부분에서 레닌은 러시아 전역에 배포될 신문이 필요하다고 주장했다. 레닌은 신문이 집단적 조직가이기도 하다고 생각했다. 그런 신문에는 "행위자들의 네트워크", 즉 규율 있고 잘 조직된 사람들의 연결망이 필요할 것이다. 그런 활동은 "노동계급 대중의 가장 광범한 계층과 우리의 접촉을 강화해 줄 것이다."[7]

레닌이 편집부의 일원이었던 〈이스크라〉(불꽃) 같은 신문들은 해외에서 인쇄해 몰래 러시아로 들여오거나 불법 지하 인쇄소에서 비밀리에 인쇄됐다.

레닌은 당이 당의 사상에 대체로 공감하는 사람들을 모두 받아들이는 개방적 조직이 아니라 온 힘을 다해 투쟁을 건설하고 규율 있게 활동할 각오가 돼 있는 직업 혁명가들의 조직이어야 한다고 주장했다. 그가 지적했듯이, 러시아의 억압적 조건에서 "대중에게 가장 쉽게 '접근할 수 있는' … 광범한 노동자 조직"은 실제로는 "경찰이 혁명가들에게 가장 쉽게 접근할 수 있도록" 해 줬을 뿐이다.[8]

《무엇을 할 것인가?》에서 레닌은 중앙집중적 조직("안정되고 중앙집중적이며 전투적인 혁명가들의 조직")이 필요하다고 강조 했다.[9]

오직 중앙집중적 조직만이 비밀경찰의 위협에 대처하고, 모든 지역에서 동일한 쟁점들을 제기하는 전국적 신문을 중심으로 활동할 수 있었다. 러시아 사회주의 운동의 특징은 역사 내내 격렬한 논쟁이 끊이지 않았으면서도 일단 결정이 내려지면 모든 사람이 그 결정을 실천해야 했다는 것이다. 그래서 정책은 실천 속에서 검증될 수 있었고, 필요하다면 교정될 수 있었다.

이것이 바로 '민주집중제'로 알려진 원칙이었다. 민주집중제에 뭔가 대단한 비법 따위는 존재하지 않는다. 단지 토론하기 위해서가 아니라 뭔가를 성취하기 위해 모인 사람들의 조직이라면 그 형태가 어떻든 그 조직에는 민주집중제의 원칙이 존재하기 마련이다.

그 이듬해[1903년] 러시아 사회민주노동당은 분열했다. 사회주의 운동은 너무 많은 분열을 겪었고, 그래서 어떤 사람들은 분열을 거듭함으로써 자신들이 레닌주의자임을 입증할 수 있다고 믿는 듯하다. 그러나 당시의 분열은 중요한 원칙을 둘러싼 것이었다. 레닌은 당 규율에 단순히 동의하는 사람들이 아니라 실제로 당 규율에 따라 활동하는 사람들의 당을 원했다. 분열의 결정적 원인은 하찮은 조직 문제였지만, 그 문제는 중요한 차이를 반영하는 것이었다. 레닌 지지자들은 다수파가 됐고 볼셰비키(러시아어로 다수파라는 뜻)라는 이름을 얻었다. 패배한 측은 멘셰비키(소수파)라고 불렸다. 이것은 분열의 시작이었을 뿐이다. 많은 지역 조직들은 1905년 혁명 당시에도 여전히 통일돼 있었다. 당을 다시 통합하려는 다양한 움직임이 있었고 최종 분열은 1912년에야 일어났다.

레닌의 조직 원칙들은 어려운 시기에 볼셰비키를 단결시키는 데 도움이 됐다. 그러나 머지않아 투쟁이 발전하자 완전히 새로운 종류의 조직이 필요해졌다.

1905년 혁명과 임시정부

1905년 1월 페테르부르크에서 가폰 신부가 주도한 대규모 시위가 벌어졌다. 군대가 시위대에 발포해 수백 명이 죽었다. 새로운 시기가 시작됐다. 《무엇을 할 것인가?》의 사상은 잊혀졌다. 이제 당의 과제는 차르 국가에 반대하는 운동을 진전시키는 것이었다. 이를 위해서는 혁명가들의 소규모 조직만으로는 불충분했고, 노동계급의 가장 전투적인 활동가들이 모두 필요했다.

1905년 2월에 쓴 편지에서 레닌은 볼셰비키에게 다음과 같이 촉구했다. "더 많은 청년들을 더 과감하게 받아들여야 합니다. … 지금은 전쟁의 시기입니다. 청년들(학생들과 더 많은 청년 노동자들)이 전체 투쟁을 좌우할 것입니다."

그는 새로운 사람들이 능동적으로 바뀌고 있다면 "그들이 실수를 한다고 해도 해롭지 않습니다" 하고 강조했다.[10]

1905년 9월에 페테르부르크의 인쇄 노동자들이 도급률을 둘러싸고 파업에 돌입했다. 그들은 구두점에도 수당을 지급하라고 요구했다. 그 투쟁은 급속하게 확산돼 총파업으로 발전했다. 파업에 들어간 작업장들은 소비에트(러시아어로 평의회라는 뜻)라고 불린 중앙 파업위원회에 대표들을 파견했다. 그것은 새로운 형태의 조직이었다. 몇 주 만에 소비에트에 20만 명의 노동자를 대표하는 562명의 대표들이 집결했다. 그것은 노동계급의 이익을 방어하는 정치기구가 됐다. 낡은 편견들은 사라졌다. 유대인 혐오가 널리 퍼져 있었지만, 노동자들은 유대인 청년을 주요 지도자로 선출했다. 그의 이름은 레온 트로츠키였다.

몇 년간의 비밀 활동 때문에 볼셰비키 활동가들 사이에는 보수적이고 종파적인 관행이 배어 있었다. 그래서 완전히 새로운 상황에 적응하기가 쉽지 않았다. 페테르부르크의 많은 볼셰비키는 처음에 소비에트를 불신했다. 그러나 모스크바와 그 밖의 다른 지역의 볼셰비키는 소비에트에서 중요한 구실을 했다. 레닌은 당이 완전히 새로운 상황에 처해 있음을 깨달았다. 그는 즉시 위조 여권을 이용해 페테르부르크로 돌아왔다.

그는 당이 혁명적 노동자들, 투쟁하기를 원하는 모든 사람들 사이에 뿌리를 내려야 한다고 주장했다. 예컨대, 그리스도교를 믿는 노동자도 당에 가입할 수 있도록 해야 한다. 투쟁하기를 원하면서도 종교 신앙을 갖고 있다면 그들은 "모순에 빠질 것"이라고 레닌은 주장했다. 그는 다음과 같이 생각했다. "현실의 투쟁과 대중 속에서의 활동은 활력 있는 인자들 모두에게 마르크스주의가 진리라는 사실을 확신시킬 것이며, 활력이 없는 사람들을 모두 제쳐 버릴 것이다."[11]

볼셰비키와 다른 정치 경향들의 차이점 하나는 볼셰비키가 노동자들의 무장을 주장했다는 것이다. 레닌은 일부 자유주의자들과 벌인 논쟁을 소개했다. 어떤 자유주의자가 다음과 같이 말했다. "우리 앞에 맹수, 예컨대 사자가 있다고 칩시다. 그리고 우리 두 사람은 그 사자 앞에 던져진 노예들이라고 칩시다. 그런 상황에서 우리가 논쟁을 시작하는 것이 적절한 일일까요? 우리가 단결해서 이 공동의 적과 싸워야 하지 않을까요?" 레닌은 다음과 같이 대답했다. "그러나 한 노예는 무기를 구해서 사자를 공격하자고 주장하는 반면, 다른 노예는 싸우는 와중에도 사자의 목에 걸린 '헌법'이라는 꼬리표를 가리키며 '나는 우파의 폭력이든 좌파의 폭력이든 일체의 폭력에 반대한다' 하고 소리치기 시작한다면, 어찌 되겠소?"[12]

혁명은 모두 뜻밖의 사건이다. 혁명가의 과제는 사회적 폭발을 예견하는 것이 아니라 새로운 상황에 대처하는 방법을 찾아내는 것이다. 운동이 별로 활발하지 않은 오랜 시기 동안 살아남으려면 혁명적 정당은 조직·규율·일상이 필요하다. 그러나 이런 자질들이 급격한 변화의 시기에는 장애물이 될 수 있다. 1905년 전에 볼셰비키는 사회주의 사상을 노동자들에게 전달하려 애쓴 소수였다. 1905년에 그들의 과제는 근본적으로 바뀌었다. 이제 그들의 핵심 과제는 노동자들의 말을 듣고 그들에게 배워서 운동을 진전시키는 것이었다. 몇몇 실수들에도 불구하고, 1905년에 볼셰비키의 활동 덕분에 당의 명성은 높아졌고, 그 뒤 2년 동안 당원이 급증해 4만 명에 달했다. 새 세대 투사들은 앞으로 벌어질 투쟁들에서 결정적으로 중요한 구실을 하게 된다.

당의 결속을 유지하기

차르는 통제력을 회복했다. 레닌은 핀란드로 후퇴해야 했으며, 1907년 말에는 다시 스위스로 옮겨야 했다. 노동자들의 자신감은 땅에 떨어졌다. 대규모 거리 시위는 사라지고, 1905년을 겪으면서 배운 것을 주장하는 소규모 조직들만 남았다. 볼셰비키당은 노동계급 속에 진정한 기반이 있었기 때문에 노동계급의 사기 저하에서 자유롭지 않았다. 1907년에 볼셰비키 당원은 4만 명이었지만, 1910년에는 수백 명쯤으로 감소했다.

레닌은 곤경이 한없이 계속되지 않을 것임을 알고 있었다. 늘 그렇듯이 머지않아 자본주의는 노동자들로 하여금 투쟁에 나서게 만들 것이다. 당의 과제는 결속을 유지하고 다음번 투쟁 물결에 대비하는 것이었다. 투르 드 프랑스의 경주 코스를 따라가 본 사람은 누구나 알겠지만, 산꼭대기 너머로 내려가는 방법을 모른다면 굳이 산꼭대기까지 올라가는 것은 의미가 없다. 아무리

> **투르 드 프랑스** 프랑스의 자전거 경주 대회.

규모가 작더라도 지역 조직들이 살아남았다는 것은, 다시 고양기가 찾아왔을 때 당이 대응할 수 있을 것이라는 뜻이었다.

레닌은 유난히 외골수였다. 마르크스나 엥겔스, 트로츠키와 비교하면 레닌은 아주 편협한 사람처럼 보인다. 마르크스·엥겔스·트로츠키는 문학·문화·과학 등 광범한 분야에 관심이 많

았고 그런 분야에 관한 저작들을 남겼지만, 레닌은 그렇지 않았다. 레닌은 일부러 문화생활을 멀리했다. 고리키의 회상에 따르면, 레닌은 베토벤의 음악을 들으면 그 음악이 너무 아름다워서 "머리를 쥐어박아야 할 사람"의 등을 두드려 주고 싶어진다고 말했다.[13]

레닌은 당 건설에 철저하게 몰두했다. 다른 혁명가들은 지름길을 찾아 나섰다. 레닌의 친구 고리키는 1905년 볼셰비키에 가입했고 소설 《어머니》(1906)에서 혁명운동을 훌륭하게 묘사했다. 1909년 고리키가 [망명 와중에] 조직한 정치학교에 참석한 러시아 활동가는 겨우 13명이었다. 레닌은 고리키와 철학이 다르다는 이유로 참석하지 않았다. 학생 다섯 명과 조직자 한 명이 고리키와 사이가 틀어져 학교를 뛰쳐나오자, 레닌은 즉시 그들을 파리로 초빙해 만났다. 모든 개인이 소중했다.

일부 볼셰비키는 지루하고 고된 당 건설 활동을 포기하고 신비한 사상들을 계발하는 데 빠져들었다. 그들은 '창신創神주의'를 주장했다. 레닌은 그런 사상들을 비판했다. 당원이 몇 명 없는 상황에서 마르크스주의의 철학적 토대를

막심 고리키 사회주의리얼리즘의 창시자로 유명한 작가. 레닌과 개인적으로 친했지만 정치적으로는 반대편에 서는 경우가 많았다.

창신주의 마르크스주의에 종교적 요소를 도입하려 한 시도로 보그다노프, 루나차르스키, 고리키 등이 이런 경향을 보였다. 레닌은 이것을 "지식을 신앙으로 대체하려는 것, 다시 말해서 일반으로 신앙에 중대한 의미를 부여하려는 일종의 교리"라고 규정했다.

명확히 하는 것은 중요했다.

전술 논쟁도 있었다. 차르는 두마라는 가짜 의회를 만들었다. 두마에는 진정한 권력이 없었고, 투표 제도도 불공정해서 지주 한 명의 표가 노동자 45명의 표와 맞먹었다. 그러나 노동자 후보들이 선출될 수 있다는 것은 기회였다. 멋진 공상과학소설 《붉은 별》을 쓴 보그다노프 등 일부 볼셰비키는 당이 두마에 전혀 관여하지 말아야 한다고 주장했다. 레닌은 그런 주장에 격렬하게 반대했다.

볼셰비키는 두마를 선전과 선동의 기회로 이용했다. 두마 의원 중 한 명인 바다예프는 다음과 같이 썼다. "우리는 두마 연단을 이용해 의원들의 갑론을박을 무시한 채 대중에게 연설했다."[14] 나중에 볼셰비키 의원들은 가짜 의회를 박차고 나와 파업을 지원하고 거리 시위에 동참하게 된다.

> **알렉산드르 보그다노프**
> 1905년 혁명 당시 볼셰비키 지도자였고 경제학·사회학·자연과학·철학 등에 상당한 명성이 있는 저술가였다. 혁명이 패배한 뒤 전술 전환(두마 선거 참여 등)에 반대하다 제명당했다.

1912년: 노동자들의 신문

1910년에 대규모 학생 시위들이 벌어진 뒤 1911년에는 노동자 파업 건수가 급증했다. 몇 년 동안 잠잠했던 노동계급 운동이 다시 살아나기 시작했다.

볼셰비키는 일간신문을 발행하기로 결정했다. 흔히 다른 사회주의자들과의 난해한 논쟁에 몰두하곤 했던 과거의 소규모 신문과 달리 새 신문은 노동자 대중에게 그들 삶의 진정한 문제들에 대해 말해야 했다. 일간지 〈프라우다〉(진실)는 1912년 4월에 처음 발행됐고, 정부의 거짓말을 폭로하는 것을 목표로 삼았다.

〈프라우다〉는 정말 적절한 때 창간됐다. 그달 초에 레나 금광의 파업을 경찰이 공격해 수백 명이 죽거나 다쳤다. 파업 물결이 러시아 전역으로 퍼졌다. 여러 해 동안 볼셰비키는 비밀리에 활동해 왔다. 그런 관행은 경찰의 탄압을 피하기 위해 절대적으로 필요했지만, 이제는 신속하게 고쳐야 했다. 시류를 거슬러 활동하는 데 익숙해진 혁명가들은 이제 시류에 맞게 활동하는 법을 배워야 했다.

〈프라우다〉는 러시아 국내에서 인쇄됐고 공장과 거리에서 공개적으로 판매됐다. 차르 정권은 새 신문을 전면적으로 탄압할 수는 없었지만 끊임없이 괴롭혔다. 활동가들은 당국을 속이기 위해 온갖 방법을 고안해 냈다. 때때로 신문 발행이 금지되면 재빨리 다른 이름, 예컨대 〈세베르나야 프라우다〉(북쪽의 진실)로 다시 발행됐다.

레닌은 〈프라우다〉가 조직가 구실을 하는 것이 결정적으로 중요하다고 생각했다. 〈프라우다〉에는 광범한 노동자 통신원들이 있었다. 그들은 자신의 작업장에서 발생하는 문제나 투쟁 소식을 신문에 기고했다. 고립된 독자들은 〈프라우다〉 덕분에 계급 전체의 경험에서 배울 수 있었다.

돈은 정치적 문제였다. 〈프라우다〉는 독자들이 보내 준 돈으로 유지됐다. 노동자들은 대부분 가난하게 살았지만, 레닌은 노동자들이 월급날마다 적어도 1코페이카(아주 작은 금액)씩 모금하도록 장려해야 한다고 주장했다. 레닌은 부유한 동조자를 무시하지 않았다. 그러나 노동자들의 정기적 기여가 더 중요했다. 이를 통해 노동자들은 〈프라우다〉를 자신의 신문으로 여기게 됐다. 〈프라우다〉는 노동자들의 지지가 없었다면 사라지고 말았을 것이다.

전쟁과 치머발트 대회

1914년에 주요 유럽 열강들 사이에(영국·프랑스·러시아 대 독일·오스트리아) 전쟁이 벌어졌다. 노동계급 운동 안에서는 전쟁 가능성을 둘러싸고 많은 논의가 있었다. 1910년과 1912년에 제2인터내셔널(유럽의 사회주의 정당들이 모두 속해 있었다) 대회에서는 사회주의자들이 전쟁을 막기 위해 적극 노력할 것을 선언한 결의안들이 통과됐다.

그러나 1914년 8월, 전쟁에 정말로 반대한 것은 러시아와 발칸반도의 사회주의 정당들뿐이었다. 전에 반전 입장을 취하던 다른 나라 사회주의 정당들과 노동조합들은 이제 자국의 전쟁 노력을 지지했다. 영국과 프랑스의 사회주의 지도자들은 자국 정부에 참여해 동료 노동자들더러 전쟁터로 나가 죽으라고 권장했다. 극소수 투사들만이 국가 탄압과 전쟁 지지 여론의 비난을 무릅쓴 채 전쟁에 반대했다. 전쟁에 반대한 사람들은 갑자기 자신들이 철저하게 고립됐음을 깨닫고 경악했다.

처음에 레닌은 사회주의 조직들이 배신했다는 언론 보도를 믿지 않았다. 그러나 곧 소수의 반전 세력들을 불러모으기 위해 부지런히 노력했다.

또한 그는 철학, 특히 청년 마르크스에게 영감을 준 독일 철학자 헤겔의 철학을 탐구하는 데 몰두했다. 헤겔에게서 레닌이 배운 것은 모든 상황을 상호 연관된 전체로 이해해야 한다는 것, 그러나 그 전체 안에는 모순이 있고 그 모순 때문에 갑작스럽고 급격한 변화가 일어날 수 있다는 것이었다. 그는 헤겔 변증법의 핵심 특징을 다음과 같이 묘사했다. "비약. 모순. 점진성의 중단."[15] 항상 레닌은 철학을 행동으로 연결했다.

1915년 9월 스위스의 치머발트에서 소규모 반전 회의가 열렸다. 회의에 참석한 대표들은 모두 합쳐 마차 네 대에 다 탈 수 있을 만큼 소수였다. 수백만 노동자들을 대표했던 제2인터내셔널의 붕괴 후에 남은 세력은 그들이 전부였다.

레닌은 두 가지 과제가 있다고 봤다. 운동을 건설하려면 단결도 필요하지만 명확성도 필요했다. 치머발트 회의에 참석한 사람들 중에는 자본주의에 대한 혁명적 도전 없이도 전쟁을 끝낼 수 있고 [국제주의를] 배신한 제2인터내셔널을 되살릴 수 있다고 믿는 사람들도 있었다. 레닌은 제2인터내셔널과 철저하게 결별하고 전쟁을 초래하는 낡은 질서를 분쇄해야만 운동이 전진할 수 있다고 생각했다.

갓 태어난 반전 운동의 단결을 깨뜨리지 않기 위해 노심초사한 레닌은 치머발트 회의의 주요 결의안에 찬성표를 던지며, 그 결의안이 "기회주의에 대항하는 진정한 투쟁을 향한 일보 전진"이라고 설명했다.[16] 또, 레닌과 다른 참석자 다섯 명은 다수파의 견해에 분명한 단서들을 붙인 성명서도 발표했다.

레닌은 "차르 왕정의 패배가 … 차악次惡이라는 사실"을 러시아 노동자들이 알아야 한다고 주장했다.[17] 사회주의자들에게는 계급이 민족[국민]보다 더 중요하다. 즉, 사회주의자들의 주요 목표는 자국 지배계급을 공격하는 것이어야 한다. 레닌과 같은 시대에 살았던 독일의 반전 사회주의자 카를 리프크네히트의 말처럼, "주적은 국내에 있다." 그러나 레닌은 그런 급진적 견해를 자신의 당원들에게도 설득할 수 없었다.

카를 리프크네히트 독일 사회민주당 국회의원 가운데 처음으로 전쟁공채 발행에 반대표를 던진 인물. 3장 참조.

제국주의

　전쟁 내내 레닌은 전쟁을 더 명확히 이해해야 한다고 주장했다. 1916년에 그는 《제국주의》라는 소책자를 썼다. 그 책에서 레닌은 전쟁에 더 효과적으로 반대하기 위해 전쟁의 원인을 분석했다.

　이미 마르크스는 자본주의가 경쟁을 바탕으로 하고 있음을 보여 줬다. 자본주의 기업들은 모두 경쟁 업체들을 이기기 위해, 생산비를 낮추기 위해, 더 큰 시장에서 판매하기 위해 애써야 한다. 그러나 자본주의 지지자들의 주장과 달리, 경쟁은 영원한 원칙이기는커녕 그 반대인 독점을 낳는다. 가장 성공한 기업들은 경쟁 업체들을 업계에서 몰아내고 그들의 자산을 인수하거나 그들과 합병해 더 효과적으로 이윤을 얻는 기업이 된다. 세계는 대기업들이 지배하게 된다.

　특히 레닌은 자본주의 기업들이 커질수록 더 많은 원료와 더 큰 판매 시장이 필요해진다는 사실을 강조했다. 그들은 국민국가의 틀 안에서는 존재할 수 없고 전 세계를 차지하기 위해 밖으로 뻗어 나간다. 19세기의 마지막 25년 동안 유럽의 제국주의 열강들은 아프리카를 대부분 식민지로 만들었고 토착 문명들에 자신들의 지배를 강요했다. 그것이 체제의 논리였다. 더 인간적인 자본주의는 불가능했다. 레닌은 다음과 같이 썼다. "자본가들이 세계를 분할하는 것은 어떤 특별한 악의 때문이 아니다. 이윤을 얻으려면 그런 방법을 채택할 수밖에 없을 만큼 자본의 집중이 고도화했기 때문이다."[18]

카를 카우츠키 같은 제2인터내셔널의 일부 사상가들은 자본주의가 발전하면 전쟁으로 치닫는 경향이 줄어들 것이라고 주장했다. 그런 신화는 오늘날에도 여기저기서 찾아볼 수 있다. 세계화가 전쟁을 종식시킬 수 있다는 주장이 그렇다. 레닌은 자본주의가 존속하는 동안에는 전쟁 몰이도 계속될 것이라고 주장했다. 오늘날의 자본주의는 어느 때보다 더 국제화한 체제다. 그렇다고 해서 대기업들 간의 관계가 더 조화로워진 것은 아니다. 오히려 경쟁과 충돌이 더 격렬해졌다.

레닌 시대 이래로 많은 것들이 변했다. 식민주의는 대체로 끝났다. 흔히 제국주의는 정치적 지배에 의존하지 않고도 제3세계 나라들을 꽤 효과적으로 착취할 수 있다. 그러나 근본적인 점에서 레닌이 옳았음이 입증됐다. 국제적 협력의 시기는 막간극일 뿐이다.

레닌은 다음과 같이 썼다. "평화적 동맹은 전쟁을 준비하고, 또 전쟁을 통해 그런 동맹이 생겨나기도 한다."[19] 날마다 뉴스에서 확인할 수 있듯이, 자본주의는 여전히 전쟁을 일으키고 있다.

1917년: 전망을 수정하기

1917년 1월에 레닌은 취리히의 한 집회에서 연설하면서 다음과 같이 말했다. "우리 나이 든 세대는 머지않아 일어날 이 혁명의 결정적 전투들을 보지 못하고 죽을 것 같다."[20] 곧 그는 깜짝 놀라게 된다.

경제가 저발전 상태였던 러시아는 다른 나라들보다 더 큰 부담 때문에 고통을 겪고 있었다. 1917년 2월에 페트로그라드(페테르부르크의 새 이름)의 여성 섬유 노동자들이 파업에 들어갔다. 당시 볼셰비키가 파업 투쟁을 만류했지만 노동자들은 파업에 돌입했다. 노동자들이 당보다 앞서 나아가고 있었다.

파업이 확산됐다. 1주일 뒤 차르는 물러났다. 임시정부가 수립돼, 보통선거권 도입과 헌법 제정을 약속했다. 파업 기간에 노동자들은 1905년에 탄생한 조직, 즉 소비에트를 부활시켰다.

아직 스위스에 있던 레닌은 역사의 새 국면이 시작되고 있음을 깨달았다. 거의 10년 동안 러시아에 발을 들여놓은 적이 없었던 그는 이제 러시아로 돌아가기로 결심했다. 레닌은 스위스어를 한마디도 할 줄 몰랐지만 스위스인으로 위장할 계획을 세웠다. 그런데 독일 정부가 레닌이 열차로 독일 영토를 지나 러시아로 돌아갈 수 있도록 허용하겠다고 약속했다. 4월에 그는 페트로그라드에 도착했다.

예기치 못한 상황에 직면한 레닌은 자신의 정치 전략의 토대가 됐던 근본 사상들을 모두 재검토했다.

그 전까지 레닌은 러시아가 사회주의 혁명에 필요한 조건들이 조성돼 있지 않다고 주장했다. 러시아에는 의회 민주주의가 없기 때문에 1789년의 프랑스 대혁명 같은 민주주의 혁명(마르크스주의자들이 '부르주아 혁명'이라고 부른 것)이 필요하다고 생각했다.

그러나 트로츠키는 러시아가 곧장 사회주의 혁명으로 나아갈 수 있다고 주장했다. 그는 '연속혁명' 이론을 발전시켜, 혁명이 다른 나라들로 재빨리 확산된다면 러시아 혁명은 곧장 노동자 권력으로 나아갈 수 있다고 주장했다. 볼셰비키는 트로츠키를 이단아 취급했다.

이제 레닌은 트로츠키와 비슷한 견해를 취하게 됐다. 레닌은 가까운 미래에 볼셰비키의 지도에 따라 곧장 노동계급의 권력 장악으로 나아갈 수 있다고 주장했다. 그가 만든 당의 당원들은 충격을 받았다. 따라서 레닌의 첫 과제는 당원들과 격렬한 논쟁을 벌여 승리하는 것이었다.

레닌에게는 또 농민을 위한 전략도 필요했다. 농민은 수가 엄청나게 많았고 노동계급은 소수였기 때문이다. 2월 혁명 직후 러시아 전역에서 농민 반란이 시작됐다. 레닌은 그 운동이 도시 노동자들의 투쟁과 연계돼야 함을 알고 있었다. 그렇게 되려면 토지 경작자들에게 토지를 균등하게 분배하라는 농민의 요구를 지지해야 했다. 볼셰비키는 전에 사회혁명당(나로드니키의 후예들)의 강령이었던 요구들을 채택했다.

주로 농민으로 이뤄진 군대는 평화를 원했다. 1917년 내내 100만 명 이상의 병사들이 탈영했다. 농민은 자신의 토지를 소유하고 싶어 했다. 도시 노동자들은 식량을 원했다. "평화·토지·빵"이 볼셰비키의 구호가 됐다.

이중 권력

혁명은 자생적으로 시작됐지만, 자생적으로 끝날 수 없었다. 어떤 노동자들은 다른 노동자들보다 더 전투적이었다. 옛 지배 계급은 노동자들의 분열을 교묘하게 이용했다. 당은 계급 전체의 이익을 위해 투쟁해야 했다. 빅토르 세르주가 썼듯이, "당은 노동계급의 신경 체계이자 두뇌."[21]

빅토르 세르주 벨기에 출신의 혁명가로 1919년부터 볼셰비키당에 가입해 러시아에서 활동했다. 훗날 트로츠키의 좌익반대파에 가담해 스탈린에 맞서 싸운다.

당시 레닌에게는 이중의 과제가 있었다. 당에 관여해 당이 영향력을 강화할 수 있도록 고무함과 동시에 당원이 아닌 노동자 대중도 주목해야 했다. 그들이 없다면 혁명도 없을 것이기 때문이다. 당이 성장할 수

1917년 2월 혁명의 도화선이 된 여성 섬유 노동자들의 파업. 플래카드에는 다음과 같이 쓰여 있다. "여성이 노예라면 [우리 모두] 자유는 없다. 여성 평등이여 영원하라."

있었던 것은 그 전의 투쟁들에서 당이 한 구실을 노동자들이 기억하고 있었기 때문이다. 그러나 당은 노동계급에 정말로 뿌리를 내리고 있었기 때문에, 계급 내의 서로 다른 흐름에 따라 당도 흔들렸다. 레닌은 어떤 흐름을 고무하고 어떤 흐름을 저지할지를 판단해야 했다.

레닌의 첫 과제는 당을 전투대형으로 바꾸는 것이었다. 1905년과 마찬가지로 최상의 투사들을 모두 끌어들이는 것이 목표였다. 당은 급속하게 성장했다. 연초에 약 4000명이었던 당원이 연말에는 아마도 25만 명쯤 됐을 것이다. 이바노보보즈네센스크 같은 도시에서는 몇 달 사이에 당원이 10명에서 5000명 이상으로 증가했다.

볼셰비키는 모든 당원이 명령에 복종하는 관료 조직이 아니었다. 1917년 봄에 당의 사무실은 작은 방 두 개가 전부였고 사무국 직원도 모두 합쳐 여섯 명뿐이었다. 당의 활동은 체계적이지 않을 때가 많았고, 그래서 당원들은 명령을 기다리기보다는 주도력을 발휘해야 했다.

5월에 트로츠키가 러시아로 돌아왔다. 그 전 15년 동안 레닌과 트로츠키는 서로 험악한 말을 주고받으며 싸웠다. 그러나 혁명이 일어나자 그런 다툼은 이제 의미가 없어졌다. 레닌은 언제 분열해야 할지(그리고 언제 단결해야 할지) 알고 있었다. 여름에 트로츠키와 트로츠키 지지자들이 볼셰비키당에 가입했다. 트로츠키는 거의 즉시 중앙위원으로 선출됐다.

급성장하는 볼셰비키당에게도 동맹 세력은 필요했다. 멘셰비키(권력이 부르주아지의 수중에 남아 있어야 한다고 믿었고 점차 대중의 지지를 잃어 감에 따라 끊임없이 동요하고 있었다)가 볼셰비키와 손잡을 가능성은 거의 없었다. 그러나 사회혁명당은 임시정부에 대한 태도를 둘러싸고 점차 분열했고, 사회혁명당 좌파는 점차 볼셰비키와 가까워졌다.

불안정한 균형 상황이 지속되고 있었다. 레닌은 그런 상황을 "이중[이원] 권력"이라고 불렀다.[22] 사회를 통제하는 단일한 권위가 존재하지 않았다. 임시정부는 자본가들의 경제 권력에 도전할 생각이 없었다. 작업장과 지역사회에서는 소비에트가 사실상 상황을 통제하고 있었다. 일부 공장에서는 노동자들이 관리자들을 손수레에 싣고 가서 공장 문밖에 내다 버리는 등 노동자들의 힘을 보여 줬다.

당은 계급 조직들 안에서 사상투쟁을 벌여야 했다. 소비에트 안에는 온갖 정당의 지지자들이 다 모여 있었다. 레닌은 볼셰비키의 견해를 참을성 있게 설명하는 것이 중요하다고 강조했다. 볼셰비키는 "동지적 설득" 방식을 사용해야 하고 "요란하게 혁명적 미사여구나 늘어놓는 것"을 피해야 한다는 것이다.[23] 8월 말에야 볼셰비키는 자신들이 가장 강력한 지역 중 하나였던 페트로그라드 소비에트에서 다수파가 될 수 있었다.

여름에 레닌과 볼셰비키는 두 가지 혹독한 시련을 겪었다. 7월에 페트로그라드 노동자들이 대규모 시위를 벌이며 소비에트의 즉각 권력 장악을 요구했다. 볼셰비키는 그 운동을 자제해야 한다고 주장했다. 가장 전투적인 노동자들만으로는 정부를 전복하더라도 권력을 유지하기 힘들 것이라는 주장이었다. 대다수 노동자들이 준비될 때까지 시간이 더 필요했다.

그 뒤 코르닐로프라는 우익 군 장성이 임시정부를 전복하고 다시 권위주의 정권을 수립하기 위해 쿠데타를 일으켰다. 볼셰비키는 노동자 수천 명을 동원해 페트로그라드를 방어했다. 철

1917년 7월 페트로그라드 노동자들의 때 이른 무장 시위 이후에 볼셰비키는 극심한 탄압을 받았고 레닌은 평범한 노동자로 변장해 숨어 지내야 했다.

도 노동자들이 철로를 파괴하고 코르닐로프 군대가 탄 열차들을 엉뚱한 곳으로 보내 버리는 동안 다른 노동자들은 코르닐로프의 병사들이 노동자들 편으로 돌아서게 만들었다. 병사들은 페트로그라드 공격을 거부했고 코르닐로프는 체포됐다. 레닌은 볼셰비키가 코르닐로프에 맞서 싸워야 하지만 절대로 임시정부를 지지해서는 안 된다는 점을 분명히 밝혔다. 실제로 그런 사건들 때문에 임시정부는 약해졌고 볼셰비키의 명성은 더 높아졌다.

국가와 혁명

레닌에게 이론과 실천은 항상 연관돼 있었다. 사상이 행동으로 이어지지 않는다면 그 사상은 아무 의미가 없다. 그러나 사회가 변화하는 방식을 이해하고 이를 지침으로 삼지 않는다면 아무리 열정적인 행동도 쓸데없는 짓이 되고 만다.

7월에 레닌은 지하로 숨어야 했다. 그는 몇 주 간의 상대적 평화를 이용해 자신의 가장 중요한 저작《국가와 혁명》을 썼다(만약 여러분이 레닌의 책을 한 권만 읽어야 한다면《국가와 혁명》을 읽어야 한다).《국가와 혁명》이 출간됐을 때 많은 '정설' 마르크스주의자들은 깜짝 놀랐지만, 아나키스트들은 그 책을 높이 평가했다.

레닌은 국가 문제를 다루면서 사회주의란 무엇인가 하는 논쟁의 핵심을 파고들었다. 사회주의를 반대하는 사람들(그리고 많은 사회주의 지지자들조차)은 사회주의를 국가 소유와 동일시했다. 그들은 경제의 주요 부문들이 국유화돼 있기만 하면 '사회주의' 사회라고 불렀다.

레닌은 그런 견해를 격렬하게 비판했다. 그는 계급으로 분열된 사회에서 "한 계급이 다른 계급을 억압하는 기구"가 바로 국가라고 주장했다.[24] 국가는 국민 대중이 기존 소유권과 착취 형태에 도전하지 못하게 막는 데 사용되는 억압 기구 전체다. 즉, 국가는 "감옥 등을 보유하고 통제하는 무장한 사람들의 특수한 기구들"이다.[25] 그런 기구들은 중립적이지 않다. 법은 부자와 빈민을 똑같이 취급하지 않는다. 법은 부자와 권력자를 지켜 주기 위해 만들어졌다. 레닌은 《공산당 선언》에서 다음과 같이 쓴 마르크스의 견해에 전적으로 동의했다. "현대 국가의 행정부는 부르주아지 전체의 공동 업무를 관장하는 위원회일 뿐이다."

따라서 레닌은 사회주의자들이 기존의 국가기구들을 물려받아 그대로 사용할 수 없다고 주장했다. 그는 의회를 "돼지우리"라고 불렀고, 그것은 우리로 하여금 "지배계급 가운데 누가 의회를 통해 사람들을 억압하고 짓밟을 것인지 몇 년에 한 번씩 결정하도록" 할 뿐이라고 비판했다.[26] 혁명가들은 국가기구를 "분쇄"할 필요가 있다고 믿는데, 이것이 혁명가들과 개혁주의자들의 차이라고 레닌은 썼다.[27] 그 때문에 "폭력혁명"이 필요하다는 것이다.[28]

그러나 무엇이 국가를 대체할 것인가? 아나키스트들은 기존 국가를 분쇄할 수 있을 뿐 아니라 더 나아가 국가 없는 자유로운 사회를 즉시 건설할 수 있다고 생각했다. 레닌은 불행하게도 그럴 수 없다고 생각했다. 노동계급이 사회를 인수하면, 다른 계급들은 자신의 특권을 되찾기 위해 무자비하게 반격할 것이다. 노동계급은 반혁명에 맞설 자신만의 국가가 필요할 것이다. 레닌은 그 국가를 "프롤레타리아 독재"라고 불렀다.[29] 그것은 간단히 말하면 "노동자 권력"이다.

결국, 레닌은 사회를 재편할 수 있고 부를 재분배할 수 있다고 주장했다. 자본주의적 낭비는 인간의 필요를 충족시키는 훨씬 더 효과적인 생산으로 교체될 것이다. 낡은 계급들은 사라질 것이고, 모든 사람은 사회에 유용한 일을 하는 노동자일 뿐 아니라 사회적 자원의 사용 방식을 결정하는 민주적 과정에 참여하는 지배자이기도 할 것이다. 국가는 점차 불필요해질 것이고 점차 "사멸"할 것이다.[30] 레닌은 자신의 주장을 다음과 같이 요약했다. "국가가 존재하는 한, 자유는 없을 것이다. 자유가 존재한다면, 국가는 없을 것이다."[31] 레닌의 목표는 아나키스트들의 목표와 똑같았지만, 레닌은 그 목표에 이르는 길이 복잡할 것이라는 사실을 인정했다.

레닌은 많은 역사적 사례들, 특히 1871년 파리코뮌의 경험을 인용했다. 당시 파리의 노동자들은 10주 동안 도시를 장악하고 지배하다가 파리 밖에서 몰려온 군대에게 학살당했다. 노동자 정부의 관리들은 모두 노동자의 평균임금을 받았으며, 자신들을 선출한 사람들에 의해 언제든지 소환될 수 있었다. 그것은 소비에트와 똑같은 형태의 민주주의였다. 1917년 이전에 노동자들이 비록 잠시나마 사회를 인수한 사례는 파리코뮌뿐이었고, 따라서 그로부터 배우는 것이 중요했다.

《국가와 혁명》은 결코 완성되지 않았다. 레닌이 다시 활동으로 되돌아가야 했기 때문이다. 그 책의 결론 부분에서 레닌이 썼듯이, "혁명에 대해 쓰는 것보다는 '혁명의 경험'을 직접 겪어 보는 것이 더 즐겁고 유익한 일이다."[32]

무장봉기의 타이밍

1917년 여름에 레닌은 너무 일찍 권력을 장악하려 한 사람들에 맞서 싸웠다. 그러나 가을이 되자, 권력 장악에 유리한 상황이 무르익고 있었다. 너무 늦기 전에 혁명가들이 기회를 붙잡는 것이 긴급한 과제였다. 레닌은 시간을 낭비할 여유가 없으며 즉시 무장봉기를 준비할 필요가 있다고 주장하는 글을 쓰고 또 썼다. 10월에는 중앙위원회에 편지를 보내 "더 '기다리는 것'은 범죄"라고까지 주장했다.[33]

거리에는 봉기를 기대하는 분위기가 퍼져 있었다. 노동자들은 레닌이 쓴 "위기는 무르익었다" 같은 글을 읽고 있었다.[34] 노동자들은 중대한 변화가 임박했음을 알고 있었지만, 그들이 모두 함께 행동할 수 있도록 해 줄 중앙집중적 세력이 필요했다.

중앙위원 두 명, 즉 지노비예프와 카메네프는 레닌의 계획에 반대했다. 그리고 레닌을 비판하는 글을 볼셰비키 기관지가 아닌 다른 신문에 기고했다. 이 때문에 봉기 계획 전체가 위험해질 수 있었다. 그러나 레닌이 무자비한 독재자라는 신화와 달리, 그는 두 사람을 당에서 축출하자고 중앙위원들을 설득하는 데 실패했다.

페트로그라드에서 소비에트는 군사위원회를 수립했고 트로츠키가 의장이 됐다. 군사위원 60명 가운데 48명이 볼셰비키였고, 일부는 사회혁명당 좌파, 네 명은 아나키스트였다.

생애 내내 당 건설 과제에 몰두해 온 레닌은 당 자체가 봉기를 호소해야 한다고 생각했다. 소비에트에서 활동한 경험이 레닌보다 많았던 트로츠키는 당의 지지만으로는 충분히 광범하지 않기 때문에 소비에트가 봉기를 호소해야 한다고 레닌을 설득했다. 레닌은 결코 독재자가 아니었다. 그는 기꺼이 배우려는 자세가 돼 있었기 때문에 위대한 지도자가 될 수 있었다.

수백만 명을 전쟁터로 보내 죽게 만든 차르와 달리, 레닌은 자신을 지지하는 사람들의 목숨을 우습게 여기지 않았다. 혁명가들이 단호했기 때문에, 그리고 필요하다면 어떤 강압이든 사용할 태세가 돼 있음을 보여 줬기 때문에, 페트로그라드에서는 봉기로 인한 사상자 수가 아주 적었다. 10년 뒤 위대한 영화감독

그리고리 지노비예프와 레프 카메네프 레닌 다음으로 권위 있는 고참 볼셰비키 지도자들이었다. 10월 봉기에 반대했을 뿐 아니라 봉기가 성공한 뒤에도 멘셰비키·사회혁명당과 연립정부를 구성해야 한다고 주장해 레닌·트로츠키와 대립했다. 레닌 사후에는 스탈린과 연합해 트로츠키를 공격하다가 스탈린의 독재가 심해지자 트로츠키와 통합반대파를 형성했다. 결국 스탈린에게 투항했지만 처형당한다.

예이젠시테인이 10월 혁명을 영화로 만들었다. 그 영화를 찍다가 죽은 사람이 페트로그라드 봉기 당시 죽은 사람보다 더 많았다고 한다.

봉기가 시작된 지 하루도 채 안 돼 임시정부는 무너졌고 볼셰비키가 정권을 잡았다. 다른 곳, 특히 모스크바에서는 저항이 더 격렬했고 사상자도 더 많았다. 봉기 다음 날 레닌은 페트로그라드 소비에트에서 다음과 같이 선언했다. "우리는 이제 러시아에서 프롤레타리아 사회주의 국가 건설에 착수해야 합니다."[35]

혁명의 성과

소비에트를 기반으로 새 국가가 수립됐다. 레닌은 새 정부의 수반이 됐다. 흔히 그가 권력을 추구했다고 비난하는 사람들이 많지만, 사실 레닌은 정부 수반이라는 직책을 맡고 싶어 하지 않았다. 그는 트로츠키를 설득해 그 직책을 맡게 하고 자신은 모든 에너지를 당에 집중하려 했다. 그러나 트로츠키는 이를 거절했다.[36]

새 혁명정권은 즉시 급진적이고 광범한 개혁 프로그램을 도입하기 시작했다. 최초의 포고령들 가운데 하나는 공장에서 노동자 통제를 제도화한 것이었다.

토지의 사적 소유는 무상으로 폐지됐다. 토지 이용권은 토지 경작자에게 넘어갔다. 격렬한 논쟁 뒤에 독일과 평화조약이 체결됐다. 러시아는 전쟁에서 빠져나왔다.

러시아제국 내에서 억압받던 민족들은 독립할 기회를 얻었다. 그 뒤 몇 년 동안 다섯 개의 독립국가가 창건됐고, 새 러시아 연방 내에 17개의 자치 공화국·지역이 생겨났다.

낡은 법률은 폐지됐고, 사법제도는 완전히 개혁됐다. 인민 법정이 세워지고 판사들은 선출됐다.

여성은 투표권과 완전한 시민권, 동등한 임금과 취업권을 획득했다. 법률이 바뀌자 가족의 성격이 완전히 바뀌기 시작했다. 상호 합의에 따른 이혼 제도가 확립됐다.* 어떤 평의회 대의원이 말했듯이, 결혼은 "남편과 아내가 재소자들처럼 갇혀 사는 감옥이 아니게 됐다." 사생아 차별이 끝났다. 1920년에 러시아는 세계에서 처음으로 낙태를 합법화한 나라가 됐다. 동성애도 더는 범죄가 아니었다.

• 서로 합의하면 즉시 이혼할 수 있었다. 배우자 어느 한쪽이 요구할 경우에도 간단한 법정 신문만 거쳐 이혼할 수 있었다.

그런 변화들 덕분에 러시아는 서유럽의 선진국들보다 앞서 나갈 수 있었다.

1년 만에 학교 수가 50퍼센트 이상 증가했고, 문맹자들에게 읽고 쓰는 법을 가르치는 운동이 벌어졌다. 대학 등록금이 폐지돼 고등교육 기회가 확대됐다. 시험이 없어졌고 순전히 암기력에 의존하는 공부는 크게 줄어들었다. 학교 공부는 현실의 육체노동과 결합됐고, 모든 교직원과 12세 이상 학생들이 참가하는 민주적 통제 조처들이 도입됐다. 레닌은 개인적으로 도서관 확대 사업에 큰 관심을 쏟았다.

포고령은 그토록 많은 변화의 시작이었을 뿐이다. 무지, 미신, 반동적 태도를 근절하려면 더 많은 시간이 필요할 터였다. 레닌은 노동계급의 자기 해방이 중요하다고 강조했다. 혁명은 "노동자들의 이런 독자적 주도력, 일반으로는 모든 피착취 노동 대중의 주도력을 발전시켜야 하고, 그것을 창조적인 조직 활동에서 최대한 광범하게 발전시켜야 한다. 무슨 수를 써서라도 우리는 낡고 불합리하고 야만적이고 비열하고 역겨운 편견, 즉 이른바 '상층계급'만이, 부자들만이, 부자들의 학교를 나온 자들만이 국가를 운영할 수 있고 사회주의 사회의 유기적 발전을 지도할 수 있다는 편견을 분쇄해야 한다."[37] 혁명 후의 끔찍한 곤경에도 불구하고, 많은 노동 대중은 낡은 생활 방식의 제약에서 해방됐다고 느꼈다. 공장에서 하루 일을 마친 노동자들이 즉흥 연극을 공연하거나 시 쓰는 법을 배우러 다녔다는 당시의 기록들이 아직도 남아 있다.

혁명 러시아의 문학·미술·영화는 혁신과 실험의 열기에 휩싸였다. 예술가의 사회적 지위는 바뀌었다. 시인 마야코프스키는 다음과 같이 썼다. "거리는 우리의 붓, 우리의 팔레트, 광장은 넓은 도화지라네."[38]

취약한 노동자 국가

새 사회는 많은 난관에 부딪혔다. 전쟁과 차르의 폭정에서 비롯한 경제 혼란이 계속됐다. 러시아 노동계급은 형성된 지 얼마 되지 않았다. 노동자들은 대부분 도시에 와서 일하게 된 농민의 자식이었다. 많은 노동자들이 읽고 쓸 줄 몰랐다. 노동계급은 엄청나게 많은 농민에 둘러싸여 있었고 아주 소수였다.

레닌은 노동 대중의 적극적 참여 없이는 계획경제가 불가능하다는 것을 처음부터 알고 있었다. 한 신문은 레닌의 연설을 다음과 같이 보도했다. "경제생활을 조직하기 위한 분명한 계획은 존재하지 않았고 존재할 수도 없었다. 그런 계획은 아무도 제시할 수 없었다. 그것은 오로지 아래로부터, 대중에 의해, 그들의 경험을 통해 가능할 것이다. 물론 지침이 제공돼야 하고 방법이 제시돼야 하지만, 위와 아래에서 동시에 시작될 필요가 있다."[39]

다시 말해, 노동자 민주주의와 동떨어진 '경제계획'은 존재할 수 없었다. 역사는 레닌이 얼마나 옳았는지 보여 줬다. 대중이 참여하지 않은 상태에서 위로부터 계획이 강요될 때마다 이른바 '사회주의'는 기괴한 권위주의 체제로 변모하고 말았다.

그러나 레닌이 의존했던 노동자들은 그들의 발전을 왜곡하고 방해한 사회에서 성장했다. 레닌이 1919년에 말했듯이, 사회주의는 "자본주의 사회에서 성장하고 자본주의에 의해 타락하고 부패한 사람들"과 함께 건설해야 했다.[40] 러시아는 산업과 문화가 서유럽보다 덜 발전했으며, 경제는 세계대전으로 엉망이 됐다. 처음부터 볼셰비키당은 어느 정도 노동자 대중을 대리해야 했다.

행정 업무 경험이 있는 혁명적 활동가들이 크게 부족했다. 유능한 사람들은 흔히 몇 가지 일을 한꺼번에 하고 있었다. 러시아에 와서 혁명을 돕게 된 벨기에 태생의 혁명가 빅토르 세르주는 언론인·교사·장학사·번역가·무기밀수업자·문서보관인의 일을 동시에 하고 있었다.

이런 경험 부족은 특히 국가 보안 기구에서 심각했다. 새 정권은 체카(반혁명과 사보타주에 맞서 투쟁하는 전 러시아 비상위원회)라는 기구를 창설했다. 그 기구는 분명히 필요했다. 옛 특권층의 다수는 새 정권을 사보타주(파괴)하기를 원했다. 그들을 저지해야 했다. 그러나 흔히 체카 요원들은 사회주의 원칙에 대한 헌신성이 부족했고 자신들의 권위를 잘못 사용했다. 그들의 손에 고통을 겪은 무고한 사람들이 많았다. 그것이 비상조치였다는 데 대해서는 다들 공감하고 있었고, 그래서 1922년에 레닌과 다른 사람들의 촉구로 체카는 더 제한적인 권한을 가진 기구로 교체됐다.

일부 혁명가들은 너무 조급하게 너무 많은 것을 기대했다. 1917년에 많은 노동자들이 공장위원회를 건설했고, 흔히 볼셰비키는 공장위원회에서 핵심 구실을 했다. 그러나 그런 기구들은 흔히 계급 전체의 이익보다는 특정 노동자 집단의 이익을 대변했다. 1918년 3월에 실랴프니코프(나중에 노동자반대파의 지도자가 된다)는 철도 부문에서 노동자 통제 때문에 빚어진 혼란을 묘사한 보고서를 작성했다.[41] 그것은 노동자 전체의 이익에 반하는 것이었다. 왜냐하면 일반 노동자들에게는 효율적 운송 체계가 필요했기 때문이다. 볼셰비키는 원칙에서는 노동자 통제를 적극 지지했지만 어쩔 수 없이 공장위원회를 노동조합에 통합시켰다.

노동자반대파 1920년에 형성된 볼셰비키 당내 분파. 금속 노동자 출신으로 초대 노동 인민위원을 지낸 실랴프니코프, 유명한 여성 지도자인 알렉산드라 콜론타이 등이 이끌었다. 노동조합이 경제관리 권한을 가져야 한다고 주장했고 당의 관료화를 비판했다.

러시아가 진공 속에 존재했다면 그런 문제들은 몇 년 안에 해결됐을지 모른다. 그러나 유럽의 열강들은 러시아 혁명의 생존을 바라지 않았다. 그들은 전쟁에 지친 노동자들 사이에서 러시아 혁명이 얼마나 인기가 많은지 알고 있었고, 그래서 혁명의 확산을 몹시 두려워했다.

러시아 혁명을 파괴하려고 블라디보스토크를 침공한 제국주의 동맹군.

1918년 휴전협정 체결 전날에 윈스턴 처칠은 독일 군대를 재건해 볼셰비즘에 맞서 싸워야 할지 모른다고 영국 내각에게 말했다. 2주 뒤 그는 한 모임에서 다음과 같이 말했다. "광대한 지역에서 문명이 완전히 소멸하는 동안, 볼셰비키는 폐허가 된 도시와 희생자들의 시체 사이에서 광포한 원숭이 무리처럼 설쳐 대고 있습니다."[42]

윈스턴 처칠 당시 영국 군수장관이었다. 훗날 1926년 총파업을 탄압하고 무솔리니의 파시스트 독재를 찬양할 정도로 강경 우파였다. 제2차세계대전이 터지자 총리가 된다.

1920년까지 잔혹한 내전이 러시아 전역을 휩쓸었다. 사실, '내전'은 정확한 용어가 아니다. 영국·프랑스·캐나다·미국 등 17개국 군대가 혁명으로 쫓겨난 잔인하고 부패한 옛 러시아 지도층과 손잡고 러시아를 침략했다.

페트로그라드는 두 번이나 하마터면 반동 세력의 손에 넘어 갈 뻔했다. 레닌은 볼셰비키가 다시 지하조직 시절로 돌아가야 할지도 모른다고 우려했다.[43]

《공산주의 흑서黑書》의 저자들처럼 레닌을 헐뜯으려는 사람들 은 레닌의 말을 인용해 마치 그가 피에 굶주린 짐승처럼 보이게 만든다. 1918년 8월에 레닌은 전보를 보내, 쿨락(빈농에 적대적 인 비교적 부유한 농민)의 반란에 대처하는 방법을 다음과 같 이 이야기했다.

여러분의 지역 다섯 군데에서 쿨락이 일으킨 봉기는 무자비하게 진 압돼야 합니다. 혁명 전체의 이익을 위해 그런 행동이 필요합니다. 왜냐하면 쿨락과의 최후의 투쟁이 이제 막 시작됐기 때문입니다. 여러분은 다음과 같이 본때를 보여야 합니다. (1) 적어도 100명의 쿨락, 부자 놈들, 남의 고혈을 빨아먹는 것으로 유명한 자들을 교 수형에 처할 것(그들을 공개 처형해서 사람들이 볼 수 있게 할 것). (2) 그들의 명단을 공개할 것. (3) 그들이 가진 곡식을 모두 압수할 것. (4) 어제 보낸 전보에서 지시한 대로 인질들을 잡아 둘 것.[44]

이런 말은 맥락에서 따로 떼어 놓고 보면 소름이 끼치는 말이 다. 당시는 잔혹한 내전 상황이었고, 반혁명 세력은 볼셰비키보다 훨씬 더 잔인했다. 1919년 [러시아에 쳐들어온] 시베리아 주둔 미군 사령관 윌리엄 S 그레이브스는 다음과 같이 증언했다. "시베리아 동부 지방에서 볼셰비키가 한 명 죽일 때마다 반反볼셰비키 세력은 100명씩 살해했다고 장담할 수 있다."[45] 레닌은 비폭력주의자가 아니었고, 볼셰비키의 승리를 위해 할 수 있는 일은 뭐든 했다. 《흑서》의 저자들은 특히 조지 W 부시, 토니 블레어, 아리엘 샤론의 폭력을 비판하는 말은 전혀 하지 않는다. 레닌을 비난함으로써 자신의 양심을 속이는 것이 더 쉬운 일이다.

반혁명 세력은 썩어 빠진 반反유대주의자들이었다. 그들은 신뢰가 무너진 낡은 질서를 되살리는 것 말고 달리 아무것도 할 수 없었다. 결국, 엄청난 용기와 과단성을 보여 준 볼셰비키가 내전에서 승리했다.

레닌은 당에 정치적 방향을 제시하는 데서 결정적 구실을 했다. 그러나 그는 결코 독재자가 아니었다. 혁명 이후 몇 달 동안 볼셰비키 지도부는 중요한 문제들을 둘러싸고 심각하게 분열하곤 했다. 레닌은 때때로 소수파였고 자신의 견해를 관철하기 위해 격렬하게 논쟁해야 했다.

레닌은 어떤 일도 무시하거나 하찮게 여기지 않았다. 그는 아주 사소한 행정 업무

아리엘 샤론 이스라엘의 강경 시온주의자로 2001~06년 총리를 지냈고, 1982년 국방부 장관 시절 레바논 침공을 주도했고, 유명한 '사브라·샤틸라 난민촌 학살'을 사실상 배후 조종해서 '도살자'라는 비난을 받았으며, 2000년 9월에는 이슬람교도의 성지인 알아크사 사원을 방문하는 도발을 감행해서 팔레스타인인들의 제2차 인티파다(봉기)를 촉발하기도 했다.

에도 많은 시간을 썼다. 오늘날의 독재자들과 비교하면, 레닌의 신변 경호는 아주 보잘것없었다. 한번은 차를 타고 가다 강도들을 만났다. 그는 차에서 내려야 했고, 강도들은 그의 차를 몰고 사라져 버렸다. 한참 시간이 흐른 뒤에야 다른 차가 와서 그를 태워 줬다.

그는 자신만의 특권을 추구하지 않았다. 1918년에 인민위원회가 레닌의 봉급을 인상하자 그는 인민위원들을 "호되게 질책"했다.[46] 1920년에 레닌은 한 도서관 사서에게 매우 정중한 편지를 보낸 적이 있는데, 다음 날 아침 일찍 반환하는 조건으로 몇몇 참고서를 밤새 대출해 줄 수 없는지 묻는 내용이었다.[47] 스탈린이나 사담 후세인이 도서관의 규칙을 그렇게 존중했으리라고 상상하기는 힘들다.

국제 운동

레닌은 러시아의 사회주의 혁명이 아주 빨리 다른 나라로 확산되지 않으면 가망이 없다는 사실을 항상 알고 있었다. 1917년 12월에 그는 다음과 같이 썼다. "그러므로 러시아에서 시작된 사회주의 혁명은 전 세계 사회주의 혁명의 시작일 뿐이다."[48] 그렇게 됐다면 특히 독일 노동자들이 러시아를 경제적으로 도울 수

1919년 붉은 광장에서 적군 병사들에게 연설하는 레닌.

있었을 것이다.

러시아 혁명이 확산될 것이라는 레닌의 희망은 현실적인 것이었다. 유럽에서 혁명이 일어날 것이라는 전망은 전쟁 말기에 충분히 근거가 있었다. 전쟁이 일어난 지 4년 뒤에 노동자들은 그토록 많은 죽음과 파괴를 초래한 체제에 신물이 나 있었다. 1918~20년에 도처에서 파업과 폭동, 공장점거가 벌어졌고 노동자·병사 평의회가 생겨났다. 특히 전쟁에서 패배한 독일은 혁명 직전의 상황처럼 보였다.

문제는 지도부였다. 노동계급 운동의 옛 지도자들은 거의 모두 전쟁을 지지했다. 전쟁이 계속되는 동안 새 세대 투사들이 나타났지만, 그들은 경험이 없었다. 경험 많은 지도부와 노동자들 사이에 실질적 기반을 갖춘 볼셰비키 같은 당은 어디에도 없었다. 1919년 1월 독일 사회주의자 로자 룩셈부르크가 정적들에게 살해당했다. 룩셈부르크는 레닌과 대등한 반열에서 논쟁을 벌일 수 있는 사실상 유일한 유럽 지도자였다.

레닌은 제2인터내셔널을 되살리려는 시도는 쓸데없는 짓이라고 주장했다. 새 인터내셔널을 건설해야 한다는 것이었다. 1919년 3월 모스크바 회의에 참석한 대표들은 제3인터내셔널, 즉 공산주의 인터내셔널(코민테른)을 선포했다. 그 뒤 3년 동안 세 차례 더 회의가 열렸고, 더 많은 조직이 새 인터내셔널에 가입했다.

1914년 이전에 노동계급 운동은 심각하게 분열해 있었다. 한편에는 마르크스주의자들이 있었고, 다른 한편에는 아나키스트들과 신디컬리스트들이 있었다. 러시아 혁명 이후 많은 아나키스트와 신디컬리스트가 혁명을 지지했다. 레닌은 그들을 끌어당기는 일에 열중했다. 그는 미국에서 온 에마 골드먼(옘마 골드만)이나 우크라이나 출신의 마흐노 같은 아나키스트들과 몇 시간씩 논쟁했다. 1920년 유럽의 신디컬리스트

에마 골드먼 리투아니아 출신의 미국 아나키스트로 반전 운동을 벌이다 수감돼 1919년에 러시아로 추방됐다. 처음에는 10월 혁명을 지지했지만 1921년 크론시타트 반란 진압을 보고 볼셰비키 반대로 돌아서서 러시아를 떠났다.

네스토르 마흐노 러시아 내전 때 농민군을 조직해 처음에는 백군에 맞서, 나중에는 적군에 맞서 싸웠다. 내전 말기에 결국 적군에 진압당했다.

들이 천신만고 끝에 모스크바에 왔을 때 일부 볼셰비키 지도자들은 그들에게 혁명적 정당의 필요성을 호통치듯 설교했다. 레닌은 훨씬 더 우호적으로 접근했다. 그는 가장 전투적인 노동자들로 구성된 "조직된 소수"라는 신디컬리즘 사상과 혁명적 정당이라는 볼셰비즘 사상이 똑같은 것이라고 주장했다.[49] 레닌의 그런 전략은 트로츠키의 지지를 받았다. 다른 많은 볼셰비키는 더 종파적인 태도를 취했다.

레닌은 이른바 "좌익 공산주의"에 심각한 문제가 있음을 깨달았다. 투쟁의 고양기에 새로운 투사들이 대거 행동에 나섰다. 그들은 패배의 기억이 없기 때문에 다수의 노동자들을 끌어당기는 일의 어려움을 과소평가하기 십상이었다. 많은 새 세대 활동가들은 의회 민주주의가 사기라는 것을 자신들이 깨달았다 해서 다른 노동자들도 모두 그 점을 쉽게 받아들일 수 있을 것이라고 생각했고, 혁명가들이 의회 선거에 참여해서는 안 된다고 생각했다. 레닌은 수많은 노동자들이 여전히 의회를 신뢰하고 있음을 그들에게 상기시켰다. "우리에게 쓸모없다고 해서 대중에게도 쓸모없는 것이라고 생각해서는 안 된다."[50]

그는 여전히 노동당에 충성하는 노동자 대중을 끌어당기기

좌익 공산주의 의회나 기존 노동조합에서 활동하기를 거부한 초좌파 경향을 비판하며 레닌이 붙인 용어. 대표적 인물은 영국의 실비아 팽크허스트, 이탈리아의 아마데오 보르디가, 네덜란드의 안톤 파네쿠크와 헤르만 호르터르 등이었다.

위해 영국 공산당이 노동당에 가입해야 한다고 촉구했다. 노동당 지도부가 아무리 우파적이더라도 말이다. 레닌은 그러면서도 공산주의자들이 "노동계급의 배신자들을 폭로하고 비판하는 데 필요한 자유"를 유지해야 한다고 주장했고, 공산주의자들이 축출당한다면 그것은 "커다란 승리"일 것이라고 결론지었다.[51] 중요한 것은 조직 문제의 해결이 아니라 공산주의 사상이 최대한 많은 노동자들에게 확실히 전달될 수 있도록 하는 것이었다.

일부 혁명가들은 노동조합 관료들이 부패하고 반동적이라는 이유로 노동조합에서 완전히 나오고 싶어 했다. 레닌은 축출 위협을 받는 혁명가들이 노동조합 안에 남아 있기 위해서 "다양한 술책, 권모술수, 불법적 방법, 회피와 속임수에 의존"해야 한다고까지 주장했다.[52] 이 말은 흔히 맥락에서 떼어 내, 마치 레닌이 부정직한 언행 일반을 옹호한 것처럼 묘사할 때 인용된다. 그러나 레닌은 혁명가들이 노동자들에게 진실을 말해야 한다고 항상 주장했다. 레닌은 노조 관료가 혁명가들을 마녀사냥하고 규약을 자의적으로 적용해 축출하려 한다면 혁명가들은 노조에 남아 있기 위해 자신들이 공산당원이라는 사실을 굳이 말하지 말아야 한다고 주장했을 뿐이다. "'대중'을 돕고 '대중'의 공감과 지지를 얻고자 한다면, '지도자'들이 시키는 어렵고 귀찮은 일, 그들의 속임수·모욕·박해를 두려워해서는 안 되며 … 대중이 있는 곳이라면 어디서든 그들과 함께 활동해야 한다."[53]

레닌은 격렬하게 논쟁할 줄도 알았지만, 운동에서 배울 줄도 알았다. 프랑스 신디컬리스트인 알프레드 로스메르가 레닌을 처음 만났을 때, 레닌은 프랑스 혁명가들이 사회당에서 즉시 분열해서 새로 공산당을 결성해야 한다고 주장하는 글을 쓰고 있었다. 로스메르는 몇 달 더 기다리며 다수를 설복하는 것이 더 나을 것이라고 레닌에게 설명했다. 레닌은 즉시 "제가 어리석은 짓을 할 뻔했군요" 하고 대답하며 자신의 글을 고쳤다.[54] 레닌은 남의 말을 들을 줄 알고 자신의 생각을 바꿀 줄 아는 지도자였다. 오늘날의 정치인들과는 사뭇 달랐다. 그들은 실수를 인정하는 것을 실패를 인정하는 것으로 여긴다.

> **알프레드 로스메르** 프랑스 신디컬리스트 지도자 가운데 제1차세계대전에 반대한 몇 안 되는 인물이었다. 훗날 프랑스 공산당을 이끌다가 스탈린주의에 반대해 제명당한다.

1922년 말 코민테른에서 한 마지막 연설에서 레닌은 러시아의 경험을 다른 나라들에 강요하는 것은 위험하다고 경고했다. 어디서든 혁명가는 자신의 원칙을 현실의 경험이라는 구체적 상황에 적용해야 한다.

그 결의안은 너무 러시아적입니다. 그것은 러시아의 경험을 반영하고 있습니다. 그 때문에 외국 동지들이 이해하기 너무 어렵습니다. 외국 동지들은 그 결의안을 성상聖像처럼 벽에 걸어 놓고 그 앞에서 기도하는 데 만족해서는 안 됩니다.[55]

후퇴와 신경제정책

안정되고 경험 많은 지도부가 없었던 독일 공산당은 오락가락 하다가 오랜 사회 위기를 혁명의 성공으로 이끌지 못했다. 러시 아는 고립됐다.

볼셰비키는 내전에서 승리하고 권력을 유지했지만, 엄청난 대 가를 치렀다. 경제는 파탄 났다. 노동계급 자체가 크게 줄어들었 다. 1921년에 러시아 노동계급의 규모는 1917년의 약 3분의 1 수 준이었다. 많은 전투적 노동자들이 공장을 떠나 군대에 들어갔 고 상당수가 돌아오지 못했다. 다른 노동자들은 실업과 굶주림 때문에 시골에 있는 가족에게 돌아갔다. 거기서는 조금이나마 식량을 구할 수 있었기 때문이다. 소비에트는 빈 껍데기가 돼 버 렸다.

볼셰비키는 권력을 그냥 반납할 수 없었다. 그랬다면 옛 지배 계급이 그나마 남아 있는 노동계급 조직을 완전히 분쇄하고 살 육해 버렸을 것이다. 볼셰비키는 권력을 유지하며 서유럽의 혁명 적 격변을 기다리는 것 말고 달리 대안이 없었다.

대중이 불만을 표출한 것도 당연했다. 가장 심각한 사태는 1921년 봄에 찾아왔다. 페트로그라드 바로 외곽에 있는 크론시타 트 해군기지에서 수병들이 반란을 일으켰다. 그들 일부는 [1917년 2월과 같은 해 10월의 뒤를 잇는] "3차 혁명"을 요구했다. 그들의 비판 몇 가지는 정당한 것이었다. 그러나 "3차 혁명"은 순전한 공상이었고, 그 반란은 볼셰비키 정권을 위협했다. 볼셰비키가 쫓겨났다면, 그 결과는 더 민주적인 사회가 아니라 옛 체제의 복귀였을 것이다. 반란을 군사적으로 분쇄해야 한다는 결정이 내려졌다. 그것은 볼셰비키에게 최악의 상황이었지만, 다른 대안이 없었다.

레닌은 군사적 조처로 문제를 진정으로 해결할 수 없음을 알고 있었다. 그는 크론시타트 사건을 "그 어느 것보다 현실을 밝게 비춘 섬광 같은 것"이었다고 묘사했다.[56] 다시 한 번 그는 뜻밖의 현실에 직면해서 필요한 해결책을 채택할 수 있는 능력을 보여 줬다. 다양한 기업들을 책임지고 있는 당 간부들이 기업을 제대로 운영할 수 있는 능력이 없었기 때문에 러시아 경제는 망가지고 있었다. 도시와 농촌 사이의 적절한 균형은 달성되지 않았다.

레닌은 신경제정책NEP으로 알려지게 된 조처들을 도입했다. 농민의 곡물을 징발하던 것을 중단하고 대신에 세금을 부과해 농민이 더 많이 재배하도록 권장했다. 사유재산이 부분적으로 복원됐고, 사적 거래와 소규모 사기업이 새로 허용되자 상인 계급(이른바 네프맨)이 등장했다.

신경제정책 덕분에 경제적 재앙을 피할 수 있었다. 빅토르 세르주는 다음과 같이 말했다. "신경제정책은 몇 달 만에 이미 놀라운 결과를 낳고 있었다. 한 주 한 주 지날수록 기근과 투기가 눈에 띄게 줄어들고 있었다."[57]

그 정책은 많은 사람들을 충격에 빠뜨렸다. 레닌은 사회주의 원칙들을 굳건히 고수했기 때문에 오히려 그런 후퇴를 옹호할 수 있었다. 그는 핵심 문제가 다음과 같은 것이라고 인정했다. "여러분이 다른 것들뿐 아니라 경제도 운영할 수 있습니까? 옛 자본가는 그럴 수 있지만, 여러분은 그럴 수 없습니다." 그 결과 "자본가들이 우리와 함께 경영하고 있습니다. 그들은 강도들처럼 경영하고 이윤을 얻지만, 어떻게 경영해야 하는지를 알고 있습니다."[58]

신경제정책은 단기적 후퇴였지, 자본주의와의 장기적 타협은 아니었다. 레닌은 여전히 다른 나라에서 혁명이 일어나 러시아를 구해 줄 것이라는 희망을 간직하고 있었다.

레닌의 마지막 투쟁

1922년부터 레닌은 매우 아팠다. 암살 미수 사건* 당시 입은 부상과 엄청난 과로 때문에 기력이 쇠했다. 그는 혁명을 지도해 가장 어려운 국면을 헤쳐 나갈 수 있을 때까지 살지 못할 것임을 알았다.

레닌은 또 혁명의 전개 과정을 보고 경

* 내전이 한창이던 1918년 8월 한 사회혁명당원이 레닌을 저격해 중태에 빠뜨렸다. 레닌은 4년 동안 목에 총알이 박힌 채로 살아야 했다.

악했다. 노동계급이 쇠퇴하자, 당 안팎에서 관료 집단이 성장하기 시작했고, 그들은 흔히 노동계급 민주주의의 원칙과는 전혀 다른 방식을 사용했다. 민족주의가 발전한 것도 위험한 일이었다.

레닌은 성장하는 관료 집단에 대항하는 투쟁에 자신의 힘을 쏟아부었다. 레닌은 마지막으로 쓴 글 "적더라도 더 나은 것이 낫다"에서 혁명 이후 5년이 지난 지금 국가기구가 "통탄할 만하고 형편없어졌다"는 것을 인정했다.[59] 더 많은 노동자들을 국가기구에 받아들이고 진정한 노동자 민주주의를 위해 끈질기게 투쟁하는 것 말고는 다른 비결이 없었다.

이를 위해 우리 사회체제의 최상의 인자들(예컨대, 첫째, 선진 노동자들, 둘째, 말과 행동을 혼동하지 않을 뿐 아니라 자신의 양심에 어긋나는 말은 한마디도 하지 않을 것이라고 우리가 보증할 수 있는 정말로 각성한 인자들)은 어떤 어려움도 인정하기를 두려워해서는 안 되고, 스스로 진지하게 설정한 목표를 달성하기 위한 투쟁은 어느 것도 회피해서는 안 된다.[60]

레닌의 정직함과 비판 정신은 스탈린과 그 후계자들의 집권 시기 러시아 국가의 특징이었던 자기만족이나 오만과 뚜렷하게 대조된다.

레닌은 누가 자신의 후계자가 돼야 하는
지를 생각할 수밖에 없었다. 그는 볼셰비
키 지도자들의 능력을 검토한 짧은 글을
썼다. 그는 그들을 모두 비판했지만, 특히
스탈린을 가장 날카롭게 비판하며 당 서기
장 자리에서 해임해야 한다고 주장했다.[61]

1922년 중반 이후 레닌은 몇 차례 뇌
중풍을 일으켰다. 1923년 초에 그는 자신
이 건설한 당내 논쟁에 개입할 수 없었다.

나데즈다 크룹스카야 볼셰비
키 혁명가로 오랫동안 레
닌의 비서 구실을 했으며
10월 혁명 뒤 교육 부[副]인
민위원을 맡아 많은 활동
을 했다. 훗날 스탈린의 반
혁명에 저항해 트로츠키,
지노비예프, 카메네프와
통합반대파를 결성하기도
했으나 결국 스탈린에게
투항했다.

1924년에 레닌이 사망하자 그의 시체는 미라가 됐고 그는 일종
의 성인처럼 떠받들어졌다. 레닌이 그 사실을 알았다면 아마 기
겁했을 것이다. 많은 투쟁을 함께했던 레닌의 아내 크룹스카야
는 그런 식으로 레닌을 찬양하는 것에 반대하며 다음과 같이
촉구했다.

레닌 기념관을 건립하지 마십시오. … 레닌은 평생토록 그런 것을
중요하게 여기지 않았습니다. … 여러분이 블라디미르 일리치[레닌]
의 이름을 기리고 싶다면 보육시설·유치원·주택·학교·도서관·보
건소·병원·장애인복지관 등을 건립하시고, 무엇보다 그의 권고를
실천에 옮기십시오.[62]

레닌이 스탈린의 원조인가?

많은 학자·정치인·언론인은 스탈린 시대의 잔학무도한 행위들이 레닌의 방법과 정책에서 비롯한 것이라고 주장한다. 그런 역사 설명 방식은 스탈린 집권까지의 복잡한 역사적 과정을 살펴보지 않은 게으른 방식이다. 그것은 역사란 위대한 개인들의 이야기일 뿐이고 소수 지도자들의 심리를 이해하기만 하면 된다는 사상과 들어맞는다.

물론 사실들을 맥락에서 따로 떼어 내 선별한다면 무엇이든 증명할 수 있다. 내전 와중에 볼셰비키에 가입하고 나중에 스탈린에게 박해받은 빅토르 세르주는 그런 태도의 오류를 다음과 같이 요약했다. "흔히 '스탈린주의의 세균은 모두 볼셰비즘에 처음부터 포함돼 있었다'고들 말한다. 글쎄, 반대하지는 않겠다. 다만, 볼셰비즘에는 다른 좋은 세균도 많이 포함돼 있었다. 그리고 최초의 승리한 사회주의 혁명의 열기로 가득 찼던 첫 5년을 겪은 사람들은 이 사실을 결코 잊어서는 안 된다."[63]

레닌의 전략은 모두 러시아 혁명이 유럽의 다른 나라들로, 나아가 전 세계로 확산될 것이라는 원칙을 바탕으로 하고 있었다. 그러나 혁명은 확산되지 않았고, 레닌도 알고 있었듯이, 혁명은 수출될 수도 없었다.

그런 고립이야말로 러시아 혁명이 잘못된 근본 원인이었다. 레

1922년 병상에 누운 말년의 레닌과 크룹스카야.

닌을 강하게 비판하곤 했던 로자 룩셈부르크는 다음과 같이 썼다. "러시아 동지들은 ⋯ 이 악마의 잔치에서 살아남을 수 없을 것입니다. ⋯ 왜냐하면 고도로 발전한 서유럽 사회민주주의가, 러시아 동지들이 피 흘리며 죽어 가는 것을 팔짱 끼고 지켜보며 내버려 둘 비열하고 형편없는 겁쟁이들로 이뤄져 있기 때문입니다."[64]

정말로 비난받아야 할 사람들은 혁명으로 수립된 국가를 무력을 동원해 공격한 윈스턴 처칠 같은 서유럽 지도자들과, 러시아 혁명을 반쯤만 옹호하거나 전혀 옹호하지 않은 노동계급 지도자들이다.

물론 레닌이 1924년 이후에도 살아 있었다면 어떤 일을 했을지 알 수 없다. 그러나 레닌이 하지 않았을 일은 아주 분명히 알 수 있다.

레닌이 죽은 뒤에 시작된 스탈린의 해결책은 '일국사회주의'였다. 스탈린은 세계 어디서든 혁명운동이 고양되면 이를 고무하기는커녕 오히려 가라앉히기 위해 애썼다.

레닌이 살아 있을 때는 다양한 전략을 토론하는 포럼이었던 코민테른이 이제는 누구나 똑같은 노선에 복종하는 상명하복식 관료 기구가 돼버렸다. 1927년에 중국 공산당은 독립성을 포기하고 장제스에게 투항하라는 스탈린의 말을 따랐지만, 장제스에게 이용만 당하고 나중에 학살당했다. 독일 공산당에게 스탈린은 사회민주당이 파시스트와 다를 바 없다고 말했다. 그래서 독일 공산당은 히틀러에 대항하는 공동 행동을 하지 않았다. 스페인 내전에서 공산당은 전쟁을 혁명으로 전환하고 싶어 한 노동자들에게 총부리를 들이댔다.

장제스 중국 국민당 지도자. 1926~27년 북벌 과정에서 공산당원들과 노동자들을 학살했다. 1949년 결국 마오쩌둥의 농민군에 패배해 대만으로 쫓겨난다.

스탈린은 러시아가 자체적으로 공업화를 추진해야 한다고 결정했다. 그는 서유럽이 오랜 시간을 들여 이룩한 것을 러시아가 따라잡아야 한다고 주장했다. "우리는 선진국들보다 50년이나 100년 뒤처져 있다. 10년 안에 이 격차를 메워야 한다. 그러지 못하면 그들이 우리를 분쇄할 것이다."[65]

19세기 영국의 공업화는 정말 야만적이었다. 러시아의 공업화 과정은 훨씬 더 급속했으며 따라서 그 고통도 훨씬 더 컸다. 스탈린주의를 비판하는 사람들이 대부분 보려 하지 않는 것은 그런 고통을 초래한 체제가 근본적으로 똑같은 체제라는 것이다. 국유제에도 불구하고 러시아 경제를 움직인 경제법칙은 자본주의 경제법칙이었다.

혁명의 성과는 대부분 사라졌다. 독립적 노동조합과 파업권이 사라졌고 임금이 억제됐다. 낙태와 동성애는 다시 범죄가 됐다. 예술적 혁신은 '사회주의 리얼리즘'이라는 단조롭고 보수적인 교리로 대체됐다.

강제 농업 집산화라는 스탈린의 잔혹한 정책은 레닌의 견해와 정반대되는 것이었다. 레닌은 항상 농민과의 동맹을 유지하려 했다.

이제 독자적 이해관계를 가진 관료 계급이 새로 등장했다. 가장 헌신적인 투사들로 이뤄졌던 공산당(1929년까지 당원은 지위 고하를 떠나 숙련 노동자의 임금만을 받았다)은 이제 스탈린에 기대어 자신들의 이익을 지키는 엘리트들의 조직이 돼 버렸다.

흔히 레닌은 일당독재 국가를 도입했다는 비난을 받는다. 그러나 그 문제에서 볼셰비키는 선택의 여지가 거의 없었다. 혁명이 성공하자 멘셰비키와 사회혁명당은 연립정부를 제안했지만,

레닌과 트로츠키를 배제하자는 결코 받아들일 수 없는 조건을 제시했다. 그 뒤 사회혁명당은 새 정권에 맞서 폭력을 사용했고, 1918년 8월 한 사회혁명당원은 레닌을 암살하려 했다.

레닌은 흔히 반대파와 격렬한 논쟁을 벌였다. 그러나 사상과 정책을 둘러싸고 논쟁을 벌였지, 반대파가 결코 저지르지 않은 범죄를 근거로 그들을 비난하지는 않았다. 1921년에 볼셰비키당이 분파 결성을 금지했지만, 레닌은 다음과 같이 주장했다. "근본 문제들을 놓고 이견이 있을 경우 당에 제소할 권리를 당과 중앙위원들에게서 박탈할 수 없다."[66] 1930년대의 숙청과 여론 조작용 불공정 재판 당시 스탈린의 희생자들은 나치와 협력했다는 식의 날조된(흔히 터무니없는) 혐의로 기소됐다.

내전 시기에 가혹한 탄압이 있었다는 것은 분명하지만, 그것을 스탈린 정권의 야만적 행위와 비교할 수는 없다. 당시 러시아에 있어서 상황을 잘 알았던 빅토르 세르주는 다음과 같이 평가했다. "이론과 실천에서 [스탈린의 — 지은이] 감옥 국가는 내전 시기 코뮌 국가의 공안 조처들과 전혀 공통점이 없다."[67]

스탈린은 자신의 권력을 강화하기 위해 레닌의 최측근들(지노비예프·카메네프·라데크·부하린)을 죽여야 했다. 스탈린의 공작원들은 트로츠키를 찾아 전 세계를 뒤졌고 결국 멕시코에서 살해했다. 고참 볼셰비키 평당원 수천 명이 물리적으로 제거됐다.

1944년에 스탈린은 1918년 당시 러시아 침략을 지원했던 윈스턴 처칠과 마주 앉았다. 그들은 유럽을 각자의 '세력권'으로 분할했으며 수많은 사람들의 운명을 마음대로 결정해 버렸다. 처칠은 바보가 아니었다. 그는 누가 자신의 진정한 적인지 알고 있었다.

가장 일관되게 스탈린에 반대한 사람들은 레닌 시절을 기억하고 레닌과 공유한 가치들의 관점에서 스탈린을 비판한 사람들이었다. 특히 레온 트로츠키와 그를 따른 소수의 사람들, 그리고 빅토르 세르주나 알프레드 로스메르 같은 용감한 저술가들이 바로 그런 사람들이었다. 그들은 스탈린주의가 무너지기 시작할 때 진정한 사회주의 운동이 다시 나타날 수 있는 토대를 놓았다.

카를 라데크 폴란드와 독일에서 활동하다가 10월 혁명 뒤 러시아에 들어와 볼셰비키 정부와 코민테른의 요직을 맡았다. 한때 트로츠키의 좌익반대파에 가담했다가 스탈린에게 투항했으나 결국 강제수용소에서 죽었다.

니콜라이 부하린 볼셰비키 중앙위원과 코민테른 집행위원을 지냈다. 레닌 사후에 스탈린과 동맹을 맺고 트로츠키를 공격했으나 훗날 결국 스탈린에게 처형당했다.

오늘날의 레닌주의

레닌은 특히 두 가지, 단결과 명확성을 중요하게 여겼다. 노동대중이 최대한 광범하게 단결하지 않으면 세계를 변혁하려는 행동은 불가능하다. 그러나 사회가 조직되는 방식을 명확하게 이해한 바탕 위에서 그런 행동을 하지 않으면 그것은 쓸데없는 행동이다. 두 원칙이 때로는 서로 모순되는 것처럼 보일지 모른다. 그래서 레닌의 저작들에는 강조점 바꾸기와 외관상의 불일치가 존재한다. 명확성이 없는 단결은 혁명가들이 대중운동의 부침浮沈에 따라 이리저리 휩쓸릴 뿐 그 운동에 영향을 미칠 수 없다는 것을 뜻한다. 단결 없는 명확성은 혁명가들이 자기들끼리 쓸데없는 논쟁만 일삼을 뿐 마찬가지로 사태에 영향을 미칠 수 없다는 뜻이다.

1917년 이래로 많은 것이 변했고, 항상 레닌은 우리가 스스로 생각해야 한다는 점을 일깨워 준다. 그러나 레닌 저작의 일관된 세 가지 근본 주제는 요즘에도 여전히 아주 중요하다.

노동계급의 독립성. 오늘날 우리가 사는 세계는 여전히 착취를 바탕으로 하고 있으며, 그 세계를 바꾸기 위해 떨쳐 일어나 싸울 세력으로 우리가 의존할 수 있는 사람들은 바로 착취당하는 사람들뿐이다. 나는 존 케리나 고든 브라운이° 조금이라도 진정한 변화를 가져다줄 것이라는 환상을 갖고 있지 않다. 노동계급은 독자적 정책과 독자적 조직이 필요하다.

사회주의자들은 의회든 지방정부든 국가기구를 인수할 수 없다(그런 기구를 발언대로 이용할

° 이 글이 쓰인 2005년 당시 미국과 영국에서 각각 조지 W 부시나 토니 블레어의 대안으로 거론된 주류 정치인들.

수는 있지만 말이다). '테러와의 전쟁'을 빌미로 해외에서 군사력을 사용하고 국내에서 시민적 자유를 공격하는 것은 국가기구가 노동 대중을 겨냥한 무기라는 사실을 그 어느 때보다 여실히 보여 준다. 국가기구는 파괴되고 대체돼야 한다.

상대편은 엄청난 자원을 갖고 있고 아주 잘 조직돼 있다. 우리도 조직될 필요가 있다. 우리에게 중앙집중적 조직이 필요한 이유는 고도로 중앙집중화한 적에 맞서고 있기 때문이다. 그러나 투쟁하는 사람들의 경험을 이용하기 위해 우리는 민주적이기도 해야 한다. 세부적 조직 형태는 당면 과제에 비춰 끊임없이 수정돼야 한다. 그러나 혁명 조직의 근본적 필요성은 1902년이나 지금이나 여전히 절박하다.

03
로자 룩셈부르크

사회주의냐 야만이냐

로자 룩셈부르크는 누구인가?

로자 룩셈부르크는 논란이 많은 인물이다. 오해나 왜곡도 많다. 룩셈부르크에 관한 논쟁을 듣다 보면, 흔히 그녀가 모순투성이 인물이라는 느낌을 받게 된다. 즉, 평화주의자였지만 별명은 '피의 로자'였다거나, 페미니스트들의 우상이지만 여성해방에는 관심이 없었다거나, 레닌주의에 반대했지만 '적색테러'를 옹호했다거나, 결정론적 역사관을 갖고 있었지만 노동자들의 자주적 활동을 무조건 신뢰했다거나, 철저한 직업 혁명가였지만 평범한 인간이기도 했다는 식으로 말이다.

누구나 동의하는 사실 하나는 룩셈부르크의 활력, 에너지, 헌신이 사람들에게 영감을 준다는 것이다. 룩셈부르크는 잔인하게 살해당했지만, 그 짧은 생애 동안 폴란드 출신 유대인이자 여성으로서 온갖 편견에 맞서 대단한 성취를 이뤄 냈다. 그것도 왜소한 체구에 다리까지 절룩거린 여성이 말이다.

룩셈부르크는 10대 시절인 1880년대부터 1919년 독일 혁명 와중에 47세의 나이로 살해당할 때까지 평생 동안 근본적 사회 변화를 추구하는 운동에 헌신한 혁명적 사회주의자였다.

그녀는 뛰어난 활동가이자 웅변가였고, 교사이자 이론가였다. 노동자 운동이 성장하면서 발전한 투쟁들에 투신했을 뿐 아니라 그 투쟁들을 분석하고 날카로운 통찰을 내놓기도 했다. 룩셈부르크의 몇몇 중요한 저작, 예컨대 《대중파업, 정당, 노동조합》과 《사회 개혁이냐 혁명이냐》 등은 20세기라는 새로운 조건에서 마르크스주의 전통을 발전시켰다. 룩셈부르크는 비판적 마르크스주의자였으므로, 운동의 전략을 두고 끊임없이 논쟁할 때 누구라도 단지 나이가 많다거나 존경받는다는 이유만으로 옳다고 인정해 주는 법이 결코 없었다.

룩셈부르크는 아래로부터 사회주의 전통을 옹호하고자 투쟁했다. 즉, 단지 의회에서 노동자들을 대표하는 활동만 추구하지 않고 사회주의의 토대로서 노동자들의 자주적 활동에 의지했다. 1905년 러시아에서 일어난 대중파업의 힘을 깨닫고, 대중파업이 경제투쟁과 정치투쟁의 장벽을 어떻게 뛰어넘는지를 설명했다.

제1차세계대전 때 독일과 유럽 전역의 대다수 사회주의자들은 자국의 애국주의적 전쟁 열기에 굴복했다. 그러나 룩셈부르크는 극소수의 다른 사회주의자들과 손잡고 전쟁의 참상에 맞서 싸웠다. 노동자들끼리 서로 싸우게 만든 이 학살에 반대하며 국제주의 원칙을 고수했기 때문에 전쟁 기간을 대부분 교도소에서 갇혀 지내야 했다. 룩셈부르크는 1917년 러시아 혁명에서 희망과 영감을 얻었다.

이 작은 책에서 나는 로자 룩셈부르크를 덮고 있는 안개를 걷어 내고 그녀를 '붉은 로자'라는 제자리로 되돌려 놓으려 한다. 지면이 부족하므로 룩셈부르크의 모든 것을 다 다루지는 못하겠지만, 모든 인류의 해방을 위한 투쟁에 평생을 바친 한 여성의 사상과 생애를 제대로 알려 줄 수 있기를 바란다.

반항아에서 혁명가로

로자 룩셈부르크는 1871년 3월 폴란드 동부의 자모시치에서 태어났다. 자모시치는 제법 큰 농촌 도시였지만 쇠퇴하고 있었다. 당시 폴란드는 통일된 독립국가가 아니라 러시아·독일·오스트리아 제국의 분할 지배를 받고 있었고, 자모시치는 러시아 전제군주인 차르가 지배하는 곳이었다. 자모시치는 유대인 문화가 번창한 곳이었지만(도시 인구의 3분의 1 이상이 유대인이었다), 룩셈부르크 가족은 폴란드인의 생활에 매우 많이 동화돼 있었다. 로자의 아버지인 엘리아시는 목재상이었고, 로자 가족은 어려운 시절이 없지는 않았지만 그럭저럭 잘사는 편이었다.

로자는 다섯 아이 가운데 막내였다. 로자가 아장아장 걸어 다닐 무렵 엘리아시는 자녀에게 최대한 좋은 교육 기회를 주고 싶어서 가족을 데리고 바르샤바로 이사했다(바르샤바도 러시아제국이 지배하는 곳이었다). 머지않아 로자는 심각한 엉덩관절 병에 걸려 1년 동안 누워 지내야 했고 결국 평생 다리를 절게 됐다. 그래도 누워 지낸 기간을 잘 이용해서 읽고 쓰는 법을 배웠고, 다섯 살에 처음으로 부모와 언니·오빠에게 편지를 써 보내서 가족에게 답장을 쓰도록 강요했다!

인종차별이 심하고 억압적인 러시아제국에서 폴란드 유대인들이 좋은 교육 기회를 얻는다는 것은 결코 쉬운 일이 아니었다. 바르샤바의 제1고등학교는 러시아인 관리들의 자녀를 위해 지어진 학교였으므로 폴란드인은 거의 들어갈 수 없었고 유대인은 전혀 들어갈 수 없었다. 로자가 다닌 제2여자고등학교에 들어갈 수 있는 유대인의 수도 엄격하게 제한돼 있었다. 학생들은 강제로 러시아어를 사용해야 했다. 폴란드어는 수업 시간 외에도 쓸 수 없었다. 이런 강제 '러시아화'에 학생들은 불만이 많았고, 로자는 그 학생들의 선두에 서 있었다. 학생들은 교사에게 반항하며 집회를 열었고, 흔히 더 광범한 폴란드 사회에서 벌어지는 투쟁들과 연대했다.

학생들은 바르샤바에서 활동 중인 혁명적 조직들과 연계돼 있었는데, 이 조직들은 주로 젊은 지식인들로 이뤄져 있었다. 로자는 15살 무렵 이 조직들과 처음 접촉한 듯하다. 로자의 활동은 눈에 띌 수밖에 없었다. 로자는 항상 반에서 1등을 했지만 "당국에 반항하는 태도" 때문에 우등생에게 주는 금메달을 받을 수 없었다.[1] 졸업반이 됐을 때쯤 로자는 폴란드 최초의 사회주의 정당인 프롤레타리아당에 가입했다.

프롤레타리아당은 러시아의 혁명가 집단인 나로드니키를 보며 영감을 얻었다. 나로드니키는 암살과 폭파 같은 테러 활동으로 차르의 제정을 무너뜨리고 러시아 농민을 해방시키고자 투쟁했다. 그러나 폴란드 조직은 개인적 행동을 뛰어넘어, 폴란드의 여러 도시에서 성장하는 노동자 운동 안에 대중적 기반을 구축하려 했다. 러시아보다 폴란드에서 산업이 더 발전한 이유는 지리적으로 서유럽 시장과 더 가깝기 때문이기도 했고 차르가 자기 근거지 너무 가까이에서 산업 노동계급이 성장하는 것을 싫어했기 때문이기도 했다.

1883년에 프롤레타리아당은 폴란드 전역에서 잇따라 파업을 조직하는 데 성공했다. 그중에는 바르샤바 교외에서 벌어진 대중 파업도 있었다. 당국은 대대적 탄압으로 대응했다. 그 뒤 2년 동안 많은 당원이 체포됐고 조직은 사실상 파괴됐다. 1886년 룩셈부르크가 15살 때 당의 지도자 네 명이 교수형당했다. 그런 공개 처형은 22년 만에 처음이었다. 당의 극소수 세포들만이 살아남았는데, 룩셈부르크가 가입한 조직도 그중 하나였다. 같은 세대의 다른 사람들과 마찬가지로 룩셈부르크도 차르 체제의 일상적 탄압에 분노해서 혁명적 정치를 받아들였다. 차르의 제국에는 사실상 정치적 자유가 전혀 없었으므로, 민주주의 투쟁에 헌신하는 활동가가 된다는 것은 결코 쉽게 선택할 수 있는 길이 아니었다.

그 뒤 몇 년 동안 폴란드의 노동자 투쟁과 사회주의 활동이 부활했지만, 이 때문에 활동가들은 새로운 위험에 직면했다. 룩셈부르크는 체포되지 않으려고 1889년에 망명을 떠날 수밖에 없었고, 당시 폴란드 사회주의자들이 망명지로 선택하던 스위스로 가기로 결정했다. 룩셈부르크는 국경 근처 마을의 가톨릭 신부에게 자신은 그리스도교로 개종하기를 간절히 원하는 유대인인데 가족의 반대가 너무 심해서 달아나야만 하는 딱한 처지라고 둘러댄 덕분에 마차 뒤의 짚 더미 속에 숨어서 몰래 국경을 넘을 수 있었다.

폴란드의 해방

로자 룩셈부르크는 고등학교 졸업 이후 이미 카를 마르크스와 프리드리히 엥겔스의 저작을 읽고 있었는데, 취리히에서 대학교를 다닌(당시 여성으로서는 극히 드문 일이었다) 덕분에 자본주의 이론과 자본주의 비판을 집중적으로 공부할 수 있게 됐다. 그러나 망명은 단지 한가하게 공부하기 위한 것이 아니었다. 정치 망명가가 넘쳐 나는 스위스에서 룩셈부르크는 러시아와 폴란드의 혁명적 정치에서 중요한 구실을 하는 핵심 인물들을 만나게 된다. 특히, '러시아 마르크스주의의 아버지'인 게오르기 플레하노프와 리투아니아에서 온 혁명가 레오 요기헤스를 만났는데, 요기헤스는 빌나(빌뉴스)에서 "가장 일찍 활동하기 시작한 사회주의자 가운데 한 명"으로 인정받는 사람이었다.[2] 룩셈부르크와 요기헤스의 개인적 관계는 그 뒤 오랫동안 계속됐고 두 사람의 정치적 관계는 평생 지속됐다.

룩셈부르크는 스위스에서 지내는 동안 폴란드의 정치와 긴밀한 관계를 유지했다. 이 점은 다른 망명가들도 마찬가지였다. 논쟁에 관여하면서 이론가이자 지도자로서 룩셈부르크의 자신감도 커져 갔다. 1892년에 그동안 분열돼 있던 폴란드 좌파들이 뭉쳐서 폴란드 사회당PPS을 창설했다. 그것은 노동자 투쟁에 자극받은 결과였다. 그러나 당

게오르기 플레하노프 러시아 마르크스주의의 선구자였지만 훗날 제1차세계대전이 터지자 자국 정부를 지지했고 1917년 10월 혁명에도 반대했다.

레오 요기헤스 로자 룩셈부르크와 연인이자 동지였다. 훗날 함께 폴란드왕국사회민주당과 스파르타쿠스단을 건설했다. 룩셈부르크가 살해당하고 두 달 뒤에 역시 살해당한다.

의 강령은 폴란드 민족주의와 마르크스주의가 어색하게 뒤섞인 것이었다. 룩셈부르크와 그 동지들은 혁명적 국제주의를 타협할 생각이 전혀 없었다. 그들은 러시아 노동자들이야말로 차르에 반대하는 투쟁에서 함께 싸울 동맹 세력이라고 주장했다. 왜냐하면 차르가 폴란드 노동자들과 러시아 노동자들을 모두 억압하기 때문이었다.

이것은 카를 마르크스가 폴란드 독립을 지지한 것과는 다른 주장이었다. 마르크스는 1840년대부터 폴란드 독립을 지지하기 시작했고 그 태도는 1883년 죽을 때까지 변하지 않았다. 당시 러시아에는 노동계급이라고 할 만한 집단이 존재하지 않았고, 따라서 폴란드 민족과 차르의 대립이 핵심적 분단선이었다. 룩셈부르크는 러시아에서 산업자본주의가 발전하면서 상황이 바뀌었다고 주장했다. 이제 폴란드 자본가계급과 허약한 러시아 자본가계급(둘 다 차르 체제의 동맹 세력이었다)에 맞서 폴란드 노동자들과 러시아 노동자들이 동맹할 수 있게 됐다는 것이다.

1893년 7월 룩셈부르크는 새로운 혁명적 사회주의 신문 〈스프라바 로보트니차〉(노동자의 대의)를 창간하는 데서 핵심 구실을 했다. 그 신문은 스위스에 있던 폴란드 출신 청년 망명가들이 힘을 모아 만들었는데, 지도자는 프롤레타리아당 시절부터 함께해 온 룩셈부르크와 그 동지들이었다. 신문 창간 시점은 의도적인 것이었다. 1893년 8월에 전 세계 사회주의 정당들의 국제 대회인 사회주의 인터내셔널[제2인터내셔널] 3차 대회가 [스위스 취리히에서] 열릴 예정이었기 때문이다. 사회주의 인터내셔널의 국제 대회에서는 국제 사회주의 운동이 취해야 할 정책이나 전략·전술에 관한 논쟁이 벌어졌다. 〈스프라바 로보트니차〉를 창간하면서 룩셈부르크와 그 동지들은 자신들이 폴란드 대표단의 일원으로 국제 대회에 참가할 수 있는 정당한 권리를 얻고, 그래서 폴란드 사회당의 민족주의에 반대하는 주장을 펼칠 수 있기를 바랐다.

폴란드 독립 문제는 폴란드 사회주의 운동에 중요한 쟁점이었다. 그도 그럴 것이 폴란드는 이웃 열강들에 의해 분할 점령돼 있었기 때문이다. 룩셈부르크는 사회주의자들이 민족자결권을 지지해야 하는 것은 맞지만 사회당은 사실상 퇴행적인 폴란드 '부활'을 옹호하고 있다고 비판했다. 룩셈부르크의 주장인즉, 폴란드의 독립국가 건설에 초점을 맞추게 되면 차르 치하에서 살아가는 모든 피억압 대중의 해방을 위한 투쟁을 방해하게 된다는 것이었다. 룩셈부르크는 인터내셔널 대회에 참가해서, 폴란드의 일부 사회주의자들이 갖고 있는 이런 견해를 표명할 수 있도록(비록 소수파의 견해지만) 자신의 위임장이 인정돼야 한다고 주장했다. 폴란드 사회당 대표단은 룩셈부르크에게 발언권을 주면 안 된다고 강력하게 반대했다. 그러나 룩셈부르크는 어떻게든 발언을 하고야 말았다. 당시 회의에 참가한 벨기에 사회주의 정당의 지도자 에밀 반데어벨데는 나중에 다음과 같이 회상했다.

당시 독일과 폴란드의 몇몇 사회주의 서클 사람들 말고는 23살의 로자를 아는 사람이 거의 없었다. … 반대파는 로자에 맞서 자신들의 주장을 고수하기가 매우 힘들었다. 로자가 수많은 대의원 사이에서 솟구치듯 일어서서 자기 말이 더 잘 들리게 하려고 의자 위로 힘차게 올라서던 모습이 지금도 생각난다. 신체적 결함을 교묘하게 가려 주는 여름옷을 입은 로자는 작고 여리고 우아했지만, 대의를 옹호하는 눈빛은 강렬했고 말투는 격렬했다. 그녀는 대다수 청중의 마음을 사로잡아 자기편으로 만들었다.[3]

불행히도, 결정권을 가진 것은 이 대의원들이 아니라 다른 위원회였다. 나중에 그 위원회는 로자의 위임장을 찬성 7, 반대 9, 기권 3으로 부결시켰다. 여기에는 플레하노프의 영향력도 어느 정도 작용했는데, 그는 스위스에서 막 떠오르는 젊은 스타들(요기헤스와 룩셈부르크)을 불신했고 그래서 폴란드 사회당을 지지했다.

룩셈부르크는 격분했지만, 운동 속에서 계속 논쟁하며 조직을 건설했다. 1894년에 룩셈부르크는 〈스프라바 로보트니차〉의 편집자가 됐고, 〈스프라바 로보트니차〉 그룹의 주도로 폴란드왕국사회민주당이 창설됐다(1년 뒤에는 폴란드·리투아니아왕국사회민주당으로 이름을 바꿨다). 다음번 사회주의 인터내셔널 국제대회가 열린 1896년 무렵에는 룩셈부르크가 폴란드 사회주의자들의 대표로 참가해서 발언하는 것이 아무 문제도 되지 않았다. 물론 폴란드 사회당 당원들은 "히스테리를 부리는 여성" 어쩌고저쩌고하면서 비방했지만 말이다.

아직 20대였는데도 로자 룩셈부르크는 폴란드 사회주의 운동의 최선두에서 싸웠다. 그녀는 폴란드왕국사회민주당의 원동력이자 공인된 지도자였고, 순전히 자력으로 국제 운동에서 명성을 떨치게 됐다. 이제 룩셈부르크는 당시 혁명운동에서 가장 중요한 나라였던 독일로 갈 준비를 했다.

운동의 심장부

독일은 유럽에서 자본주의가 뒤늦게 발전한 나라였지만, 19세기 말에는 프랑스·영국과 경쟁할 수 있을 만큼 급속하게 성장했다. 그보다 50년쯤 전에 마르크스와 엥겔스가 《공산당 선언》에서 설명한 역동적 자본주의가 제 임무를 수행하고 있었던 것이

30살 전후에 찍은 것으로 추정되는 로자 룩셈부르크의 사진.

다. 그에 따라 사람들의 삶도 급격하게 변모해서, 밭에서 농사짓던 사람들이 이제는 독일의 대규모 공장과 성장하는 도시로 대거 몰려들고 있었다. 이제야 정말로 공산주의자들은 '대중'을 상대로 주장을 펼 수 있게 됐다.

가장 중요한 노동계급 정당은 독일 사회민주당SPD이었다. 1878년에 비스마르크가 제정한 사회주의자단속법은 1890년에 폐지됐다. 그래서 러시아나 폴란드와 달리 독일에서는 사회주의자들이 공공연하게 합법적으로 조직 활동을 할 수 있었다. 비록 몇몇 제약은 여전히 남아 있었지만 말이다(예컨대, 흔히 사회민주당의 대중 집회 연단에는 경찰관이 앉아서 위법행위를 감시했다). 그래도 사회민주당은 그 기회를 이용해서 공공연하게 당원을 모집하고 선거운동을 전개했다. 1890년대 말쯤 사회민주당은 당원이 100만 명에, 선거에서 450만 표를 얻고, 전국에서 90개의 일간지를 발행하고, 수많은 노동조합과 협동조합의 지지를 받는 정당이 돼 있었다.[4]

룩셈부르크는 1898년 5월 베를린에 도착했다. 아는 동지의 아들인 구스타프 뤼베크와 위장 결혼을 해서 독일 시민권을 얻은 상태였다. 룩셈부르크가 비록 자신감 넘치는 젊은 여성이기는 했지만, 유서 깊고 번잡하고 낯선 대도시에서 산다는 것은 쉬운 일이 아니었다. 베를린에 도착한 직후 룩셈부르크는 레오 요기헤스에게 다음과 같이 써 보냈다. "여기 도착했을 때, 나는 완전히 이방인이 된 느낌이었어요. 나 혼자서 '베를린을 정복해야' 할 것만 같았거든요. 그리고 베를린을 처음 봤을 때는, 나에게 완전히 무관심하고 싸늘한 힘에 짓눌린 것처럼 불안해졌어요."[5]

그러나 이런 무관심은 오래가지 않았다. 1898년은 선거가 실시되는 해였고, 룩셈부르크는 폴란드어를 사용하는 노동자들이 많이 사는 프로이센 동부 지역에서 사회민주당의 선거운동에 기여하겠다고 당에 제안했다. 그 제안은 받아들여졌고, 룩셈부르크는 성공적인 유세 활동을 펼쳤다. 룩셈부르크는 이론적으로 완전히 명확했고, 청중을 진지하게 대했다. 사람들의 감정에 호소해서 선동하려고만 하지 않고 분명한 주장으로 청중을 설득하려 한 것이다. 선거가 끝나고 베를린에 돌아왔을 때 룩셈부르크는 자신감을 회복했고 명성도 더 높아져 있었다.

룩셈부르크는 사회민주당에서 중요한 정치적 친구들을 만났다. 그중에는 마르크스와 엥겔스의 유산 상속인으로 인정받던 카를 카우츠키도 있었다. 룩셈부르크는 카우츠키의 부인인 루이제와 친구가 됐다. 또, 클라라 체트킨과도 가까워

> **클라라 체트킨** 훗날 룩셈부르크와 함께 스파르타쿠스단과 그 후신인 독일 공산당을 건설한다.

졌는데, 체트킨은 사회민주당이 불법이던 시절부터 당에서 활동했고 사회주의 여성 신문인 〈디 글라이히하이트〉(평등)의 편집자이기도 했다.

베를린에 도착한 지 몇 달이 채 안 돼 룩셈부르크는 노동계급의 해방은 노동계급 자신의 행동이어야 한다는 마르크스의 핵심 주장을 옹호하기 위한 논쟁에 뛰어들어 당의 주요 이론가를 비판했다.

개혁이냐 혁명이냐?

독일 사회민주당은 공식적으로는 마르크스주의 정당이었지만, 실제로는 혁명가들과 개혁주의자들로 분열돼 있었다. 전자는

사회주의를 실현하려면 혁명이 필요하다는 견해를 고수하는 사람들이었고, 후자는 점차 기존 국가의 전복이 아니라 의회를 통한 기존 국가의 개혁 가능성에 의존하게 된 사람들이었다. 여기서 이 '개혁주의자'들은 오늘날의 사회민주주의자들과 달리 진정한 사회 변화를 이루고 노동자들의 삶을 개선하는 일에 정말로 헌신하는 사람들이었다는 점을 지적해 둘 필요가 있겠다. 오늘날 사회민주주의 정부에서 활동하는 개혁주의자들은 사회보장 제도에 대한 공격이나 민영화 말고는 '대안이 없다'는 생각을 철석같이 신봉한다.

당시 독일 사회민주당의 주요 이론가 중 한 명이 에두아르트 베른슈타인이었는데, 그는 1899년에 펴낸 책 《사회주의의 전제와 사회민주당의 과제》(영국에서는 《점진적 사회주의》라는 제목으로 출판됐다)에서 혁명적 마르크스주의를 '수정'한 이 고전적 개혁주의 사상을 가장 분명히 보여 줬다.

> 에두아르트 베른슈타인 수정주의의 창시자로 불린다. 훗날 제1차세계대전이 터지자 전쟁공채 발행에 찬성했다. 러시아 혁명이 일어나고 독일에서도 반전 여론과 운동이 커지자 전쟁 반대로 돌아서서 1917년 카우츠키와 함께 독립사회민주당을 건설했다가 1919년 다시 사회민주당으로 돌아간다.

베른슈타인 주장의 출발점은 마르크스 시대 이후 한 세대가 지나면서 자본주의가 변했다는 것이었다. 그는 다음과 같이 주장했다. 자본주의는 오래될수록 더 안정된다. 왜냐하면 자본주의가 '적응'하기 때문이다. 독점기업들과 신용 제도가 자본주를 규제하고, 그래서 마르크스가 《자본론》에서 분석한 경제 위기와 불황을 제거할 수 있게 됐다. 따라서 자본주의가 오래될수록 자본주의의 모순은 심화하는 것이 아니라 완화된다. 자본주의는 계속 성장할 것이므로 사회주의자들의 과제는 노동자들이 차지하는 부의 몫을 늘리기 위해 투쟁하는 것이고, 그렇게 해서 불평등한 자본주의 체제를 평등한 사회주의 체제로 점차 바꿔 나가는 것이다.

룩셈부르크는 지금도 그녀의 가장 유명한 책 가운데 하나인 《사회 개혁이냐 혁명이냐》에서 베른슈타인과 반대되는 주장을 했다. 1873년 이후처럼 자본주의가 안정을 누리는 시기도 있지만, 자본의 단위가 점점 더 커지고 거대 열강들의 군국주의 추세가 강해지면서 체제의 모순과 갈등도 갈수록 심해진다는 것이다.

베른슈타인은 경제 위기가 경제적 메커니즘의 일시적 교란일 뿐이라고 생각한다. 그래서 경제 위기가 끝나면 그 메커니즘은 다시 제대로 작동할 것이라고 본다. 그러나 사실, 경제 위기는 흔히 말하는 의미에서 '교란'이 결코 아니다. 그것은 자본주의 경제가 발전하는 데 반드시 필요한 '교란'이다. … 경제 위기는 자본주의 경제와 결코 분리될 수 없는 유기적 징후다.[6]

경제 위기가 자본주의의 고질병인 이유는 자본주의가 끝없는 성장과 경쟁에 바탕을 둔 체제이기 때문이다. 경제 위기가 닥쳤을 때 그 대가를 치러야 하는 사람들은 노동자들과 가난한 사람들이다. 자본주의 체제는 결코 길들일 수 없다. 자본주의는 전복돼야 한다.

마르크스의 통찰은 자본주의에서 사회주의를 위한 투쟁이 경제적 가능성과 필연성이 된다는 것이었다. 모든 사람이 괜찮은 생활수준을 누릴 수 있는 수단이 존재하는데도 자본주의는 결코 그런 생활수준을 보장해 줄 수 없다. 자본주의의 무계획성은 진보가 아니라 파괴를 가져올 것이다. 자본주의의 성장이 뜻하는 것은 식민주의, 문화 파괴, 전쟁 위협 증대 따위다. 따라서 사회주의는 단지 좋은 생각인 것이 아니라 인류에게 필수적인 것이다.

룩셈부르크는 이런 과학적 주장을 개탄하는 베른슈타인의 말을 인용한다. "왜 사회주의가 경제적 필연성의 결과인가? … 왜 인간의 이해력·정의감·의지를 깎아내리는가?" 룩셈부르크는 다음과 같이 대답한다.

베른슈타인이 생각하는 최고로 공정한 분배는 인간의 자유의지 덕분에 이뤄진다. 그리고 인간의 의지는 경제적 필연성 때문이 아니라(왜냐하면 인간의 의지 자체는 수단일 뿐이기 때문이다), 정의에 대한 인간의 인식과 인간의 **정의 관념** 때문에 작용한다. 따라서 우리는 세상의 개혁가들이 더 확실한 역사적 운송 수단이 없어서 오랫동안 타고 다녔던 늙은 군마軍馬로, 즉 정의 원칙으로 매우 기쁘게 되돌아간다. 말하자면, 역사의 돈키호테가 세상의 위대한 개혁을 향해 돌진할 때 타고 다닌 그러나 항상 멍든 눈으로 집에 돌아오는 그 애처로운 로시난테로 되돌아가는 것이다."[7]

룩셈부르크의 요지는 [고대 로마의] 스파르타쿠스 반란에서 영국 혁명의 수평파에 이르기까지 의지는 항상 존재했지만, 경제적으로 부의 평등한 분배가 실제로 가능했던 적은 결코 없었다는 것이다. 마르크스는 사회주의를 과학으로 만들었지만, 베른슈타인은 다시 사회주의를 순전히 공상적인 이상으로 만들려고 한다는 것이다.

당시 독일에서는 노동조합과 협동조합 덕분에 평범한 사람들의 삶이 개선되고 있었고 보통선거권의 확대로 노동자 대표가 더 많이 선출돼서 노동자들에게 유리한 법률이 제정될 수 있었다. 베른슈타인은 이것이 바로 자본주의의 점진적 개혁이 가능하다는 증거라고 생각했다. 룩셈부르크는 노동조합 투쟁과 개혁을 위한 투쟁이 매우 중요하다는 것을 인정했지만, 그런 투쟁 자체가 해결책은 아니라고 생각했다. "자본주의 사회의 객관적 조건 때문에 노동조합의 두 가지 경제적 기능은 시시포스의 노동처럼 되고 만다.* 그렇지만 노동조합의 그런 기능은 결코 없어서는 안 되는 것들이다. 왜냐하면 노동조합 투쟁의 결과로, 노동자는 노동력 시장 상황에 따라 마땅히 받아야 할 임금을 확보할 수 있기 때문이다. 노동조합 투쟁의 결과로, 자본주의 임금 법칙이 적용되는 것이다."[8]

노동조합은 (착취 조건을 협상해서) 임금 인상을 쟁취할 수 있다. 이 점은 중요하다. 그러나 노동조합은 착취 자체를 없애지는 못한다. 개혁을 위한 투쟁은 체제를 전복하는 투쟁을 훈련하기 위해 필요하지만 (토니 클리프가 말했듯이, 틀림없이 시시포스의 근육은 매우 튼튼했을 것이다), 개혁을 위한 투쟁과 체제를 전복하는 투쟁은 결코 똑같지 않다.

베른슈타인은 사회주의자들이 국가를 이용해 사회 변화를 이룰 수 있다고 생각했다. 국가는 누구든지 정부에 들어간 사람이 마음대로 이용할 수 있는 중립적 도구라고 여긴 것이다. 그러나 룩셈부르크는 국가가 결코 중립적이지 않다고 주장했다. 왜냐하면 국가는 지배계급의 이익을 대변하고 그 이해관계 속에서 움직이는 계급 국가이기 때문이다. 룩셈부르크는 에밀 반데어벨데와 논쟁할 때 국가의 본질, 그리고 국가가 폭력을 독점한다는 사

• 그리스신화에서 시시포스는 제우스 신을 속인 죄로 바위를 산꼭대기까지 밀어 올리는 벌을 받았는데, 그 바위는 산꼭대기에 이르면 다시 아래로 굴러떨어지므로 시시포스는 똑같은 일을 영원히 되풀이해야 했다 — 지은이.

토니 클리프 영국 사회주의 노동자당SWP의 전신인 국제사회주의자들IS의 창시자. 《로자 룩셈부르크의 사상》(책갈피, 2014)의 지은이다.

실을 다음과 같이 강조했다.

부르주아 합법성의 전체 기능은 실제로 무엇인가? 만약 어떤 '자유로운 시민'이 자신의 뜻과 무관하게 강제로 다른 시민에게 끌려가 비좁고 밀폐된 불편한 곳에 한동안 감금된다면, 누구나 폭력 행위가 저질러졌다고 생각할 것이다. 그러나 이런 일이 형법전이라는 책에 나온 대로 이뤄지고 감금 장소가 '프로이센 왕립 교도소'라고 부르는 곳이라면, 그것은 평화적이고 합법적인 행위로 둔갑한다. 만약 어떤 사람이 자신의 뜻과 무관하게 조직적으로 동료 인간을 죽이도록 강요당한다면, 그것은 분명히 폭력 행위다. 그러나 이와 똑같은 일을 '군 복무'라고 부른다면, 그 선량한 시민은 자신의 행동이 완전히 평화적·합법적이라고 믿는 착각에 빠진다. 만약 어떤 사람이 자신의 뜻과 무관하게 재산이나 소득의 일부를 빼앗긴다면, 폭력 행위가 저질러졌음을 의심하는 사람은 아무도 없을 것이다. 그러나 그것을 '간접세'라고 부른다면, 그것은 합법적 권리의 행사일 뿐이다.

다시 말해, 우리가 흔히 부르주아적 합법성이라고 생각하는 것은 지배계급의 폭력, 처음부터 의무적 규범으로 끌어올려진 폭력일 뿐이다. 개별적 폭력 행위가 이렇게 의무적 규범으로 끌어올려지면, 이 과정이 부르주아 법관(과 그에 못지않은 사회주의적 기회주의자)의 의식에 실제대로 반영되지 않고 거꾸로 뒤집혀서 반영된다. 즉, '합법적 질서'는 추상적 '정의'의 독자적 창조물로 나타나고, 국가의 강압적 폭력은 순전히 법률의 결과로, 단지 '법률'의 인정에 불과한 것으로 나타난다. 그러나 진실은 정반대다. 부르주아적 합법성(과 한창 발전하고 있는 의회주의적 합법성)은 그 자체가 부르주아지의 정치적 폭력을 표현하는 특정한 사회형태일 뿐이고, 이 폭력은 특정한 경제적 토대에서 성장해 나온 것일 뿐이다.[9]

법은 자본주의의 도구다. 따라서 근본적 사회변혁을 위한 수단이 될 수 없다. 마찬가지로, '법'은 폭력을 막지도 못한다. 법은 폭력을 바탕으로 만들어지고 유지되기 때문이다. 법을 이용해 자본주의의 폐지를 평화적으로 입법화할 수 있다는 생각은 완전히 공상이다.

따라서 룩셈부르크가 베른슈타인을 비판하는 핵심은 베른슈타인이 개혁을 옹호한다는 것이 아니었다. 개혁은 사회주의자들의 필수적 일상 활동이기 때문이다. 룩셈부르크의 주장은 베른슈타인이 개혁을 사회주의로 가는 평화적·점진적 길로 보면서, 혁명이라는 폭력적 길과 대립시킨다는 것이었다. 그러나 룩셈부르크가 지적했듯이, "개혁과 혁명은 뜨거운 소시지나 차가운 소시지를 고르듯이 역사라는 판매대에서 마음대로 선택할 수 있는 서로 다른 역사 발전 방식이 아니다."

개혁을 위한 노력을 단순히 오래 지속되는 혁명으로 보거나 혁명을 이런저런 개혁의 압축으로 보는 것은 역사와 어긋나는 것이다. 사회변혁과 입법 개혁은 지속 기간이 다른 것이 아니라 내용 자체가 다른 것이다. … 바로 그 때문에, 정치 권력 장악과 사회혁명 대신에 그리고 그것과 대비시켜 입법 개혁이라는 방법을 지지한다고 떠드는 사람은 사실, 똑같은 목표를 향해 가는 더 평온하고 조용하며 느린 길을 선택한 것이 아니라 전혀 다른 목표를 선택한 것이다. … [수정주의 정치관을 따르게 되면] 우리의 강령은 사회주의 실현이 아니라 자본주의 개혁이 되고 만다.[10]

베른슈타인은 개혁을 위한 투쟁과 혁명을 위한 투쟁을 대립시키지만, 룩셈부르크는 둘의 통일을 주장한다. 개혁을 위한 투쟁은 혁명으로 건너가는 다리인 것이다.

1899년 사회민주당 당대회에서 룩셈부르크는 당이 혁명적 마르크스주의 강령에 계속 헌신한다는 결의안을 통과시키는 데 성공했다. 물론 이것은 주로 카우츠키가 룩셈부르크의 주장을 지지해 줬기 때문이다. 《사회 개혁이냐 혁명이냐》가 성공을 거둔 덕분에 룩셈부르크는 사회민주당 안에서 영향력을 강화할 수 있었지만, 룩셈부르크를 적대시하는 반대파도 생겨났다. 특히, 노동조합 관료들이 룩셈부르크의 '시시포스의 노동' 발언을 매우 못마땅하게 생각했다. 그들은 노동조합 운동의 한계를 강조하는 룩셈부르크의 주장을 자신들의 지위에 대한 도전으로 여긴 것이다. 룩셈부르크는 그 뒤 몇 년 동안 당의 여러 부문과 격렬하게 논쟁하며 자신의 기량을 갈고닦았다. 그러나 사회민주당이 올바른 혁명적 강령을 채택한 것은 결코 확실한 보증이 되지 못했다. 실천에서 사회민주당은 개혁주의 전략을 향해 나아가고 있었기 때문이다.

논쟁의 기쁨

룩셈부르크는 활발한 논쟁을 즐겼고, 중요하다고 생각한 논쟁에서는 결코 물러서는 법이 없었다. 1899년에 룩셈부르크는 당 기관지인 〈포어베르츠〉(전진)의 편집부를 비판했다. 〈포어베르츠〉가 분명한 혁명적 노선을 채택하지 않고 물에 물 탄 듯 술에 술 탄 듯하다고 생각했기 때문이다. 룩셈부르크는 〈포어베르츠〉보다 더 작은 신문인 〈라이프치거 폴크스차이퉁〉(라이프치히 민중신문)에 다음과 같이 썼다. "생물에는 두 종류가 있다. 하나는 척추가 있어서 걸어 다닐 수 있고 때로는 달리기도 하는 생물이고, 다른 하나는 척추가 없어서 기어 다니거나 달라붙는 것밖에 못 하는 생물이다."[11]

1904년 7월 룩셈부르크는 '황제 모독' 혐의로 3개월 금고형을 선고받았다. 1년 전 선거 유세에서 다음과 같이 황제를 비꼬았기 때문이다. "독일 노동자들이 안전하게 잘 살고 있다고 말하는 사람은 현실을 전혀 모르는 사람입니다."[12] 룩셈부르크가 투옥된 지 두 달 만에 작센 왕이 죽어서 일반사면령에 따라 석방됐는데, 룩셈부르크는 이 사실에 크게 분노했다.* 츠비카우 교도소에 있을 때 룩셈부르크는 카를 카우츠키에게 편지를 써서, 암스테르담에서 열린 인터내셔널 대회에서 수정주의에 반대하는 동의안을 통과시

> • 공화국의 시민이 왕의 은혜를 입는다는 데 분노해서 교도소에서 나가지 않겠다고 버티다가 교도관들에게 강제로 끌려 나왔다.

킨 성과를 당내 투쟁에서도 계속 이어 가도록 격려했다.

그래서 당신은 다른 전투에서도 싸우셔야 합니다. 그러면 저는 매우 기쁠 것입니다. 왜냐하면 그것은 암스테르담에서 우리가 거둔 승리 때문에 저 하찮은 사람들이 강력한 타격을 입었다고 느낀다는 것을 보여 주기 때문입니다. … 따라서 당신이 교도소에 있는 제가 부럽다고 말씀하셨다는 소리를 듣고 저는 괴로웠습니다! 당신이 [우리 적들의 — 지은이] 이른바 머리통을 멋지게 후려치실 것이라는 점을 전혀 의심하지 않지만, 그 일은 즐겁고 유쾌하게 해야지 귀찮은 일 억지로 하듯이 해서는 안 됩니다. 왜냐하면 청중은 항상 논객들의 느낌을 알기 마련이고, 당연히 당신이 논쟁을 유쾌하게 하면 논쟁의 분위기도 좋아지고 당신이 도덕적 우위도 차지할

수 있기 때문입니다. … 제가 이런 글을 쓰는 것은 모두 당신을 '다 그치기' 위해서가 아니라 … 당신이 논쟁할 때 기쁨을 느낄 수 있게 하려는 것입니다."[13]

　거의 비슷한 시기에 룩셈부르크는 당 조직과 민주주의 문제를 두고 러시아 혁명가 레닌과도 논쟁을 벌였다. 레닌은 1902년에 펴낸 유명한 소책자 《무엇을 할 것인가?》에서 다음과 같이 주장했다. 러시아 사회주의자들은 활동을 집중해야 한다. 러시아 대중은 파업과 시위에 참여하고 있는데, 좌파는 당면한 경제적 요구에 관한 주장만 늘어놓으며 대중의 꽁무니나 좇고 있다. 오히려 사회주의자들은 치밀하게 조직돼야 하고 매우 정치적이어야 하며 사회주의 이론을 탐구해서 사회주의 사상을 노동자 운동에 주입해야 한다. 당은 주로 직업 혁명가들로 이뤄져야 하고 그들은 당 지도부의 지휘를 받아서 그리고 지도부에 책임을 지면서 활동해야 하고 당의 신문은 운동 전체에 적용될 주장을 싣고 중앙집중적으로 발행돼야 한다.
　레닌의 주장을 두고 격렬한 논쟁이 벌어졌고 결국 1903년에 러시아 사회주의 운동은 분열했다. 레닌을 지지하는 볼셰비키와, 더 광범하고 느슨한 당 구조를 원하는 멘셰비키로 갈라진 것이다. 레닌은 러시아의 불법 상황에서 멘셰비키처럼 광범한 조직을 만들면 당이 대중에게 다가가기 쉬워지는 것이 아니라 오히려

"혁명가들이 경찰에 노출되기 쉬울 뿐"이라고 주장했다(《무엇을 할 것인가?》). 분열 후에 레닌은 중앙집중적 조직의 필요성을 재차 강조한 《일보 전진, 이보 후퇴》를 썼다.

룩셈부르크는 1904년에 러시아 신문 〈이스크라〉(불꽃)와 독일 이론지 〈디 노이에 차이트〉(새 시대)에 쓴 글에서 레닌의 주장을 반박했다. 노동계급 운동의 선두에서 투쟁하는 중앙집중적이고 규율 있는 당이 필요하다는 점에 대해서는 레닌에게 동의하면서도, 레닌의 중앙집중주의는 너무 나갔다고 비판했다. 룩셈부르크는 살아 움직이는 운동의 활력과 창의성이야말로 운동을 전진시키는 원동력이라고 주장했다. 레닌의 초중앙집중주의는 이런 운동의 활력을 엄격한 당 규율 아래 묻어 버릴 위험이 있다고 생각한 룩셈부르크는 다음과 같이 썼다. "가장 뛰어난 중앙위원회가 오류를 저지르지 않는 것보다 진정한 혁명적 노동운동이 저지르는 실수가 역사적으로 훨씬 더 유익하고 가치 있다."

이것은 단지 레닌과의 논쟁만은 아니었다. 룩셈부르크의 비판은 독일 사회민주당 지도부를 겨냥한 것이기도 했다. 그들이 운동에서 나오는 아이디어나 행동에 한사코 저항했기 때문이다.

룩셈부르크와 레닌의 견해 차이는 나중에 지나치게 부풀려졌다. 사실, 두 사람은 서로 매우 존중했고 혁명적 정치의 근본 문제들에 대해서는 견해가 일치했다. 조직 문제에 관한 견해가 달랐던 이유 하나는 독일과 러시아의 상황이 서로 매우 달랐기 때문이다. 독일은 투쟁 수준은 비교적 낮았지만 조직은 강력했다. 반면에, 러시아는 파업 물결은 높았지만 이렇다 할 조직은 거의 없었다. 룩셈부르크 자신도 중앙집중적 조직에 익숙한 사람이었다. (룩셈부르크가 죽을 때까지 주요 이론가로 활동한) 폴란드·리투아니아왕국사회민주당도 러시아와 마찬가지로 불법 상황에서 중앙집중적으로 조직된 당이었다.

룩셈부르크가 논쟁을 즐겼다면, 레닌은 논쟁 속에서 생활하고 호흡했다. 1902~04년에 레닌은 러시아 운동 안에서 계속 논쟁했고, 운동을 올바른 길로 이끌기 위해 필요한 만큼 과감하게 '막대를 구부렸다'(새로운 전략을 동지들에게 설득하려고 요점을 과장하다시피 강조했다는 뜻이다). 겨우 1년 뒤에 러시아에서 혁명이 분출하자 레닌은 당의 문호를 개방해서 훨씬 더 광범한 사람들이 당에 들어오게 했고 이에 맞춰 당 구조도 개편했다. 그러나 조직의 중앙집중적 성격은 변하지 않았고, 이런 중앙집중성은 그 뒤의 투쟁에서 진가가 드러났다. 그 후 10여 년 동안 레닌이 교육하고 훈련한 노련한 혁명가층은 1917년의 러시아 혁명 때 결정적으로 중요한 전술적 지도를 할 수 있었지만, 1918년 독일 혁명의 열기 속에서 우여곡절 끝에 창설된 룩셈부르크의 독일 공산당은 그런 전술적 지도를 하지 못했다.

그러나 룩셈부르크와 레닌의 논쟁은 운동에 가치가 있었다. 엄청나게 중요한 사실 하나가 그 논쟁 덕분에 분명히 드러났기 때문이다. 그것은 혁명을 일으키는 것은 혁명적 정당이 아니라 노동계급 자체라는 사실이었다. 룩셈부르크의 잘못은 혁명을 이끄는 데 필요한 지도부가 운동 속에서 저절로 만들어질 수 있다고 지나치게 낙관했다는 점이다. 당과 계급의 관계 문제는 1년이 채 안 돼 다시 불거졌다. 대중의 자발적 투쟁이 높이 솟구쳤기 때문이다.

1905년 제1차 러시아 혁명

경제적·정치적 후진국인 러시아는 혁명의 후발 주자가 될 것이라는 게 당시 사회주의 운동의 오랜 상식이었다. 그러나 1905년의 사건들로 말미암아 그런 생각은 바뀌었고, 그 과정에서 유럽 전체도 바뀌었다.

1905년 1월 가폰 신부가 이끄는 평화 시위 대열이 러시아제국의 수도인 페테르부르크를 가로질러 행진했다. 약 14만 명이 보통·비밀·평등 선거를 통한 제헌의회 소집을 요구하는 청원서를 들고 차르의 겨울궁전으로 갔다. 그 밖에 보편적 무상교육, 언론·출판의 자유, 누진세, 하루 8시간 노동제 등의 요구도 있었다. 그러나 차르의 군대는 시위대에게 발포하라는 명령을 받았다. 군대가 수백 명을 살해했고, 이날은 '피의 일요일'이 됐다.

그 학살 사건은 러시아에서 새로운 투쟁의 시대를 열었다. 파업과 농민 봉기가 잇따르면서 제1차 러시아 혁명이 시작된 것이다. 대다수 마르크스주의자들은 이것이 러시아의 뒤늦은 부르주아 민주주의 혁명이라고 생각했다. 즉, 1789년에 프랑스 혁명으로 공화국이 탄생한 것과 마찬가지로 이제 러시아에서도 부르주아 민주주의 혁명이 시작됐다고 본 것이다. 그러나 룩셈부르크는 러시아 혁명이 부르주아 민주주의 혁명을 뛰어넘을 것이라고 주장했다. "러시아 혁명"이라는 글(1905년 1월 28일)에서 룩셈부르크는 다음과 같이 썼다. "서유럽의 사회민주주의자들이 … 러시아 혁명을 보면서, 독일과 프랑스가 이미 오래전에 '겪은 것'의 역사적 모방만을 떠올린다면 완전히 잘못 생각하는 것이다."[14] 역사적 경험과 러시아의 특수한 계급적 성격 때문에 이 혁명은 새롭고 독특한 과정이 될 것이라고 룩셈부르크는 생각했다.

1789년의 프랑스 혁명을 이끈 세력은 자유주의 프티부르주아지였다. 즉, 신흥 자본가계급의 지식인들이었다. 그들은 자본가와 노동자와 농민을 단결시키는 데 성공했다. 1905년의 러시아 혁명은 사뭇 달랐다. 이 민주주의 혁명을 이끈 세력은 노동자들과 그들의 지식인들, 즉 사회민주주의자들(마르크스주의자들)이었다. 룩셈부르크는 다음과 같이 썼다. "러시아 혁명은 지금까지 일어난 모든 혁명 가운데 프롤레타리아의 계급적 성격이 가장 두드러진 혁명이다."

피의 일요일 후 2주가 채 안 돼 혁명은 러시아제국 전역의 모든 주요 도시로 확산됐다. 폴란드에서 우크라이나까지, 또 발트 해 연안 국가들까지 모두 혁명의 물결에 휩싸였다. 룩셈부르크는 "혁명적 상황을 상시적으로" 유지할 필요가 있다고 주장했다. 결정적 요인은 지도부였다. 즉, 누가 계급을 선동하고 교육하고 용기를 북돋아서 투쟁을 더 전진시킬 수 있을까? 룩셈부르크가 볼 때 그 대답은 분명했다. "러시아에서 이 과제를 실행할 수 있는 세력은 오직 사회민주주의자들뿐이다. 왜냐하면 [투쟁의 특정 순간이나 국면에서 잠시 두드러진 구실을 하고 이내 사라지는 다른 사회 세력들과 달리] 사회민주주의자들은 투쟁의 특정 순간을 초월하는 최종 목표가 있으므로 그런 특정 순간을 모두 뛰어넘기 때문이다. 바로 그런 이유로 사회민주주의자들은 당장의 성공이나 실패에서 세계의 종말을 보지 않는다. 그리고 노동계급을 정치적 자유 획득이라는 목표를 달성할 수단으로 여기지도 않는다. 오히려 정치적 자유가 노동계급의 해방이라는 목표를 달성할 수단이라고 생각한다."[15]

혁명은 실제로 룩셈부르크가 바라던 대로 발전하기 시작했다. 파업은 대중파업으로 발전해서 수많은 노동자가 참여했고 누가 사회를 운영하는가 하는 문제를 제기했다. 정치 파업이 확산되더니, 임금과 노동조건 개선을 요구하는 경제 파업으로 바뀌었다. 그리고 이런 경제 파업은 다시 더 커다란 정치 파업의 자양분이 됐다.

러시아는 더는 운동의 후진 부위가 아니라 노동자 투쟁의 전위가 됐다.

1905년 12월 룩셈부르크는 혁명적 투쟁을 직접 경험하기 위해 폴란드로 몰래 들어갔다. 바르샤바에 도착하자마자 즉시 활동을 시작했다. 신문을 발행해서 투쟁에 관여하고 투쟁을 이끌려고 노력했다. 10월에 차르가 제한선거를 바탕으로 한 두마(의회) 설치 등 몇 가지 개혁 조처를 발표했다[88쪽 참조]. 혁명은 12월에 8일 동안 지속된 모스크바 노동자들의 봉기에서 절정에 달했다. 그러나 봉기는 고립됐고 차르의 군대에 진압당했으며, 혁명의 물결은 사그라졌다.

바르샤바에 도착한 지 3개월이 안 돼 룩셈부르크는 체포돼 감옥에 갇혔다. 4개월 후 풀려나서 핀란드로 추방된 룩셈부르크는 거기서 자기 인생의 가장 흥미로운 해의 경험을 분석하는 글을 썼다.

대중파업의 교훈을 배우기

러시아에서 일어난 사건들에 고무된 독일 노동자들도 나름대로 전투를 벌이기 시작했다. 1900~04년에는 독일에서 파업이나 공장점거에 참가한 노동자가 47만 7516명이었다. 그러나 1905년에는 한 해에만 50만 7964명의 노동자가 파업에 참가했다. 1905년은 1848년부터 1917년까지 한 해 파업 참가자 수가 가장 많은 해였다.[16]

1905년 1월 독일의 공업지대인 루르 지방의 탄광 노동자들이 끔찍한 노동조건의 개선을 요구하며 파업에 들어갔다. 그러나 이 파업은 여느 파업과 달랐다. 조직 노동자 부문에서 미조직 부문으로 들불처럼 번진 것이다. 노조 지도자들이 파업을 엄격히 제한하려 했지만 소용없었다. 한 달 후 파업이 끝났는데도, 노동자들은 지방 당국이 나서서 노동조건을 개선하라는 정치적 요구를 여전히 제기하고 있었다. 파업이 기업주들에게 요구하는 경제투쟁에서 의회 대표들에게 요구하는 정치투쟁으로 바뀐 것이다. 더욱이, 이 투쟁을 이끈 것은 노동자들 자신이었다. 지도자들을 무시한 채 자발적으로 분출한 노동자들의 분노가 투쟁의 원동력이었던 것이다. 룩셈부르크가 지적했듯이, 당과 노동조합은 "홍수의 선두에 설지 아니면 그 홍수에 휩쓸려 떠내려갈지를 선택해야 했다."[17]

개혁주의적 노조 관료들과 현장조합원들 사이의 간극이 커지고 있었다. 노조 관료들은 모든 파업이 얼마나 많은 비용을 치르게 될지 그리고 자신들이 파업을 통제할 수 있을지를 걱정했고, 현장조합원들은 점차 투쟁의 지침이 될 만한 급진적 정치를 찾고 있었다. 한편, 사회민주당은 투쟁을 '두 축'으로, 즉 노동조합의 경제투쟁과 당의 정치투쟁으로 나누는 경향이 있었다. 그래서 파업 중인 노동자들을 지도하려 하지 않았다. '정치'투쟁과 '경제'투쟁을 분리하는 이 개혁주의적 태도는 오늘날까지 이어지고 있다. 그래서 영국의 노동당 지도부는 파업을 지지하면 '선거에서 표가 떨어질까 봐' 두려워서 파업을 지지하지 않는 전통이 있다.

룩셈부르크는 1905년 러시아 혁명의 교훈을 두고 당내 논쟁을 벌이고자 1906년에 《대중파업, 정당, 노동조합》이라는 소책자를 썼다. 그녀는 러시아에서 혁명운동이 미친 영향을 다음과 같이 설명했다. "혁명운동은 마치 전기 충격처럼 수많은 노동자의 계급 감정과 의식을 처음으로 일깨웠다. … 프롤레타리아 대중은 수십 년 동안 자본주의의 사슬에 매여서 묵묵히 참아 왔던 사회·경제 생활이 얼마나 참을 수 없는 것인지를 아주 갑자기 그리고 날카롭게 깨달았다. 그러자 곧바로 이 사슬을 흔들고 잡아당기는 일반적 움직임이 자발적으로 시작됐다."[18]

룩셈부르크의 분석은 대중 시대의 혁명에 관한 중요한 통찰이다. 즉, 그보다 50년 전에 마르크스는 결코 목격할 수 없었던 것에 대한 통찰인 것이다(물론 《공산당 선언》이 그런 추세를 지적하기는 했다). 룩셈부르크는 현대적 노동자 운동을 이해하고 그것에 이론적 형태를 부여했다. "대중파업은 프롤레타리아의 모든 위대한 혁명적 투쟁의 초기에 나타나는 자연스럽고 충동적인 투쟁 형태다." 이 점은 그 뒤로 거듭거듭 입증됐다. 1917년 러시아에서, 1918~23년 독일에서, 1920년 이탈리아에서, 1956년 헝가리에서, 1936년과 1968년 프랑스에서, 1978~79년 이란에서, 1980년 폴란드에서, 2011년 이집트에서 그랬다.

룩셈부르크는 사회민주당 지도부와 노동조합의 '두 축' 이론을 비판했다.

> 그러나 운동은 대체로 한 방향으로만, 즉 경제투쟁에서 정치투쟁으로만 나아가는 것이 아니라 그 반대 방향으로도 움직인다. … 정치투쟁이 새롭게 시작되고 새로운 승리를 거둘 때마다 경제투쟁에 강력한 자극을 준다. … 정치투쟁의 물결이 고양된 뒤에는 언제나 기름진 퇴적물이 남고, 여기서 수많은 경제투쟁의 싹이 트기 마련이다. …
>
> 한마디로, 경제투쟁은 운동을 하나의 정치적 초점에서 다른 초점으로 나아가게 하는 장치다. 정치투쟁은 경제투쟁의 토양을 주기적으로 기름지게 한다. 여기서 원인과 결과는 끊임없이 자리를 바꾼다. 따라서 이론적 계획에서는 경제투쟁과 정치투쟁이 서로 멀리 떨어져 완전히 분리되거나 심지어 상호 배타적이지만, 지금 같은 대중파업의 시기에는 경제투쟁과 정치투쟁이 프롤레타리아 계급투쟁의 얽히고설킨 두 측면일 뿐이다.[19]

2011년 1월에 시작된 이집트 혁명을 생각해 보라. 카이로에서 분출한 대중 시위는 난데없이 시작된 것이 아니라, 10여 년 동안 지속된 경제·정치 투쟁이 절정에 달한 것이었다. 민주적 권리를 요구하는 투쟁이나 제국주의에 반대하는 정치투쟁 등이 세계경제 위기의 압력과 맞물리며 대중운동을 불러온 것이다. 그러나 타흐리르 광장의 시위대는 이집트 전역에서 분출한 총파업의 지원을 받은 뒤에야 독재자 호스니 무바라크를 타도하고 이집트를 근본적으로 바꾸기 시작할 수 있었다.

호스니 무바라크 이집트를 30년간 지배한 독재자. 2011년 이집트 혁명으로 권좌에서 쫓겨났다.

에두아르트 다비드 제1차세계대전이 터지자 자국 정부를 지지했다. 1918년 독일 혁명이 일어나자 여러 사회민주당 지도자들과 함께 막스 대공 내각에 참여했고 혁명을 진압하고 들어선 샤이데만 내각의 일원이었다.

룩셈부르크는 대중파업이 혁명으로 발전하는 것은 당의 명령 때문이 아니라, 계급 자체의 혁명적 본능 때문이라는 것을 보여 주려 했다. 당의 임무는 그런 투쟁들을 지도하는 것이었다.

사회민주당은 이 시험을 통과하지 못할 위험이 있었다. 1905년 9월 예나에서 열린 당대회에서 사회민주당은 극히 제한적인 상황에서만 대중파업을 지지한다는 결의안을 통과시켰다. 즉, 선거 전략으로 획득한 권력을 방어하는 데 도움이 될 때만 대중파업을 지지한다는 것이었다. 1년 뒤 사회민주당의 주요 수정주의자인 에두아르트 다비드는 다음과 같이 말했다. "5월에 잠시 꽃피었던 새로운 혁명주의는 다행히 끝났다. 당은 다시 자신의 의회 권력을 확실히 이용하고 확대하는 일에 한마음으로 몰두할 것이다."[20] 수정주의자들은 대중파업을 지도부 없이 벌어지는 일시적 일탈이라고 생각했으므로, 대중파업이 한시라도 빨리 끝나서 모든 것이 "정상으로 되돌아가기"를 원했다. 그러나 룩셈부르크에게 대중파업은 노동 대중의 계급의식이 자발적으로 표현된 것일 뿐 아니라 사회민주주의자들의 주요 정책이기도 했다.

룩셈부르크의 나머지 생애에서 분명히 드러나는 것은 노동자들의 자기 해방 잠재력에 대한 절대적 신뢰다. 노동자 투쟁의 밀물과 썰물에 대한 심오한 통찰이 담긴 《대중파업》으로 룩셈부르크는 20세기의 마르크스주의에 가장 중요한 기여를 한 사람들의 반열에 오르게 됐다.

민족주의가 고개를 들다

19세기 말에 유럽의 강대국들인 영국·프랑스·이탈리아·벨기에·독일·포르투갈은 아프리카의 영토를 차지해서 지배하고 착취하려는 이른바 '아프리카 쟁탈전'에 뛰어들었다. 이 사악한 경쟁 때문에 수많은 사람이 예속민으로 전락했고 유럽 제국들 사이의 긴장이 고조됐다.

독일은 1871년에야 통일된 국민국가를 수립했고, 독일 황제가 지배하는 아프리카 영토는 비교적 소규모였다. 그러나 산업 강대국들 간의 경쟁 때문에 독일 지배계급은 민족주의 정서를 부추기는 데 열을 올렸다. 해군연맹이나 범게르만연맹 같은 민족주의 단체가 수십 개씩 우후죽순 생겨났다. 일부는 대규모 회원을 거느린 단체여서, 민족주의 단체들의 회원을 모두 합치면 150만 명이 넘는다고도 했다.[21]

1900년부터 1909년까지 독일 정부를 이끈 총리 베른하르트 폰 뷜로는 노골적 제국주의자였고 독일제국의 확대·강화를 염원했다. 그러나 1904년 독일령 남서부 아프리카에서 독일의 제국주의 정책을 위협하는 민중 반란이 일어나 그 뒤 몇 년 동안 소요가 계속됐다. 독일 제국의회에서는 주류 정당인 중앙당이 사회민주당을 비롯한 야당들과 손잡고, 뷜로가 요청한 [아프리카의] 백인 정착민에 대한 보상 법안을 반대했고 나중에는 반란 진압 비용 2900만 마르크도 거부했다.

그러자 1907년 뷜로는 "이 문제를 국민에게 가져가겠다"며 의회 해산으로 응수했고, 다음과 같이 선언했다. "이것은 우리 국민 전체의 정치적 지위, 나아가 세계 속의 우리 지위가 걸린 문제다."[22] 그는 민족주의 단체 회원들의 활력을 이용했다. 그들은 대중 집회를 열고 소책자와 리플릿을 발행하며 민족주의를 부추겼다. 뷜로는 사회민주당을 내부의 적으로 규정하고, 사회민주당과 협력하는 정당은 모두 공범이라고 비난했다. 그의 전략은 효과가 있었다. 뷜로는 선거에서 승리했고, 사회민주당의 전체 득표수는 증가했지만 국회 의석수는 81석에서 43석으로 급감했다. 이런 감소는 주로 결선투표 제도 때문이었다. 1차 투표에서 확실한 다득표자가 없을 경우 다른 정당들이 빨갱이 사냥에 굴복해서 사회민주당 후보를 떨어뜨리려고 표 몰아주기를 한 탓이었던 것이다.

그러자 사회민주당에서는 내분이 일어났다. 수정주의자들은 당이 너무 급진적이어서 선거에서 패배했다고 결론지었다. 카우츠키는 당내 좌파를 대변해서, 선거 결과는 계급투쟁이 격화하고 있음을 보여 주는 징후일 뿐이라고 주장했다. 사회민주당은 표를 얻기 위해 중간계급에 의존해서는 안 되고 노동계급 기반을 구축하는 데 집중해야 한다는 것이었다.

이 분열은 그보다 몇 개월 전인 1906년 만하임에서 열린 당대회에서 이미 나타난 바 있었다. 당내 급진파 지도자인 카를 리프크네히트는 군국주의에 반대하는 동의안을 제출했지만, 당 지도자인 아우구스트 베벨은 이를 단칼에 잘라 버렸다. 그러자 또 다른 대의원이 독일 정부가 러시아 혁명 진압을 도우려고 군대를 파병할 경우 사회민주당과 노동조합은 파병을 저지하기

아우구스트 베벨 1892년부터 1913년 병으로 죽을 때까지 독일 사회민주당 당수였다. 카우츠키가 이론적 지도자였다면 베벨은 실제 조직가로서 엄청난 권위를 누렸다.

위한 대중파업을 호소하자는 동의안을 제출했다. 베벨은 독일이 러시아를 상대로 전쟁을 벌이면 민족주의 열기가 매우 뜨거워져서 대중은 그 열기에 휩싸일 텐데 그러면 사회민주당이 대중에게 영향을 미치기 위해 할 수 있는 일은 아무것도 없을 것이라고 주장했다.

룩셈부르크를 비롯한 급진파들은 베벨의 발언에 충격을 받았다. 마르크스주의에 고유한 특징이었던 혁명적 국제주의는 어디로 갔는가? 베벨은 러시아의 혁명적 노동자 형제·자매들을 포기하고 죽게 내버려 두자고 주장하면서 사회민주당의 의무, 즉 국내에서 노동계급을 지도하기 위해 투쟁할 의무를 회피하고 있었다.

1907년 총선을 앞두고 의회에서 벌어진 논쟁에서 베벨의 논리는 한 발 더 나아갔다. 그는 식민주의를 잔혹한 정책이라고 비난하거나 국내외의 군국주의에 반대한다고 선언하지 않고, 오히려 실패한 식민주의 때문에 독일 군대의 귀중한 자원을 잃어버렸다고, 그래서 과거처럼 자랑스럽게 싸울 수 있는 능력이 손상돼 안타깝다고 주장했다. 또 다른 사회민주당 국회의원인 구스타프 노스케도 베벨을 지지하면서, 사회민주당은 "의회에서 오른쪽에 앉아 있는 신사들 못지않게 단호한 태도로" 독일을 방어해야 한다고 말했다.[23]

구스타프 노스케 1918~19년 우익 용병대인 자유군단을 지휘해 독일 혁명을 진압하고 로자 룩셈부르크를 살해한다.

1907년 슈투트가르트 인터내셔널 대회에서 연설하는 로자 룩셈부르크.

그해 말에 슈투트가르트에서 열린 인터내셔널 대회에서도 논쟁은 계속됐다. 베벨과 독일 대표단은 '군국주의 반대'는 실패한 대의명분이라며 안건에서 제외하자고 주장했다. 폴란드 당의 대표로 참가한 룩셈부르크는 폴란드와 러시아 대표단을 대신해서 혁명적 국제주의를 옹호하는 강력한 발언을 했다. 그래서 다음과 같은 내용의 수정안을 통과시키는 데 성공했다. "전쟁 발발의 위협이 닥칠 경우, 각국 노동계급과 그들을 대표하는 국회의원들의 의무는 … 가장 효과적이라고 생각되는 수단을 총동원해서 전쟁을 막을 수 있는 모든 일을 다하는 것이다. … 이 모든 노력에도 불구하고 전쟁이 실제로 일어나면, 그들의 의무는 전쟁의 신속한 종결을 위해 중재에 나서고, 전쟁이 불러온 폭력적 정치·경제 위기를 이용해 대중을 분기시키고 그래서 자본가계급의 지배를 한시라도 빨리 끝장내기 위해 온 힘을 다해 노력하는 것이다."[24]

이 논쟁은 나중에 벌어질 일의 전조였다. 베벨의 민족주의에 대담하게 반대하고 나선 룩셈부르크와 리프크네히트를 비롯한 소수의 사람들은 위의 결의안에서 주장한 바로 그 일, 즉 전쟁을 혁명으로 전환시키려고 노력한다. 반면에, 노스케는 혁명을 분쇄하는 비열한 짓을 한다.

카우츠키와 마르크스주의 중간파

슈투트가르트 대회 발언을 통해 룩셈부르크는 사회민주당 내의 수정주의자들을 겨냥한 전쟁을 다시 시작했다. 그러나 1910년 무렵 또 다른 분열, 개인적으로는 더 고통스런 분열이 당내에서 분명히 드러났다.

1910년 봄 독일에서 선거 개혁을 요구하는 대중 시위가 잇따라 분출했다. 같은 시기에 광원과 건설 노동자의 대규모 파업들도 벌어졌다. 1905년 이후 처음으로 노동계급이 공세로 돌아설 조짐이 보이고 있었다. 룩셈부르크는 사회민주당이 정치적 대중파업 전술을 무기로 사용해서 이 투쟁들을 지도해야 한다고 주장했다. 이 운동은 더 강력해져야 했고 그러지 못하면 그냥 사그라질 위험이 있었다. 룩셈부르크는 자신의 견해를 요약해서 〈디 노이에 차이트〉에 써 보냈다. 그러나 편집자인 카를 카우츠키는 룩셈부르크의 글을 싣기를 거부했다.

[1898년] 룩셈부르크가 베를린에 처음 도착한 이래로 카우츠키는 그녀의 친구이자 동지였다. 두 사람은 정치적으로도 가까웠을 뿐 아니라, 당내 급진파의 지도자들로 여겨졌다. 그런데 이제 카우츠키의 태도가 완전히 돌변한 듯했다. 그는 룩셈부르크의 글을 싣기를 거부했을 뿐 아니라, 그녀의 견해를 날카롭게 비판하는 글을 쓰기도 했다. 즉, 현재의 파업이 무슨 대단한 투쟁으로 발전한 가능성 따위는 없으므로 2년 뒤에 치러질 다음 총선을 기다려야 한다고 주장한 것이다. 이제 카우츠키는 (마르크스의 주장과 달리) 혁명은 노동자들의 자주적 활동에서 시작되는 것이 아니라 오히려 사회민주당의 선거 승리에서 비롯한다고 보는 듯했다.

그때부터 카우츠키는 기회 있을 때마다 룩셈부르크의 "반항아 같은 조급성"을 비판했다. 그러나 카우츠키는 또 당내 수정주의자들이 부르주아 정당들과 기꺼이 협력하려는 것도 계속 비판했다. 따라서 이제 사회민주당에는 사실상 세 경향이 있는 셈이었다. 베른슈타인이 이끄는 수정주의자들, 카우츠키가 이끄는 '마르크스주의 중간파'(말로는 혁명적 주장을 했지만 실천에서는 개혁주의자들이었다), 룩셈부르크·리프크네히트·체트킨 등 소수의 지도자들이 이끄는 급진적 좌파가 있었다.

이른바 모로코·위기로 말미암아 당의 내분은 더 깊어졌다. 1911년 7월 독일 해군은 모로코에서 독일의 국익을 보호할 필요가 있다고 주장하면서 [모로코 서남부의] 아가디르 항구로 군함을 보냈다. 그러자 심각한 외교 위기가 발생했고, 이 때문에 프랑스와 독일에서 전쟁을 요구하는 강경파들의 목소리가 커졌다. 사회주의 인터내셔널은 국제 회의를 열어서 독일의 행동을 비판하는 성명서를 발표하고자 했으나 독일 사회민주당 지도부한테서 그럴 필요 없다는 편지를 받았다. 선거가 코앞인데 괜히 사회주의에 대한 반감을 불러일으킬 위험을 무릅쓰지 않는 게 상책이라는 것이었다.

베를린을 비롯한 독일 각지에서 반전 시위가 분출하기 시작했고 룩셈부르크와 그 동지들은 이 시위를 열렬히 지지했다. 그러나 사회민주당 지도부는 아무 반응도 하지 않았다. 분노한 룩셈부르크는 당 지도부의 편지를 공개해서, 제국주의가 발호하는데도 당 지도부는 아무 일도 하지 않는다고 폭로했다.

모로코 위기 이후 제국주의와 전쟁에 반대하는 투쟁이 당내 논쟁을 좌우하는 핵심 쟁점이 됐다. 세 가지 견해가 나타났다. 수정주의자들은 독일 국가를 지지하고 그래서 의회를 통해 개혁을 획득하는 것이 사회주의라는 대의에 가장 잘 기여하는 방법이라는 생각을 고수했다. 수정주의자 국회의원들은 독일 병사의 조건과 무기를 개선하기 위한 로비 활동에 시간을 쏟았다. 카우츠키를 비롯한 중간파는 산업 자본가들과 반제국주의 동맹을 맺을 수 있다고 주장했다. 왜냐하면 (군수산업의 자본가들과 달리) 산업 자본가들은 군비경쟁과 전쟁 위협에서 얻을 수 있는 이득이 전혀 없기 때문이라는 것이었다. 카우츠키는 독일과 영국의 처지에서 보면 전쟁으로 이윤이 위협받는 것보다는 협상을 통해 합의를 보는 것이 훨씬 더 낫다고 주장했다. 중간파는 군비 축소가 자본주의에 이롭다는 근거로 군비축소를 옹호하고 있었다. 룩셈부르크와 급진파는 자본주의의 평화는 다음번 전쟁의 씨앗을 품고 있을 뿐 결코 진정한 평화가 아니라고 주장했다. 유럽의 제국주의 열강들은 서로 알력 다툼을 하면서, 자국 국민들에게 민족주의 열기를 부추기고 있었다. 따라서 혁명가들의 임무는 이에 맞서 국제주의와 대중투쟁을 고무하는 것이었다. 즉, 제국주의의 위기를 혁명적 운동으로 전환시키는 것이었다. 그러나 1912~13년에는 카우츠키의 주장이 당내 논쟁에서 승리했다.

제국주의 이론을 세우기

당내에서 격렬한 논쟁이 벌어진 3년 동안 룩셈부르크는 자본주의를 분석해서 식민주의·제국·전쟁과 자본주의의 관계에 관한 이론을 독자적으로 발전시키고 있었다. 1907년 이후 룩셈부르크는 베를린에서 사회민주당 연수원의 강사로 활동하고 있었다. 주로 20대에서 40대의 노동자로 이뤄진 학생들은 경제학을 열심히 그리고 명쾌하게 가르치는 룩셈부르크를 좋아했다. 룩셈부르크는 《정치경제학 입문》이라는 책을 쓰기 시작했다(그러나 완성하지는 못했다). 그 책에서 룩셈부르크는 당시까지도 여전히 몇몇 사례가 남아 있던 전前자본주의 공동체 사회형태(마르크스가 말한 '원시공산제' 사회)를 살펴보면서, 생산수단의 공동소유가 특징인 이 평등주의 생활 방식이 수천 년 동안 인류의 지배적 사회형태였음을 보여 줬다. 또, 자본주의적 제국주의가 어떻게 그런 사회들을 파괴하고 있는지도 강렬하게 묘사했다.

유럽 문명의 침투는 모든 의미에서 원시적 사회관계를 파괴한 재앙이었다. 유럽의 정복자들은 단지 원주민을 예속시키고 경제적으로 착취하려고만 한 것이 아니라, 원주민의 발 아래 토지도 떼어내서 생산수단 자체도 차지하려 한 최초의 사람들이다. 이렇듯 유럽 자본주의는 원시적 사회질서에서 그 토대를 박탈한다. 그 결과는 온갖 억압과 착취보다 더 나쁜 것, 즉 완전한 무질서와 특별히 유럽적 현상인 사회생활의 불확실성이다. 유럽 자본주의는 이 예속민, 즉 자신의 생산수단에서 분리된 사람들을 단지 노동자로만

여긴다. 그래서 이들은 유럽 자본주의의 목적에 유용하면 노예가 되지만, 유용하지 않으면 몰살당한다.[25]

그러나 자본가들로 하여금 이렇게 전 세계로 뻗어 나가 정복하게 만드는 원동력은 무엇일까? 룩셈부르크는 마르크스가 이 문제를 충분히 해명하지 않았다고 생각했다. 어쨌든 제국주의 시대는 마르크스가 죽은 뒤에 찾아왔으니 말이다. 룩셈부르크의 주요 저작인 《자본축적론》(1913)은 제국주의의 원동력이 무엇인지를 설명하려는 노력의 일환이었다.

룩셈부르크는 마르크스의 《자본론》 2권에 결함이 있다고 생각했다. 마르크스는 축적이 자본주의의 핵심 특징이라고 봤다. 이 때문에 자본가들은 자신의 이윤을 사치품 구매 따위로 소비하기보다는 잉여가치의 일부를 자본에 재투자하고(새로운 공장이나 기계의 형태로 또는 노동자를 더 많이 고용하는 형태로) 그래서 생산을 확대한다. 이런 확대는 원칙적으로 제한이 없고, 자본가들 간의 경쟁 압력에서 비롯한다.

룩셈부르크는 마르크스가 《자본론》에서 제시한 모델처럼 "오직 자본가들과 노동자들만 있는 사회에서는" 생산이 확대될 수 없다고 주장했다. 노동자들은 말 그대로 착취당하는 계급이므로, 늘어난 상품량을 구매할 수 있을 만큼 충분히 임금을 받지 못할 것이다. 그러면 과소소비의 위기가 닥칠 것이고, 따라서 자본가들은 자신의 이윤을 실현해 줄 非자본주의 시장을 해외에서 찾을 수밖에 없다. 이렇게 해서 그들은 사실상 자본주의를 수출하고 값싼 원료를 수입하며 국내에서 제국주의 권력의 안정을 강화한다는 것이다.

따라서 룩셈부르크가 볼 때, 제국주의가 비자본주의 지역들로 확장하는 것은 자본주의적 축적에 필수적인 과정이지만 비자본주의 지역들을 파괴하고 자본주의로 흡수하는 과정이기도 하다. 그러므로 실제로는 제국주의의 확장을 제약하는 매우 현실적이고 물리적인 한계가 존재할 수밖에 없다. 비자본주의 지역들을 모두 흡수하고 나면 자본주의는 최종 위기를 맞이해서 붕괴하고 말 것이라고 룩셈부르크는 주장했다.

그 후 다른 마르크스주의자들은 룩셈부르크의 견해를 비판하면서, 《자본론》 2권에 나오는 마르크스의 추상적 모델을 룩셈부르크가 너무 글자 그대로 해석했다거나 마르크스의 축적론은 자본가들이 자기 상품의 소비를 노동자들의 소비재 구입에 의존할 뿐 아니라 다른 자본가들의 구매(예컨대, 자본가들끼리 서로 기계류를 사고파는 것)에도 의존한다는 사실을 지적했다고 주장했다. 마르크스 경제 위기 이론의 핵심은 과소소비가 아니라 축적이 증대할수록 이윤율이 떨어지는 경향이 있다는 것이다(여기서는 간단히 요약했을 뿐이므로, 더 자세히 알고 싶으면 책 말미의 더 읽을거리 참조).

또, 제국주의를 분석한 더 영향력 있는 마르크스주의 문헌들도 있다. 고전적 저작은 니콜라이 부하린의 《제국주의와 세계경제》인데, 이 책은 자본의 집적과 집중이 제국주의와 어떤 연관이 있는지를 보여 줬다. 자본의 집적과 집중은 자본과 국민국가의 연결 고리를 강화할 뿐 아니라, 자본이 해외로 뻗어 나가게 만들기도 한다는 것이다.

부하린과 룩셈부르크의 공통점은 제국주의가 자본주의라는 매끄러운 얼굴에 잠깐 생긴 잡티도 아니고 특정 정당의 잘못된 정책도 아니라고 주장했다는 것이다. 제국주의는 자본주의 체제에 완전히 고유한 현상이며 결코 체제와 분리해 이해할 수 없다는 것이었다. 따라서 자본주의를 개혁해서 군국주의를 제거하려는 카우츠키의 노력은 실패할 수밖에 없었다. 전쟁과 제국주의에 반대하는 투쟁은 자본주의에 반대하는 투쟁에서 핵심적으로 중요하다.

초읽기에 들어간 전쟁

로자 룩셈부르크는 독일 사회민주당이 카우츠키를 지지한다고 해서, 전쟁에 반대하는 투쟁을 삼가거나 손 놓고 있지 않았다. 1913년 12월 룩셈부르크는 다른 급진파 두 사람, 즉 프란츠 메링과 율리안 마르흘레프스키(카르스키라고도 했다)와 함께 〈소치 알 데모크라티셰 코레스폰덴츠〉(사회민주주의 통신)라는 신문을 새로 발행하기 시작했다.

프란츠 메링 마르크스 전기를 처음 쓴 사람으로 유명하다. 제1차세계대전에 반대했고 로자 룩셈부르크와 함께 스파르타쿠스단을 건설했으며 러시아 10월 혁명과 볼셰비키를 지지했다.

율리안 마르흘레프스키 로자 룩셈부르크와 함께 폴란드 리투아니아왕국사회민주당을 건설했고 1905년 러시아 혁명에 참가해 볼셰비키에 가담했다. 혁명이 패배하자 독일로 이주해 사회민주당에 가입하고 당내 좌파를 이끌었다.

그들은 그 신문을 이용해서 당내 투쟁에 관여하고 자신들의 주장을 널리 퍼뜨렸다. 룩셈부르크의 글과 행동은 곧 정부의 감시를 받게 됐다. 1914년 2월 20일 룩셈부르크는 병사들에게 반란을 선동한 혐의로 체포됐다. 몇 개월 전인 1913년 9월 룩셈부르크가 다음과 같이 발언한 것이 빌미가 됐다. "저들이 프랑스를 비롯한 외국의 우리 형제들에 맞서 우리가 살인 무기를 들기 바란다면, '아니, 우리는 결코 그러지 않겠다!'고 말해 줍시다." 법정에서 룩셈부르크는 군국주의를 비난하고 전쟁을 비판하는 혁명적 주장과 더한층 강력한 발언을 했다. 검사가 법정 구속과 징역 1년을 구형하자 룩셈부르크는 다음과 같이 응수했다.

나에 대한 터무니없는 공격, 즉 누워서 침 뱉기나 마찬가지인 공격에 대해 한마디만 하겠습니다. 공안 검사는 다음과 같이 말했습니다(그의 말을 정확히 기록해 놨습니다). '피고가 도망가지 않는다면 이상한 일이므로 법정 구속해야 합니다.' 다시 말해, 검사는 다음과 같이 말하고 있는 셈입니다. '나, 즉 공안 검사는 교도소에서 1년을 복역해야 한다면, 당연히 도망가려 할 것입니다.' 맞습니다. 검사는 분명히 도망갈 것입니다. 그러나 사회민주주의자는 도망가지 않습니다. 사회민주주의자는 자신의 행동에 확신을 갖고 있으며 형벌을 우습게 아는 사람입니다. 이제 판결을 내리십시오.[26]

룩셈부르크는 1년 형을 선고받았지만, 법정 구속되지는 않았다. 그래서 곧바로 많은 대중 집회에서 연설하며 돌아다녔다. 집회에 참가한 노동자들은 룩셈부르크가 받은 가혹한 판결에 분노했다. 룩셈부르크는 몇 개월 동안 계속 활동할 수 있었고, 항소 과정은 힘들고 더뎠다(1915년이 돼서야 룩셈부르크는 실제로 수감됐다). 그사이에 계급투쟁은 첨예해지고 있었고 반전 정서도 고조되고 있었다. 그 덕분에 룩셈부르크는 고비를 넘기고 의욕을 되찾았다. 전쟁에 반대하는 대중파업을 선동할 기회가 생기고 있었다. 룩셈부르크가 참가해서 연설하는 집회에 노동자들이 몰려든 것이다. 그녀의 말이 그 어느 때보다 큰 호응을 얻고 있었다. 그러나 룩셈부르크가 느꼈던 새로운 희망은 갑자기 그리고 충격적으로 사라져 버렸다.

1914년 6월 오스트리아·헝가리제국의 황태자 프란츠 페르디난트가 세르비아 민족주의자들에게 암살당했다. 그러나 그 뒤에도 한동안 반전 활동은 계속 확산되고 있었다. 룩셈부르크와 독일 사회민주당은 대중 집회들을 조직했고, 7월 말까지도 사회민주당 본부에서는 다음과 같이 전쟁 반대 입장을 확인하는 성명서들이 발표됐다. "독일의 계급의식적 프롤레타리아는 인류와 문명의 이름으로 전쟁광들의 이 범죄 행위에 강력하게 항의한다." 그러나 8월 초에 전쟁이 선포되자 사회주의 인터내셔널은 무너져 버렸다. 처음에 오스트리아가 세르비아에 전쟁을 선포했을 때, 오스트리아 사회주의자 아들러는 민족주의 열풍 앞에서 완전히 무기력함을 토로했다. 그다음에 러시아가 오스트리아를 상대로 전쟁을 선포했고, 독일이 러시아를 상대로 전쟁을 선포했

다. 러시아의 볼셰비키와 세르비아·불가리아·폴란드의 몇몇 소규모 사회주의 정당들은 제국주의 전쟁에 확고하게 반대했지만, 독일 사회민주당 국회의원들은 8월 4일 제국의회에서 전쟁공채 발행에 찬성표를 던졌다. 표결 전의 사회민주당 의원총회에서는 국회의원 111명 가운데 카를 리프크네히트를 비롯한 15명만이 전쟁에 반대했다. 그러나 그들은 소수파의 견해를 표명할 수 있게 해 달라는 요청이 거부당하자 당의 규율을 깨뜨리지 않기로 합의했다.

독일 사회민주당의 행동은 모든 나라의 사회주의자들에게 끔

찍한 영향을 미쳤다. 어쨌든 사회민주당은 인터내셔널에서 가장 크고 강력하고 잘 조직된 정당이었고, 마르크스와 엥겔스의 유산 상속자였는데, 그 당이 그동안 스스로 주장해 온 것을 모두 배신했기 때문이다. 독일 사회민주당이 없으면 인터내셔널은 아무것도 아니었다. 레닌은 처음에 사회민주당이 전쟁에 찬성했다는 말을 믿으려 하지 않았다. 로자 룩셈부르크는 충격으로 거의 제정신이 아니었다. 그러나 서둘러 정신을 차리고 무엇을 할지 논의하기 위해 그날 밤 베를린에 있는 자신의 아파트에서 메링과 카르스키를 비롯한 소수의 혁명가들과 함께(그리고 슈투트가르트에 있던 클라라 체트킨의 지지를 받아) 회의를 열었다. 그들은 모두 전쟁과 자신들의 당에 반대하는 투쟁을 벌이기로 합의했다. 1914년 12월 리프크네히트는 다시 전쟁공채 발행을 요청하는 법안이 상정되자 반대표를 던지고 룩셈부르크와 그 동지들의 대열에 합류했다. 이것이 나중에 스파르타쿠스단으로 알려지게 된 조직의 시작이었다.

카우츠키는 태도를 완전히 바꿔서, 이 전쟁은 다른 전쟁과 '다르다'며 사회민주당의 태도를 정당화하려 했다. 그는 인터내셔널의 붕괴를 대수롭지 않게 여기며 다음과 같이 주장했다. "인터내셔널은 전시에는 효과적인 무기가 아니다. 그것은 근본적으로 평화의 도구다."[27] 이로써 카우츠키는 수많은 노동자가 사회민주당의 칭찬과 격려를 받으며 전쟁터로 나가서 노동자들끼리 서로 학살극을 벌이게 만들었다. 레닌은 카우츠키가 얼마나 타락했는지를 처음으로 알게 됐다. "로자 룩셈부르크가 옳았습니다. 그녀는 오래전부터 카우츠키가 시류에 편승하는 이론가이며 당내 다수파에게 봉사하는, 한마디로 기회주의자라는 사실을 알고 있었습니다. 카우츠키처럼 지독한 자만과 위선에 빠져 프롤레타리아와 지적으로 괴리되는 것보다 더 악랄하고 위험한 일도 없을 것입니다. 그는 모든 것을 그럴듯하게 대충 얼버무린 채, 각성하는 노동자들의 의식을 현학적이고 사이비 과학 같은 장광설로 호도하려 합니다."[28]

룩셈부르크 그룹은 1915년 1월 새 신문 〈디 인타나치오날레〉(인터내셔널)를 창간했다. 그 신문의 첫 호(이자 마지막 호)에서 룩셈부르크는 카우츠키를 비난했다. "카우츠키는 《공산당 선언》의 세계사적 호소를 다음과 같이 수정해서 번역한다. '만국의 노동자여, 평화 시에는 단결하고 전쟁에서는 서로 목덜미를 물어뜯어라!'"[29]

전시의 저항

로자 룩셈부르크가 투옥된 것은 1915년 2월이었다. 건강도 안 좋았고 [국제 대회에 참가하기 위해] 막 여행을 떠나려던 참에 갑자기 체포돼 베를린의 여자 교도소에 수감됐다. 룩셈부르크는 전쟁 기간 거의 내내 교도소에 갇혀 있었다.' 룩셈부르크는 여느 때와 달리 이번에는 투옥을 특별히 두려워했다. 교도소 밖에서 자신의 지도가 얼마나 절실히 필요한지를 잘 알고 있었기 때문이다. 룩셈부르크 그룹은 마르크스주의 중간파의 몇몇 사람들, 즉 전쟁을 정당화한 카우츠키처럼 막 나가지는 않은 사람들과 협력하고 있었지만 반전 운동의 불은 붙지 않았다.

• 4년 남짓 되는 전쟁 기간에 3년 4개월 동안 갇혀 있었다.

룩셈부르크는 《사회민주주의의 위기》라는 소책자를 써서 1915년 4월에 몰래 밖으로 내보냈다. 나중에 필자 이름을 유니우스로 해서 불법 출판·유통된 그 소책자는 《유니우스 팸플릿》으로 알려지게 된다. 이 책에서 룩셈부르크는 전쟁의 참상을 다음과 같이 묘사했다. "자본주의 사회는 모욕적이고 수치스럽게도 피바다에 빠져서 오물을 뚝뚝 흘리고 있다. 우리가 늘 보던 것과 달리, 평화와 정의, 질서, 철학, 윤리를 설교하지 않는다. 오히려 으르렁대는 야수처럼, 무질서한 난장판처럼, 문화와 인류를 파괴하는 해로운 전염병처럼 그렇게 자본주의 사회의 흉측한 민낯이 고스란히 드러나고 있다."[30]

《유니우스 팸플릿》은 또, 사회민주당이 혁명가들과 노동계급 운동에 호소해 대중을 동원하지 않은 것을 격렬하게 비판했다. 지금은 침묵하거나 전쟁이 끝나기만을 기다릴 때가 아니다. 지금 인류는 갈림길에 서 있다. "제국주의가 승리해서 모든 문화가 파괴되고, 고대 로마가 그랬듯이 인구가 급감하고 도시가 황폐해지고 사회가 퇴보해서 거대한 공동묘지처럼 될 것인가 아니면 사회주의가 승리할 것인가, 즉 제국주의와 제국주의 방식과 전쟁에 반대하는 국제 프롤레타리아의 의식적 투쟁이 승리할 것인가 하는 갈림길에 서 있다. 이것은 세계사의 딜레마, 세계사의 필연적 선택이다. 세계사는 프롤레타리아의 결정을 기다리고 있다. 그 결정 여하에 따라 세계사의 방향이 바뀔 것이다."[31]

사회주의냐 야만이냐의 이 양자택일은 아마 룩셈부르크의 가장 유명한 선언 문구일 것이다. 그것은 룩셈부르크의 핵심적인 정치적 태도를 보여 주는 말이고, 기후변화와 핵무기의 위협에 직면한 세계에서 살고 있는 오늘날의 우리에게도 절실한 말이다. 혁명적 마르크스주의는 결정론이 아니고 사람들의 의식적 행동을 모든 것의 중심에 놓는다. '역사'가 아니라 사람들의 선택이 미래를 결정할 것이다.

독일과 프랑스와 러시아와 영국의 노동자들이 술에 취해 잠든 상태에서 깨어나 서로 형제애의 악수를 나누고 전쟁 선동가들의 역겨운 말과 자본주의 하이에나들의 울부짖는 소리를 '만국의 노동자여, 단결하라!'라는 노동자들의 강력한 구호 속에 파묻어 버리기 전까지는 이 광기는 멈추지 않을 것이고 이 유혈 낭자한 지옥의 악몽도 끝나지 않을 것이다.[32]

1915년 말쯤 이 호소는 어느 정도 반향을 불러일으켰다. 전사자들의 시체가 쌓이고, 금방 승리할 것이라던 기대가 무너지고 있었기 때문이다. 12월에 사회민주당 국회의원 20명이 마침내 리프크네히트 편으로 넘어와서 새로운 전쟁공채 발행에 반대표를 던졌다. 어떤 당원이 썼듯이, "대중은 전쟁을 받아들이려 하지 않았다. 특히, 생활물가 상승에 불만이 많았다."[33]

1916년 2월 룩셈부르크는 교도소에서 풀려났고, 여성 지지자 1000여 명의 환영 인사와 선물을 받으며 악수를 나눴다. 룩셈부르크는 즉시 활동을 재개해서, 리프크네히트와 함께 조직하고 선동했다.

1916년 5월 1일 베를린에서 메이데이 시위가 벌어졌다. 리프크네히트는 격렬한 연설을 마치며 다음과 같이 외쳤다. "전쟁을 끝장내자! 정부를 끝장내자!" 그는 즉시 구속 수감돼 재판을 기다려야 했다. 이 사건은 전환점이었음이 드러났다. 리프크네히트가 구속되자 수천 명이 항의 시위를 벌였다. 그의 재판이 시작되자 베를린에서 대중 시위가 벌어졌고, 그에게 2년 6개월의 중노동형이 선고되자(나중에 군사법원에서 4년으로 늘어났다) 군수산업 노동자 5만 5000명이 파업에 들어갔다. 이 파업을 조직한 것은 산업 현장 투사들의 네트워크인 '혁명적 직장위원회'였다. 독일 노동자들이 깨어나기 시작한 것이다.

러시아 혁명

전쟁의 충격은 어느 나라보다 러시아에서 가장 컸다. 1917년 초에 물자 부족과 끔찍한 노동조건 때문에 파업이 벌어졌다. 파업은 곧 확산됐고, 파업 도중에 노동자들은 1905년 혁명 때 처음 나타났던 소비에트, 즉 노동자 평의회를 부활시켰다. 1주가 채 안 돼, 증오의 대상이던 차르는 물러났고 임시정부가 수립돼서 보통선거를 실시하겠다고 약속했다.

로자 룩셈부르크는 1916년 7월 재판도 거치지 않고 다시 투옥됐다. 그러나 교도소에서 최대한 면밀하게 러시아의 사태를 추적했다. 비록 신문들은 "러시아 혁명가들의 행동을 설명하거나 칭찬하는 기사는 일절 금지한다"는 당국의 지시를 충실히 따르고 있었지만 말이다.[34] 룩셈부르크는 러시아 혁명을 환영하며 1917년 5월 〈스파르타쿠스〉에 다음과 같이 썼다. "3년 동안 유럽은 마치 곰팡내 나는 방 같았다. 그 방 안에 사는 사람들은 거의 숨이 막혀 죽을 지경이었다. 그런데 갑자기 창문이 활짝 열리더니, 상쾌하고 신선한 바람이 휙 불어왔다. 이제 방 안에 있는 모든 사람이 그 공기를 자유롭게 그리고 깊이 들이마시고 있다."

그러나 룩셈부르크는 또, 후진국 러시아의 노동계급이 홀로 승리할 수 없다는 사실도 알고 있었다.

러시아 혁명의 미래를 이렇게 걱정하는 것은 자연스럽다. 이 걱정을 해소해 줄 확실한 방법은 단 하나뿐이다. 그것은 독일 프롤레타리아의 각성, 독일의 '노동자와 병사'가 자국에서 권력을 장악하는 것, 독일 민중이 평화를 요구하는 혁명적 투쟁을 벌이는 것뿐이다. … 독일의 '노동자와 병사'가 권력을 장악하면, 강화조약이 즉시 체결될 것이고 평화의 토대가 군건해질 것이다.

따라서 평화 문제는 실제로는 러시아 혁명의 거침없는 급속한 발전에 달려 있다. 그러나 러시아 혁명의 급속한 발전 또한 프랑스·영국·이탈리아, 특히 독일의 프롤레타리아가 평화를 요구하며 혁명적으로 투쟁하는 것에 달려 있다.[35]

러시아 혁명은 실제로 1917년 내내 발전했다. 노동자 평의회가 임시정부의 지배에 도전했고, 여름 내내 파업과 시위가 분출했다. 10월에 볼셰비키는 '모든 권력을 소비에트로'라는 구호 아래 무장봉기를 이끌었고, 결국 임시정부는 무너졌다.

룩셈부르크는 교도소에서 클라라 체트킨에게 보낸 편지에 다음과 같이 썼다. "러시아에서 일어난 일들은 놀라울 만큼 장엄하고 비극적인 사건입니다. 레닌과 그의 동료들은 당연히 난마처럼 얽히고설킨 혼란을 극복할 수 없겠지만, 그들의 노력 자체는 세계사적으로 중요한 행동이자 진정으로 획기적인 사건입니다."[36] 룩셈부르크는 독일 노동자들의 반응, 결정적으로 그 '지도부'인 사회민주당의 반응이 없는 것에 낙담했다. 카우츠키를 비롯한 많은 사람들이 러시아 혁명은 '시기상조'이고 러시아는 너무 후진국이어서 사회주의 혁명에 적합하지 않다고 주장하자 룩셈부르크는 이를 강력하게 비판했다. 룩셈부르크가 보기에, 그 문제의 열쇠는 혁명이 독일로 확산되는 것이었기 때문이다.

룩셈부르크는 루이제 카우츠키에게 보낸 편지에서 다음과 같이 썼다. "러시아인들이 저렇게 돼서 만족하세요? 물론 그들은 이 악마의 잔치에서 살아남을 수 없을 겁니다. 당신의 현명한 남편이 항상 주장한 것처럼 통계 자료상으로 러시아의 경제 발전이 뒤떨어졌기 때문이 아니라, 매우 발달한 서유럽의 사회민주주의자들이 개처럼 가련한 겁쟁이들이기 때문입니다. 그들은 조용히 사태를 관망하면서 러시아인들이 피를 흘리며 죽어 가도록 내버려 둘 것입니다. 그러나 차라리 그렇게 몰락하는 것이 '[부르주아] 조국을 위해 사는 것'보다 더 낫습니다. 왜냐하면 그것은 세계사적 행동이고, 그 행동의 흔적은 지금부터 영원히 지워지지 않을 것이기 때문입니다."[37]

룩셈부르크는 러시아에서 일어난 사건들을 분석하고 그 교훈을 배우는 것이 자신의 의무라고 생각했다. 그래서 1918년 9월 《러시아 혁명》이라는 소책자를 썼다. 그 책에서 룩셈부르크는 볼셰비키에게 민주주의가 부족하다고 비판했다. 그리고 이 때문에 볼셰비키는 장차 곤경에 처할 것이라고 주장했다. 《러시아 혁명》은 결코 완성된 책도 아니고 룩셈부르크 생전에 출판되지도 않았지만, 나중에 이 소책자는 레닌을 비판하는 무기로, 그리고 룩셈부르크와 볼셰비키의 차이를 입증하는 또 다른 증거로 이용됐다. 사실, 그 책에서 룩셈부르크는 볼셰비키가 한 일을 칭찬했다. "레닌의 당은 진정으로 혁명적인 당의 사명과 임무를 이해한 유일한 당이다. … 지도하는 법, 즉 성공으로 이끄는 법을 아는 당만이 격동의 시대에 지지를 받는다."[38]

그러나 룩셈부르크는 토지 문제, 민족 문제, 제헌의회, 정치적 자유라는 네 가지 구체적 분야에서 볼셰비키를 비판했다.

룩셈부르크는 볼셰비키가 토지를 국유화하지 않고 오히려 농민에게 토지를 점거해서 스스로 분배하라고 촉구한 정책은 결국 사유재산을 강화하는 문제를 낳을 것이라고 주장했다. 그 정책은 실제로 문제를 일으켰지만, 볼셰비키는 다른 현실적 대안이 없었다. 노동계급이 매우 소규모인 러시아에서 혁명을 승리로 이끌려면 농민의 지지를 받아야 했다. 그 정책이 없었다면, 룩셈부르크와 볼셰비키의 논쟁 주제인 혁명 자체도 일어나지 못했을 것이다. 볼셰비키의 정책은 룩셈부르크가 주장한 강제 국유화보다 훨씬 더 민주적이기도 했다.

룩셈부르크는 또, 볼셰비키가 주장한 러시아제국 내 모든 민족의 자결권 구호도 비판했다. 오히려 볼셰비키는 소비에트 통제 아래 제국의 혁명적 단결을 주장했어야 한다는 것이었다. 그러나 레닌은 차르 치하에서 억압받던 동방 민족들에게 소비에트 권력을 받아들이라고 강요하는 것은 오히려 그들을 민족주의로 떠밀 뿐이라는 사실을 이해했다. 단결을 극대화하는 가장 좋은 방법은 진정한 자결권을 보장하는 것이고, 그러면 그들이 혁명을 지지하게 될 것이라는 게 레닌의 생각이었다. 이것 또한 훨씬 더 민주적인 정책이었다. 러시아에서 룩셈부르크의 추상적 국제주의는 재앙적 결과를 초래했을 것이다.

룩셈부르크는 볼셰비키가 제헌의회 소집을 요구했다가 막상 집권하고 나서는 제헌의회를 폐지해 버렸다고 지적했다. 그러면서 소비에트와 제헌의회가 함께 통치하는 체제를 제안했다. 그러나 볼셰비키는 소비에트가 민주주의의 최고 형태라고 생각했다. 즉, 소비에트는 민주적으로 선출된 노동자 대표들의 기구이므로 대중의 정서나 변화하는 투쟁의 필요에 더 민감하게 반응한다는 것이다. 제헌의회는 부르주아 민주주의, 즉 경제를 지배하는 자본가들의 권력을 건드리지 않고 그대로 놔두는 제한된 형태의 민주주의 기구였다. 룩셈부르크는 겨우 두 달 뒤인 1918년 11월 독일 혁명이 한창일 때 이 점을 깨닫게 된다. "오늘날 국회에 의존하는 것은 의식적으로든 무의식적으로든 혁명을 부르주아 혁명의 역사적 단계로 후퇴시키는 것이다. 국회를 옹호하는 사람은 누구든지 부르주아지의 밀정이거나 프티부르주아 이데올로기의 무의식적 대변인이다. … 오늘날 문제는 민주주의냐 독재냐가 아니다. 지금 역사의 의제로 떠오른 문제는 부르주아 민주주의냐 사회주의적 민주주의냐. 왜냐하면 프롤레타리아 민주주의는 사회주의적 의미의 민주주의이기 때문이다."[39]

룩셈부르크의 비판에서 핵심적으로 중요한 것은 그녀가 노동계급의 자기 해방을 확신하고 있었다는 점이다. 브레스트리토프스크 강화조약으로 신생 소비에트 국가가 핵심 산업과 자원을 포함한 엄청나게 넓은 영토를 독일 제국주의에 내줄 수밖에 없게 되고 러시아에서 내전이 시작되자, 룩셈부르크는 볼셰비키가 어쩔 수 없이 추진하게 된 중앙집중화 때문에 민주주의가 가로막히고 프롤레타리아 독재가 아닌 일당독재가 나타날까 봐 두려워했다. 그러나 룩셈부르크는 레닌과 볼셰비키가 직면한 외부적 한계도 이해했다. "러시아에서 일어난 일은 모두 이해할 수 있는 것들이고, 불가피한 인과관계의 사슬이다. 그 출발점이자 종점은 독일 프롤레타리아의 실패, 그리고 독일 제국주의의 러시아 점령이다. 그런 상황에서 레닌과 그의 동지들이 가장 훌륭한 민주주의, 가장 모범적인 프롤레타리아 독재, 번영하는 사회주의 경제를 확립하리라고 기대하는 것은 그들에게 초능력을 요구하는 것과 마찬가지다. 단호한 혁명적 태도, 모범적인 강력한 행동, 국제 사회주의에 대한 불굴의 충성심을 통해 그들은 이미 지독하게 힘든 조건에서도 최대한의 기여를 해 왔다."[40]

러시아 혁명이 부딪힌 문제들을 풀 수 있는 열쇠는 투쟁의 국제적 확산이었다.

독일 혁명

1918년 10월과 11월에 전황은 독일에 불리했지만, 군 장성들은 이 사실을 인정하려 하지 않았다. 결국 전쟁에 반대하는 정치 파업들이 시작돼 군수공장을 휩쓸었고, 뒤이어 킬 군항의 해군기지에서 반란이 일어났다. 정부는 어떻게 대처해야 할지 몰라 허둥댔고 반란은 확산됐다. 전선에서 병사 평의회가 잇따라 건설됐고 곧 독일 전역에서 노동자 평의회가 등장했다. 독일 혁명이 시작된 것이다.

프리드리히 에베르트 1913년 베벨이 죽자 사회민주당 당수가 됐다. 1918~19년 독일 혁명을 진압하고 바이마르 공화국 초대 대통령이 된다.

낡은 지배계급은 권력을 쉽게 내주려 하지 않았다. 그들은 권력을 유지하는 법을 알고 있었다. 전쟁 기간 내내 사회민주당은 지배계급의 정당들과 협력했고 국민적 단결이라는 미명 아래 그들의 요구를 고분고분 따랐다. 이제 지배계급은 사회민주당이 자신들을 구해 주기를 원했다. 사회민주당 지도자는 프리드리히 에베르트였다. 그는 총리인 막스 대공에게 다음과 같이 말했다. "황제가 퇴위하지 않으면 혁명이 일어나고 말 것입니다. 그러나 저는 혁명을 거부할 것입니다. 저는 혁명을 끔찍하게 싫어합니다."[41] 11월 9일 총파업으로 베를린이 혁명의 물결에 휩싸였다. 막스 대공은 총리직을 에베르트에게 넘겨주면서, 이제 혁명이 진정되기를 기대했다. 황제는 도망쳤고, 사회민주당 당원인 샤이데만이 독일공화국을 선포했다. 겨우 몇 블록 떨어진 곳에서는 리프크네히트가 사회주의 공화국을 선포했다.

이것은 독일 혁명이 부딪힌 핵심 문제였다. 사회민주당은 여전히 노동자들의 정당이었고 말로는 사회주의를 지지했지만, 사실은 혁명을 제한하려고 정부에 입각했다. 그러면서도 여전히 노동자들의 다수에게 강력한 영향을 미치면서 노동자들 편이라

> **필리프 샤이데만** 1913년 베벨이 죽자 사회민주당 의원단 대표가 됐다. 1918~19년 독일 혁명을 진압하고 총리가 된다.
>
> • 1918년 11월 10일 구성된 인민위원회를 가리킨다. 사회민주당 3명(에베르트, 샤이데만, 란츠베르크), 독립사회민주당 3명(하제, 디트만, 바르트)으로 이뤄졌다.

고 주장할 수 있었다. 전쟁 동안 사회민주당의 중간파가 당에서 분리해 나와 독립사회민주당USPD을 결성했고, 스파르타쿠스단은 여기에 가입했다. 실제로는 독립사회민주당은 분열해 있었고, 스파르타쿠스단은 작고 약했다. 그래서 (이제 혁명 덕분에 교도소에서 풀려난) 룩셈부르크와 리프크네히트가 진정한 사회주의 혁명을 선동하고 있을 때조차 에베르트는 사회민주당과 독립사회민주당의 대표들로 이뤄진 '혁명적 사회주의 정부'를' 수립하고

1919년 1월 노동자들의 무장 시위.

있었다. 그들의 분명한 목표는 (독일군 총참모본부와 합의를 본 것이었는데) 무력으로 혁명을 탄압하는 것이었다.

그렇지만 노동자 평의회와 에베르트의 정부가 함께 통치하는 '이중[이원]' 권력 상황이 몇 주 동안 이어졌다. 스파르타쿠스단은 11월 18일 새 신문 〈로테 파네〉(붉은 기)를 발행하기 시작했다. 룩셈부르크는 〈로테 파네〉에 쓴 글에서 에베르트의 목표를 분명히 경고했다. "현 정부는 노동자·병사 평의회에 대항할 부르주아 반동 세력을 만들어 내기 위해 제헌의회를 소집하고 있다. 그렇게 해서 이 혁명이 부르주아 혁명에 그치게 하고, 사회주의적 목표들을 제거하려 하는 것이다."[42]

그러나 룩셈부르크를 비롯한 혁명가들은 독자적 대항 수단이 없었다. 혁명을 지도해서 공화국을 넘어 더 나아갈 수 있는 괜찮은 조직이 없었던 것이다.

1918년 12월 스파르타쿠스단은 독일 공산당 창당 대회를 열었다. '좌파 급진주의자들'이라는 조직과 독일 전역에서 혁명에 고무된 청년 활동가들도 공산당에 합류했다.

공산당의 약점이 곧 드러났다. 가장 먼저 논쟁의 쟁점이 된 문제 하나는 국회의원을 뽑는 선거에 참여할지 말지였다. 공

> **좌파 급진주의자들** 주로 브레멘에 기반을 뒀으며 폴란드인 망명가 라데크를 통해 볼셰비키와 관계를 맺고 있었다. 대표적 인물은 요한 크니프, 파울 프뢸리히 등이 있었다.

산당의 원칙은 국회를 반대한다는 것이었지만, 룩셈부르크는 국회의 본질을 폭로하기 위해서라도 선거에 참여해야 한다고 주장했다. "국회에 맞서 대중을 동원하고 대중에게 매우 강력한 투쟁을 벌이자고 호소하기 위해 우리는 선거와 국회 연단 자체를 이용해야 한다."[43] 공산당의 다른 지도자들도 모두 룩셈부르크의 주장에 동의했지만, 혁명이 금방 승리할 것이라고 확신한 청년 당원들은 자신들이 반대하는 선거에 참여해야 할 이유를 알지 못했다. 선거 참여 동의안은 부결됐고, 그것은 로자 룩셈부르크가 볼 때 조급증과 충동적 행동을 경계해야 한다는 신호나 마찬가지였다.

반혁명

12월 7일 리프크네히트가 자기 사무실에서 체포됐다. 베를린의 혁명적 경찰서장이자 독립사회민주당 당원인 아이히호른이 개입해서 풀어 주라고 하지 않았다면, 리프크네히트는 아마 목숨을 잃었을 것이다. 리프크네히트 납치 기도는 베를린 군관구 사령관인 사회민주당 당원이 고용한 깡패들이 꾸민 암살 음모의 일부였다. 그들은 스파르타쿠스단 지도자들을 "밤낮없이 추적·색출해서 선동이나 조직 활동을 못하게 하라"는 지시를 받았다.[44] 그때부터 룩셈부르크와 그 동지들은 도망자처럼 살아야 했다. 룩셈부르크는 날마다 이 호텔 저 호텔을 전전하며 가명으로 방을 구했고, 불청객을 피해 아침 일찍 호텔에서 나와야 했다.

군 장성들은 전선에서 돌아와 불만이 가득한 병사들을 불법 무장 단체로 조직하고 그들에게 혁명에 대한 반감을 부추기고 있었다. 사회민주당 정부의 국방부 장관에 임명된 구스타프 노스케가 자유군단이라는 이 폭력 집단의 지휘 책임을 맡은 우두머리였다. 그들은 베를린으로 진군해서 공산당과 혁명을 분쇄해 버리고 싶은 생각이 굴뚝 같았지만, 그보다 먼저 공산당을 거리로 끌어낼 필요가 있었다. 그래서 1919년 1월 4일 아이히호른에게 횡령 혐의를 뒤집어씌워 해임해 버렸다. 이 도발에 많은 사람들이 격분했다. 아이히호른은 혁명가이자 성실한 사람으로 인정받고 있었기 때문이다. 1월 5일 아이히호른을 지지하는 대중 시위가 벌어졌고, 이런 분위기에 고무된 리프크네히트와 혁명적 직장위원회는 베를린에서 권력을 잡겠다는 생각으로 혁명위원회 수립을 선포했다.

이것은 치명적 실수였다. 오직 소수의 노동자들만이 봉기할 태세가 돼 있었고(대다수 노동자들은 여전히 부르주아 민주주의에 환상을 품고 있었다), 공산당의 강령에는 권력을 장악하려면 노동자 다수의 지지를 받아야 한다고 특별히 명시돼 있었기 때문이다. 리프크네히트는 봉기를 결정할 때 공산당의 다른 사람들과 상의하지도 않았다. 룩셈부르크는 리프크네히트의 결정을 듣고 "카를, 그게 우리의 강령인가요?" 하고 나무라며 언쟁했다. 그러나 일단 봉기가 시작되자 룩셈부르크는 그냥 나 몰라라 할 수 없었다. 그래서 혁명을 방어하는 무장 행동을 호소했다. 그럴 만한 수단이 전혀 없었는데도 말이다. 혁명위원회는 노동자들에게 베를린 거리로 나와서 건물들을 점거하라고 선동해 놓고도 그들을 지도할 수 없었다. 혁명위원회가 주저하며 에베르트와 협상을 할지 말지 고민하는 동안 혁명위원회 지지자들은 건물 안에 웅크리고 앉아 지시를 기다리고 있었다.

1월 11일 에베르트와 노스케는 자유군단을 동원해서 무력으로

로자 룩셈부르크와 함께 살해당한 카를 리프크네히트의 마지막 연설 모습.

베를린을 탈환했다. 그 뒤 사흘 동안 그들은 학살과 테러를 자행하며, 수많은 노동자를 살해했다. 반혁명의 공세가 시작된 것이다.

룩셈부르크를 비롯한 스파르타쿠스단 지도자들은 베를린을 떠나 목숨을 구하라는 권고를 받았지만, 거절했다. 그들은 노동자들이 패배하도록 내버려 둘 수 없었다. 마침내 자유군단이 룩셈부르크를 은신처에서 끌어내 카를 리프크네히트와 함께 살해한 뒤 룩셈부르크의 시체를 운하에 던져 넣었다. 룩셈부르크를 살해한 부대의 지휘관인 포겔 중위는 "그 늙은 암퇘지는 죽어 마땅하다"고 말했는데, 이것은 룩셈부르크가 대변한 모든 것에 대한 자유군단의 증오심을 드러내는 말이었다.[45] 죽기 직전에 룩셈부르크는 마지막 기사를 하나 썼다. 1월 14일치 〈로테 파네〉에 실린 "질서가 베를린을 지배한다"라는 제목의 글에서 룩셈부르크는 봉기가 왜 실패했는지, 그리고 어떻게 다시 일어날 수 있는지를 노동자들에게 설명하려 노력했다.

지도부는 실패했다. 그러나 지도부는 대중이, 대중 속에서 다시 만들어 낼 수 있고 만들어 내야 한다. 대중이 결정적 요인이다. 혁명의 최종 승리는 그 대중이라는 바위 위에 세워질 것이다. … '질서가 베를린을 지배한다!' 너희 멍청한 하수인들! 너희의 질서는 모래 위에 세워진 것이다. 혁명은 '다시 힘차게 일어설 것'이고, 너희에게는 끔찍한 일이겠지만, 혁명은 승리의 나팔소리를 울리며 다음과 같이 선언할 것이다. 나는 있었노라, 나는 있노라, 나는 있으리라!

유산

실제로 독일 혁명은 다시 일어섰다. 룩셈부르크가 죽은 뒤 4년 동안 몇 차례나 혁명은 다시 일어섰지만, 공산당은 경험도 없고 최상의 지도자들도 잃어버려서 노동계급이 지배계급을 이기는 데 필요한 지도부가 될 수 없었다. 1923년 말에 독일의 혁명적 순간은 마침내 끝났다. 그 패배의 결과는 엄청났다. 룩셈부르크를 살해한 자유군단은 나중에 히틀러의 거리 부대로 성장했다. 자유군단을 풀어놓은 사회민주주의자들은 결국 히틀러 치하의 강제수용소에서 죽어 갔다. 사회주의냐 야만이냐라는 룩셈부르크의 최후통첩성 경고가 옳았음은 부정적으로 입증됐다. 독일에서 사회주의의 희망은 짓밟혔지만, 그 희망을 분쇄하도록 풀려난 세력은 길들여지지 않았고, 그 뒤 20년 동안 인류 역사상 최악의 야만이 나타났다.

독일 혁명이 실패하자 러시아 혁명도 좌초했다. 1920년대 말에 스탈린은 신생 노동자 국가를 장악해서 목 졸라 죽였다. 이미 1924년에 죽은 레닌은 이제 우상처럼 떠받들어졌다. 레닌이 알면 기겁할 일이었다. 룩셈부르크는 레닌과 논쟁했다는 이유로 사후에 [스탈린주의자들의] 비난을 받았다. 공산주의의 순교자였던 룩셈부르크는 이제 볼셰비키에 반대한 적이 돼 버렸고, 그녀의 저작은 파묻혔다.

1960년대에 신좌파는 룩셈부르크를 소련과 연계돼 오염되지 않은 마르크스주의자로 다시 발굴했다. 동독의 반체제 인사들도 룩셈부르크한테서 영감을 얻었다. 페미니스트들은 룩셈부르크가 강력한 여성 혁명가·이론가라는 사실을 발견했다. 비록 일부 페미니스트들은 룩셈부르크가 여성 문제에 관한 글을 많이 쓰지 않았다는 이유로 비난했지만 말이다. 이제 룩셈부르크에 대한 관심이 새롭게 되살아나고 있다. 룩셈부르크에 관한 토론회나 강연회가 꾸준히 열리고, 책이나 글 모음집도 새롭게 발간되고 있다.

오늘날 우리가 사는 세계는 룩셈부르크도 잘 알고 있던 세계다. 즉, 제국주의 전쟁이 모든 지역을 파괴하고, 제3세계는 심각한 빈곤의 늪에서 허덕이고, 노동계급은 자본주의의 고질병인 경제 위기의 대가를 치르라는 요구에 시달리고, 개혁주의 정당들은 자본주의 체제를 유지하고 보존하려고만 하는 그런 세계다. 그러나 우리는 또, 새로운 대중파업의 시대에 살고 있다. 2000년대 초의 아르헨티나·볼리비아·베네수엘라에서 2011년의 그리스와 스페인, 아랍의 봄에 이르기까지 대중파업은 계속되고 있다. 클라라 체트킨은 룩셈부르크가 "혁명의 예리한 검이자 살아 있는 불꽃이었다"고 썼다. 로자 룩셈부르크의 글과 삶을 보며 얻을 수 있는 힘과 교훈은 100년 전과 마찬가지로 지금도 여전히 밝게 빛나고 있다.

04
레온 트로츠키

혁명적 마르크스주의 전통을 사수하다

21세기와 트로츠키

21살의 트로츠키는 첫 망명지 시베리아에서 다음과 같이 썼다. "살아 숨 쉬는 한 나는 미래를 위해 투쟁하리라." 그 뒤 그는 20세기의 가장 놀라운 사건들을 겪으며 실제로 그렇게 투쟁했다.

어느 누가 보더라도 트로츠키의 인생은 경이로웠다. 그는 1917년 러시아 10월 무장봉기의 핵심 조직자였고, 10월 혁명 뒤에는 14개국 침략군에 맞서 싸운 적군赤軍의 지도자였다. 또, 제1차세계대전의 학살에 반대하고 히틀러의 발흥에 저항하는 등 가장 암담한 시기에 조직 활동을 하기도 했다.

트로츠키는 세계를 변혁하려고 끊임없이 노력하는 과정에서 자신의 사상을 발전시키고 논쟁하고 수많은 글을 썼다. 오늘날의 세계는 트로츠키가 활동하던 시기와 여러모로 달라 보인다.

그러나 오늘날 전쟁과 신자유주의에 반대하는 세계적 운동이 직면한 많은 문제들은 트로츠키가 다룬 문제들이기도 하다. 국민의 대다수가 산업 노동자가 아닌 나라에서 어떻게 자본주의에 도전할 수 있을까? 정치 개혁을 위한 투쟁과 진정한 경제적 평등을 위한 투쟁의 관계는 어떠해야 할까? 우리 운동에서 국제주의는 어떤 의미일까? 광범한 사람들과 협력하는 원칙을 지키면서도 혁명적 사상의 영향력을 확대하려면 어떻게 해야 할까?

오늘날 자본주의보다 나은 세계를 원하는 많은 사람들은 사회주의 사상과 소름 끼치는 스탈린주의를 구분하지 않는다. 그러나 트로츠키는 스탈린주의의 발흥을 가장 일관되게 반대했고, 스탈린주의를 비판한 최초의 사회주의자였다. 트로츠키의 가차 없는 反스탈린 투쟁(이 때문에 트로츠키는 결국 목숨까지 잃었다)은 스탈린주의와 다른 전통의 사회주의가 존재한다는 것을 입증했다. 노동 대중 스스로 세계를 변혁해야 한다는 사상과 국제주의를 바탕으로 한 사회주의가 그것이다.

트로츠키는 평생 동안 전쟁과 불의를 맹비난했다. 1938년에 그는 시인 앙드레 브르통에게 보낸 편지에서 다음과 같이 불평했다. "우리가 사는 이 지구는 더럽고 냄새나는 제국주의 병영兵營으로 바뀌고 있습니다."[1] 전쟁과 자본주의의 폐해가 갈수록 심각해지는 오늘날 이

앙드레 브르통 프랑스의 초현실주의 시인. 1938년 멕시코에 망명 중이던 트로츠키를 찾아와 함께 "예술의 완전한 자유"를 주장하는 선언문을 썼다.

를 저지하려고 애쓰는 우리는 트로츠키에게서 결정적으로 중요한 통찰을 얻을 수 있다.

트로츠키, 혁명가가 되다

트로츠키는 시베리아에서 처음으로 탈출할 때 자신을 감시하던 교도관의 이름을 따서 자신의 가명을 지었다. 본명이 레프 다비도비치 브론시테인인 트로츠키는 1879년 우크라이나의 작은 농촌 마을에서 태어났다. 그의 부모는 비교적 부유한 유대인 농민이었다.

트로츠키가 태어난 러시아는 차르와 러시아정교회가 지배하는 억압적인 사회였다. 농노제가 폐지된 지 20년도 채 안 됐다. 러시아는 국토의 대부분이 농촌이었고 도시에서는 소규모로 공업이 성장하고 있었지만 대체로 농업을 바탕으로 한 사회였다.

차르는 독일에서 아돌프 히틀러와 나치가 대두하기 전에 다른 어느 나라보다 끔찍한 유대인 박해를 자행했다. 실제로 러시아 국가는 유대인에 대한 군중 폭력과 학살(포그롬)을 사주하는 등 유대인 혐오를 부추겼다. 러시아에는 유대인의 정착과 토지 소유가 금지된 지역이 많았다. 트로츠키 가족이 우크라이나에 정착한 것도 그 때문이었다.

1900년 차르 감옥에 수감돼 있던
21살의 트로츠키.

당시 차르에 맞선 저항의 형태는 주로 나로드니키, 즉 '민중의
벗'이라고 부른 운동이었다. 그들은 러시아 농촌의 전통에 의존
해서 서유럽 자본주의의 폐해를 피하려 했다. 그러나 농민과 함
께 살면서 반란을 선동하려는 노력들이 실패하자 나로드니키는
점차 음모적이고 폭력적인 저항 방식에 의존했다. 1881년에 그들
은 차르를 암살하는 데 성공했다. 그들은 이를 계기로 농민 반란
의 물결이 일어나기를 바랐지만, 오히려 더 가혹한 국가 탄압이
뒤따랐을 뿐이다.

이런 탄압에도 불구하고 1890년대 중반에 저항과 도전의 물
결이 일기 시작했다. 1896년에 학생 수백 명이 새 차르에 대한

충성 서약을 거부했고 노동자 3만 명이 수도인 페테르부르크에서 파업을 벌였다. 이것은 러시아 최초의 대규모 파업이었고, 새로운 세력인 도시 노동계급의 탄생을 알리는 신호였다.

그해에 17살의 학생 트로츠키는 프란스 슈비고프스키라는 정원사의 오두막을 근거지로 활동하던 혁명가 서클에 가입했다. 트로츠키의 아버지는 아들이 엇나가는 것을 심히 걱정했다. 고집 센 청년 활동가 트로츠키는 집에서 돈 받기를 포기하고 슈비고프스키의 '혁명적 오두막'으로 이사했다.

주위의 대다수 노동자·학생과 마찬가지로 트로츠키도 처음에는 나로드니키를 자처했다. 사람들은 나로드니키의 용기와 헌신성을 칭송했다. 이 오두막을 중심으로 모인 서클에서 트로츠키는 첫 아내가 될 여성 알렉산드라 소콜로프스카야를 처음 만났다. 소콜로프스카야는 그때 이미 마르크스주의자를 자처했다. 몇 달 뒤 트로츠키도 마르크스주의자가 됐다.

알렉산드라 소콜로프스카야
마르크스주의 혁명가였고 트로츠키와 결혼해 두 딸을 뒀으나 1902년 트로츠키가 시베리아 유형지에서 탈출하면서 헤어졌다.

마르크스는 자본주의의 성장으로 생겨난 노동계급이 체제를 전복할 만큼 강력할 뿐 아니라 정말로 혁명적인 새로운 사회를 건설하는 것이 노동계급 전체에 득이 된다고 주장했다. 그래서 마르크스는 노동계급을 자본주의의 무덤을 파는 사람들이라고 불렀다. 그는 또, 착취당하는 사람들을 대신해서 누군가가 그들을 해방할 수는 없다고, 다시 말해 "노동계급의 해방은 노동계급 자신의 행동이어야 한다"고 주장했다. 트로츠키는 평생 동안 이 원칙을 지켰다.

트로츠키의 서클은 노동자들 사이에서 선동하고 혁명적 문헌을 배포하고 그들을 토론에 끌어들였다. 오래지 않아 회원이 200명을 넘었다. 그들 자신도 놀란 대성공이었다.

이 소규모 서클의 급성장에 경악한 경찰은 1898년에 트로츠키를 비롯한 회원들을 체포했다. 트로츠키는 감옥에 갇혀 있는 2년 동안 많은 책을 읽고 많은 글을 썼다. 그가 처음으로 레닌의 몇몇 저작을 읽고, 프리메이슨의 역사를 다룬 마르크스주의 저작을 처음 쓴 것도 이때였다. 그는 또, 동료 재소자들 사이에서 선동을 하기도 했다. 비록 효과는 없었지만 극적인 모자 착용 투쟁을 벌였다가 한동안 독방에 갇힌 적도 있었다.*

트로츠키는 감옥에서 결혼한 알렉산드라와 함께 시베리아로 유형을 떠났다. 시베리아에서 그는 신문 기사를 쓰기 시작했고, 시사 쟁점이나 문학을 주제로 강연도

• 한 소년수가 교도소장을 보고도 모자를 벗지 않았다는 이유로 징벌방에 갇히자 트로츠키는 재소자들을 선동해 교도소장 앞에서 단체로 모자를 벗지 않는 시위를 벌였다.

했다. 헌신적 혁명가이자 확신에 찬 마르크스주의자가 된 트로츠키는 점차 유형지 생활에 절망하고 있었다.

어떤 종류의 정당인가?

1902년에 트로츠키는 건초더미를 실은 마차에 숨어 시베리아를 탈출했다. 그는 유럽 전역의 활동가들한테서 도움을 받아 런던으로 갔다. 킹스크로스 근처의 어느 집에서 그는 〈이스크라〉라는 혁명적 신문을 중심으로 활동하던 주요 러시아인 혁명가들을 만났다. 그중에는 레닌도 있었다. 〈이스크라〉는 정기적으로 러시아 국내의 활동가들에게 몰래 전달됐다. 트로츠키는 이제 〈이스크라〉에 글을 쓰기 시작했다.

〈이스크라〉를 중심으로 활동하던 그룹은 러시아 사회민주노동당의 일부였다. 이 사회주의 정당은 1898년에 겨우 아홉 명의 대의원이 모여 창당했고, 1902년쯤에는 규모와 영향력이 상당히 커져 있었다.

러시아 사회민주노동당은 1903년 당대회에서 분열했다. 당대회 참가자들은 사소한 조직 문제를 둘러싸고 당이 분열한 것에 경악했다. 당시에는 그 문제가 아주 하찮게 보였기 때문이다. 레닌이 논쟁의 한 축을 이끌었고, 트로츠키는 다른 쪽에 있었다.

논쟁은 당원 자격을 둘러싼 문제에서 시작됐는데, 이 논쟁은 더 심각한 분열(어떤 종류의 정당이 필요한지를 둘러싼)을 반영하고 있었다. 당시 레닌은 잘 짜여진 중앙집중적 혁명가 조직의 중요성을 강조했다. 트로츠키는 레닌의 모델이 결국은 대리주의,

즉 중앙집중적 당이나 당 지도부가 노동계급의 자주적 행동을 대신하는 것으로 귀결될 거라고 생각했다. 트로츠키는 서유럽 사회주의자들이 조직한 대규모 정당들, 특히 독일 사회민주당을 본뜬 광범한 대중정당을 지지했다.

레닌의 당 개념은 아직 발전의 초기 단계였고, 부분적으로는 차르 경찰의 탄압이라는 불법 상황에서 비롯한 측면도 있었다. 그러나 더 일반적으로는, 노동자들이 스스로 해방해야 하지만 노동자들의 생각이 모두 똑같지는 않다는 것이 레닌 당 개념의 근본 사상이었다. 진보적·혁명적인 노동자도 있지만 반동적인 노동자도 있다. 대다수 노동자는 이 둘의 중간 어딘가에 있다. 당은 혁명가들을 단결시켜서 그들이 다른 노동자들에게 다가가 영향을 미칠 수 있게 해야 한다. 레닌의 분파는 대의원 다수의 지지를 받아서 볼셰비키(다수파)라는 이름을 얻었다. 트로츠키 는 소수파인 멘셰비키에 가담했지만, 1년 뒤에 멘셰비키와 결별 했다. 그 뒤 10년 동안 트로츠키는 볼셰비키와 멘셰비키의 통합 을 위해 노력했다.

많은 사람들이 볼셰비키와 멘셰비키의 통합을 원했고, 두 분 파는 1912년에야 최종 공식 분열했다. 일부 지역에서는 혁명의 해인 1917년까지도 볼셰비키와 멘셰비키가 사실상 통합돼 있었 다. 1903년에 볼셰비키와 멘셰비키의 지향점이 근본적으로 다를 것이라고 예상한 사람은 아무도 없었다. 1903년부터 1917년까지 혁명·반혁명·전쟁 등의 우여곡절을 겪은 뒤에야 둘의 차이가 분명해지고 확고해졌다.

이 시기에 트로츠키는 탁월한 웅변가, 저술가이자 독창적 사상가로 성장했다. 그러나 1917년까지 그에게는 혁명의 성공을 위한 더 광범한 전략과 자신의 기여를 연결시킬 조직이 없었다. 트로츠키는 1917년에 볼셰비키당에 가입했다. 나중에 그는 더 일찍 볼셰비키당에 가입하지 않은 것이 생애 최대의 실수였다고 말했다.

1905년: 최초의 노동자 평의회

때때로 사람들은 소수의 혁명가들이 계획하고 조직한 대로 혁명이 일어난다고 생각한다. 사실, 뜻밖의 사람이나 사건이 오랜 분노와 고통의 초점이 되고 대중운동이나 심지어 혁명의 도화선이 될 수 있다.

1905년 1월 러시아에서는 차르와 재앙적인 러일전쟁에 대한 불만이 팽배해 있었다. 이런 분노에 불을 붙인 것은 가폰 신부가 이끈 시위였다. 가폰 신부는 결코 혁명가가 아니었다. 가폰 신부와 경찰 끄나풀이 차르에게 개혁을 청원하려고 사람들을 이끌고 행진했다. 차르는 군대에 발포 명령을 내려 시위대를 학살했다.

이 학살이 '피의 일요일'이다.

이것이 러시아에서 1년 동안 계속된 대규모 격변의 도화선이었다. '피의 일요일' 이후 두 달 동안 러시아 전역의 120여 도시에서 노동자 100만 명 이상이 참가하는 파업이 벌어졌다. 노동자들의 대중파업은 농촌의 농민 소요를 불러일으켰고, 전함 포톰킨 호의 반란(세르게이 예이젠시테인이 동명同名의 영화에서 탁월하게 묘사한)을 비롯해 육군과 해군 부대에서도 반란이 일어났다.

10월 초에 철도 노동자들이 일으킨 파업이 러시아제국 전역의 총파업으로 발전했다. 이 소식을 들은 트로츠키는 서둘러 러시아로 돌아왔다. 그는 러시아 역사상 최초의 소비에트인 페테르부르크 노동자 대표 소비에트가 창립된 지 딱 하루 뒤인 10월 14일 페테르부르크에 도착했다.

노동자 소비에트는 새로운 형태의 조직이었다. 그것은 러시아 최초의 민주주의 기구였고, 노동자들이 직접 선출한 대표들이 논쟁과 표결을 통해 정책을 결정했다. 파업을 조직할 직접적 필요 때문에 창립된 소비에트는 절정기에 페테르부르크에서 147개 공장의 대표 562명을 포함했다. 소비에트의 구실은 파업 투쟁을 조율하던 것에서 식량 배급을 조직하고 국가와 우익 폭력배들의 공격에 맞서 노동자들을 무장시키는 것으로 재빨리 바뀌었다.

소비에트는 경제적 요구와 정치적 요구를 결합시켰고, 두 가지 요구를 모두 포함하는 구호들을 제기했다. 트로츠키는 다음과 같이 썼다. "이제부터 '8시간 노동과 총'이라는 구호가 모든 페테르부르크 노동자들의 마음속에 살아 있을 것이다."[2] 소비에트는 차르의 국가에 대항하는 기층의 권력 중심을 새롭게 창출하기 시작했다. 트로츠키는 이를 두고 "노동자 정부의 맹아"라고 불렀다. 3개월이 채 안 돼 러시아 전역에서 40~50개의 소비에트가 창립됐다. 비록 어느 것도 페테르부르크 소비에트만큼 힘과 권위가 있지는 않았지만 말이다.

1905년 러시아 혁명은 대중파업과 결합된 최초의 혁명이었고 노동자 평의회가 등장한 최초의 혁명이었다. 그때 이후 진정한 대중 혁명이 일어날 때마다 노동자들은 언제나 소비에트와 비슷한 방식으로 자신들을 조직해서 토론하고 논쟁하고 결정할 수 있는 민주적 회의체를 만들어 냈다. 러시아에서 소비에트가 등장했다면, 1978~79년 이란 혁명에서는 쇼라가 등장했고, 1972~73년 칠레에서는 코르돈이 등장했다.

트로츠키는 당대의 다른 어느 혁명적 지도자보다 더 명확하게 소비에트의 중요성을 파악하고 소비에트 활동에 열성적으로 참가했다. 반면에, 많은 볼셰비키는 처음에 이 새로운 조직을 의심했다.

유대인 혐오가 강력한 나라에서 26살의 유대인 청년인 트로츠키가 페테르부르크 소비에트의 의장으로 선출됐고, 소비에트의 핵심 대변인이자 기관지 편집자가 됐다.

소비에트는 50일 동안 지속했다. 그 기간에 트로츠키는 때로는 노동자들이 전진해야 한다고 주장했고 때로는 후퇴해야 한다고 주장했다. 그는 소비에트가 차르의 거짓 약속을 믿어서는 안 된다고 경고했다. 트로츠키는 차르 반대 투쟁에 동참하라고 농민에게 호소하는 성명서를 비롯해 소비에트의 많은 성명서를 기초했다. 그는 러시아 국가가 부추기는 포그롬에 대항해 노동자들을 무장시키기도 했다.

나중에 그는 이런 사건들의 한복판에 있을 때 느낀 흥분에 대해 다음과 같이 썼다. "혁명에 의해 제거되고 전복되는 사람들만이 혁명을 완전히 미친 짓으로 본다. 우리는 혁명을 전혀 다르게 봤다. 혁명이 비록 거센 폭풍우처럼 보일지라도 우리는 혁명을 만끽하고 있었다."[3]

소비에트에 관여하며 트로츠키도 변했다. 자신감과 능력도 커졌고, 반항적인 청년에서 행동과 사상의 지도자로 성장했다.

1905년 12월에 무장봉기가 진압되고 혁명은 막을 내렸다. 트로츠키는 다시 감옥에 갇혔다. 차르의 국가는 한동안 혁명의 물결을 막았지만, 러시아는 결코 과거와 똑같지 않았다. 노동자들은 언뜻 자신들의 힘을 느꼈고, 강력한 힘을 과시했고, 새롭게 조직하는 법을 배웠다. 러시아 노동계급은 극적으로 역사에 흔적을 남겼다.

연속혁명

1905년 혁명의 경험에서 배운 트로츠키는 연속혁명 이론을 발전시켰다. 연속혁명론은 마르크스주의에 대한 가장 독창적이고 중요한 공헌 가운데 하나다. 그것은 오늘날 제3세계의 혁명이나 해방 문제와도 직접적 관련성이 있다.

1905년 혁명 이후 러시아 사회주의자들과 국제 운동 전체에서 엄청난 논쟁이 벌어졌다. 1905년까지만 해도 많은 활동가들은 다음 혁명이 어디서 일어날지, 어떤 혁명이 일어날지를 둘러싸고 논쟁을 벌였다. 러시아에서 노동자 혁명이 일어날 것이라고 생각한 사람은 아무도 없었다.

러시아는 서유럽보다 경제적·정치적으로 매우 후진적인 사회였다. 차르의 독재가 여전했고, 국민의 대다수는 농민이었다.

유럽 전역의 사회주의자들은 러시아가 서유럽의 뒤를 따라 1789년의 프랑스 혁명 같은 부르주아(자본주의적) 혁명을 거쳐야 할 것이라는 데 대체로 동의했다. 자본주의의 토대를 구축한 뒤에야 비로소 사회주의 혁명을 기대할 수 있다는 것이었다.

러시아 마르크스주의자들은 혁명이 일어나면 차르가 제거되고 자본주의 발전의 길이 닦일 것이라는 데 거의 모두 동의했다. 어떤 세력이 그런 혁명을 이끌어야 하는지가 쟁점이었다.

멘셰비키는 노동자들과 자유주의자들(자본가계급의 정치적

대표들)이 동맹해야 한다고 주장했다. 레닌과 볼셰비키는 그런 동맹에 반대했다. 레닌은 정치적으로 소심한 자유주의자들의 실천을 지적하며, 노동자들은 자본가계급으로부터 독립적이어야 한다고 주장했다. 레닌은 노동자들이 농민과 동맹을 맺고 혁명을 이끌어야 한다고 주장했다.

트로츠키는 새롭고 독창적인 태도를 취했다. 1905년의 경험을 바탕으로 트로츠키는 러시아에서 노동자들이 이끄는 사회주의 혁명이 일어날 수 있다고 주장했다.

마르크스는 1848년 유럽 전역에서 일어난 혁명을 겪은 뒤 자본가계급이 더는 혁명적 세력이 아니라고 지적했다. 이런 통찰을 바탕으로 트로츠키는 이제 러시아에서는 노동계급이야말로 결정적인 혁명적 세력이라고 주장했다.

트로츠키는 레닌과 마찬가지로 러시아 자본가들(자유주의자들)을 경멸했다. 그들은 개혁이 필요하다고 사탕발림을 늘어놓았지만, 정작 1905년에 차르보다 노동자들을 더 두려워한다는 것을 분명히 보여 줬다. 그러나 트로츠키는 [멘셰비키·볼셰비키와 달리] 러시아 혁명이 서유럽과 똑같은 경로를 거쳐야 한다거나 의회제 자본주의 국가 수립의 틀 안에 머물러야 한다고 생각하지 않았다.

트로츠키의 출발점은 러시아의 발전을 세계적 맥락에서 살펴보는 것이었다. 러시아의 발전 경로는 소규모 장인들에서 소공장 단계를 거쳐 대공장으로 발전한 프랑스나 영국과 달랐다. 국제적인 군사·경제 경쟁 때문에 러시아는 중간 단계를 건너뛰어 세계에서 가장 선진적인 산업을 곧장 도입했다.

나중에 트로츠키는 이런 패턴을 불균등·결합 발전이라고 불렀다. 서로 다른 지역들에서 서로 다른 속도로 자본주의가 발전한다는 점에서 불균등 발전이고, 이런 발전의 일부 단계들이 서로 뒤섞이거나 공존할 수 있다는 점에서 결합 발전이었다. 오늘날 제3세계의 많은 지역에서 이런 발전 패턴을 볼 수 있다. 농사지어 겨우 입에 풀칠하는 농민이나 빈민가 판자촌에 사는 사람들이 세계 최첨단 공장이나 기술과 공존한다. 사실, 트로츠키의 통찰은 1905년 이후에 현실 관련성이 훨씬 더 커졌다. 왜냐하면 자본주의가 세계의 점점 더 많은 지역을 엄청나게 그리고 불균등하게 변모시켰기 때문이다.

트로츠키는 비록 많은 농민이 변화를 위한 투쟁을 지지하더라도(어쨌든 그는 1905년 혁명 때 농민에게 다가가기 위해 노력한 사람 가운데 하나였다) 농민은 흩어져 있고 개별적 생산에 집착하므로 정치적·경제적으로 사회주의 혁명의 중심이 될 수 없다고 주장했다.

러시아에서는 자본주의가 발전하면서 매우 강력한 노동자들을 창출하고 그들을 집중시키고 있었다. 노동자들은 1905년 혁명의 핵심이었다. 그들은 차르에 맞서 정치적 자유를 쟁취하려는 투쟁을 승리로 이끌 수 있는 유일한 세력이었다. 그러나 그들은 자신들이 자본가들의 착취에 맞서 싸워야 한다는 것도 깨달았다. 따라서 노동자들은 단지 자본주의의 틀 안에서 민주 개혁을 위해 투쟁한 것이 아니라 노동자 권력과 사회주의 혁명을 위해 투쟁하고 있었다.

물론 트로츠키는 러시아에서 노동자들이 여전히 소수라는 사실을 알고 있었다. 따라서 혁명의 성공과 사회주의 건설은 세계 상황(혁명이 선진 자본주의 나라들로 확산되는 것)에 달려 있을 것이다. 앞으로 보겠지만, 트로츠키는 이 국제주의를 죽을 때까지 고수했다. 이 국제주의의 토대는 제국주의라는 현실, 세계 각지의 상호 의존성 증대(오늘날 우리가 세계화라고 부르는)라는 현실이었다.

자본주의는 오늘날 세계 모든 나라를 지배하고 있다. 그러나 아직도 일부 지역에서는 산업 노동자들이 인구의 소수다. 연속 혁명론은 그런 나라들에서도 노동계급이 변혁의 핵심 세력인 이유를 설명해 준다. 노동자들은 자본주의를 마비시킬 수 있는 집단적 힘이 있다. 그들의 투쟁은 잠재적 폭발력이 있는 억압받는 집단과 미조직·농촌·임시직 노동자들의 저항에 힘과 조직을 제공할 수 있다. 트로츠키의 이론은 또, 민주 개혁을 위한 효과적인 투쟁이 사회주의를 위한 더 광범한 투쟁으로 어떻게 발전할 수 있는지를 보여 준다.

트로츠키는 이것이 필연적이라고 결코 주장하지 않았다. 연속혁명은 대안에 관한 이론이다. 즉, 민주주의를 위한 투쟁과 사회주의를 위한 투쟁이 결합할 수도 있지만, 부르주아 국가 건설만을 원하는 자들이 투쟁을 가로챌 수도 있다.[4]

러시아의 민주주의는 자본주의 의회제 민주주의 단계를 거치지 않고 노동자 평의회로 곧장 나아갔다. 마찬가지로, 트로츠키는 자본주의가 먼저 발전한 서유럽 각국의 자본주의 발전 단계를 모두 거치지 않고도 러시아에서 사회주의 혁명이 가능하다고 주장했다. 이것은 단지 첫걸음일 뿐이다. 사회주의 사회는 혁명이 확산돼야만 수립될 수 있고 유지될 수 있다. 1917년 러시아 혁명은 트로츠키의 이론이 옳았음을 긍정적으로도 부정적으로도 확증해 줬다.[*]

> • 농민이 다수인 상대적 후진국 러시아에서 노동계급이 권력을 잡았다는 점에서 긍정적으로 연속혁명론을 확증했고, 그 권력이 서구 혁명의 패배로 고립돼 변질되고 마침내 정반대의 것(자본주의의 변형인 국가자본주의)으로 바뀌었다는 점에서 부정적으로 연속혁명론을 확증했다.

전쟁이라는 시험대

1914년 7월에 시작된 제1차세계대전은 언뜻 보면 오스트리아 황태자 프란츠 페르디난트의 암살 때문에 일어났다. 그러나 실제로는 자본주의 경쟁과 확장 때문에 일어난 전쟁이었고, 세계 역사상 전례 없이 유혈 낭자한 전쟁이었다. 그 전쟁으로 러시아인 170만 명과 독일인 180만 명을 비롯해 적어도 1000만 명이 죽었다. 제1차세계대전은 경제 전체, 따라서 사회 전체가 전쟁 몰이에 좌우된 최초의 전쟁이었다.

각국 지배자들은 민족주의 물결을 부추겨 자신들의 전쟁 목표를 자국민이 지지하도록 만들려 애썼다. 트로츠키는 "자본주의 자칼들의 애국주의 울부짖음"에 유럽이 피바다에 빠져들고 있다고 묘사했다.

전쟁 전에 제2인터내셔널 산하의 주요 사회주의 단체들은 모두 제국주의 전쟁에 반대한다고 공언했었다. 그러나 전쟁이 시작되자 이 사회주의자들의 다수는 자국 정부와 같은 편에 서서 전쟁을 지지했다. 러시아 사회주의자들, 특히 볼셰비키와 세르비아 사회주의자들을 비롯한 유럽의 극소수 투사들만이 전쟁에 반대했다.

또다시 시베리아를 탈출한 트로츠키는 전쟁이 터졌을 때 빈에 살고 있었다. 오스트리아 정부가 트로츠키를 가두겠다고 위협하자 그는 중립국인 스위스로 도피했다. 스위스에서 그는 《전쟁과 인터내셔널》이라는 소책자를 썼다. 그것은 러시아 혁명가가 쓴 최초의 반전 성명서였다.

그 소책자에서 트로츠키는 주로 독일 사회민주당(제2인터내셔널에서 가장 크고 가장 탄탄한 조직)의 배신을 비판했다. 트로츠키와 레닌은 모두 사회민주당이 전쟁을 지지한 것에 충격을 받았다.

독일 사회민주당은 수많은 당원을 거느린 거대한 선거 기구였다. 이미 오래전에 사회민주당은 자본주의의 틀 안에서 활동하는 데 적응하기 시작했다.

일부 사회민주당원들은 차르 치하의 러시아보다 독일이 더 진보적인 사회이기 때문에 전쟁에서 독일을 지지한다고 주장했다. 트로츠키는 이 말에 격분했다. 그는 제국주의 열강의 군사적 개입이 차르에 맞선 러시아인의 투쟁에 도움이 되기는커녕 오히려 방해가 될 뿐이라고 지적했다.

트로츠키는 전쟁에 반대하는 것 이상을 원했다. 그는 전쟁 몰이의 배후에 있는 동력도 이해하기를 원했다. 그는 자본주의의 경제력이 국민국가의 틀을 뛰어넘었다고 주장했다. 그래서, 점점 더 통합되는 세계시장에서 무장한 국가들이 서로 권력 쟁탈전을 벌이느라 전쟁은 자본주의의 상시적 특징이 됐다. 트로츠키는 피억압 민족의 자결권과 민중 항쟁을 바탕으로 한 평화를 호소했다.

전쟁 때문에 많은 사람들과의 오랜 인간관계가 흔들렸다. 트로츠키는 그때까지 국제적으로 가장 중요한 당이라고 봤던 독일 사회민주당과 결별했을 뿐 아니라 오랜 동지나 동료 중에서 전쟁을 지지한 사람들과도 결별했다. 그는 심지어 오랜 동료 한 명이 전쟁 지지자로 변신하자 "살아 있는 동료에게 바치는 추도사"를 쓰기도 했다. 그와 동시에, 새 동료들도 사귀고 유럽에서 전쟁에 반대하는 일부 개인들과 지속적인 정치적 관계를 맺기도 했다.

볼셰비키의 단호한 반전 입장과 점차 동요하고 민족주의에 타협하는 멘셰비키의 차이점이 전쟁 기간에 분명해졌다. 처음으로 트로츠키는 멘셰비키와 자신의 차이점을 일부 밝히는 저작을 출판했다. 비록 여전히 볼셰비키에 가입하지는 않았지만 말이다.

트로츠키는 1915년 9월 국제 반전 활동가들이 스위스 치머발트에서 첫 회의를 여는 것을 도왔다. 그 회의에는 11개국 대표 38명이 참가했다. 비록 규모는 작았지만, 치머발트 회의는 중립국의 사회주의자들뿐 아니라 서로 교전 중인 나라의 사회주의자들도 불러 모은 매우 중요한 회의였다.

트로츠키와 레닌은 모두 제2인터내셔널이 전쟁 지지 문제로 돌아올 수 없는 강을 건넜으므로 더는 개혁될 수 없다는 데 동의했다. 치머발트 회의 이후 새 인터내셔널 건설 움직임이 시작됐다.

당시 트로츠키는 파리에 살면서 전쟁 관련 글을 쓰고 사회주의 신문 편집을 도왔다. 1916년 10월 그는 스페인으로 추방됐다. 3개월 뒤 또 추방당해서 이번에는 뉴욕으로 갔다. 그는 다음과 같이 썼다. "나는 피바다가 된 유럽을 떠났지만, 혁명이 다가오고 있다는 믿음은 더욱 강해졌다."[5]

1917년 러시아 혁명

1917년 2월 페트로그라드(페테르부르크의 새 이름) 여성들의 시위와 파업을 계기로 혁명이 일어나 차르가 쫓겨나고 자유주의 자본가들이 주도하는 임시정부가 권력을 잡았다. 4월 초에 러시아로 돌아온 레닌은 보통의 노동자들과 병사들이 서로 토론하고 논쟁하고 조직하는 러시아야말로 세계에서 가장 자유로운 사회라고 말했다.

새 임시정부는 매우 불안정했다. 혁명으로 차르가 제거됐지만, 러시아 대중이 직면한 문제들(임시정부가 여전히 지속시킨 전쟁, 빈곤, 지주의 지배, 소수민족 억압, 자본가의 노동자 착취 등)은 해결되지 않았다.

1905년 혁명의 경험에서 배운 노동자들은 다시 소비에트를 건설해 소비에트를 중심으로 조직하고 토론하고 논쟁했다. 그래서 러시아에는 임시정부와 소비에트라는 두 권력이 서로 경쟁하는 "이중[이원] 권력" 상황이 조성됐다. 재미있게도, 임시정부와 소비에트는 우연히 똑같은 건물을 사용하고 있었다.

트로츠키는 5월에 러시아에 도착했다. 그는 비록 전에 레닌과 견해차가 있었지만 이제는 혁명의 핵심 문제들에서 둘의 견해가 일치하고 있음을 깨달았다. 러시아에 돌아온 레닌은 트로츠키와 사실상 똑같은 주장(혁명이 사회주의로 나아가야 한다)을 해서 모든 사람을 놀라게 만들었다. 이제 트로츠키도 혁명에서 볼셰비키가 차지하는 중요성을 이해할 수 있었다. 트로츠키와 그 지지자들은 레닌과 긴밀하게 협력했고 7월에 볼셰비키에 공식 가입했다. 트로츠키는 가입하자마자 중앙위원으로 선출됐다. 그는 가장 많은 표를 얻은 중앙위원 가운데 한 명이었다.

1905년과 마찬가지로 소비에트는 다당제 민주주의 조직이었다. 노동자들과 병사들은 소비에트에서 토론하고 논쟁하고 조직했다. 트로츠키가 러시아에 돌아왔을 때 소비에트의 다수파는 멘셰비키를 비롯한 온건파들이었다. 그들은 임시정부에 참가하기로 이미 결정했다. 임시정부는 이 결정을 이용해 임시정부 자신의 위상을 높이고 혁명의 요구들을 더 쉽게 제한할 수 있다고 생각했다. 트로츠키는 러시아에 돌아온 다음 날 소비에트에 출석해서 이 결정이 혁명의 긴박한 문제들을 전혀 해결하지 못할 것이라고 지적하며 이에 반대했다.

레닌은 볼셰비키가 노동자들에게 "참을성 있게 설명"할 필요가 있다고, 그래서 왜 혁명이 앞으로 전진해야 하는지 이해하도록 노동자들을 설복해야 한다고 볼셰비키 안에서 주장했다. 전쟁과 끊임없는 착취에 불만을 품은 많은 노동자들과 병사들, 특히 페트로그라드 노동자들과 병사들은 혁명이 사회주의 혁명으로 계속 나아가야 한다는 결론을 이미 내렸지만, 다수는 여전히 임시정부에 희망을 걸고 있었다. 7월에 레닌과 트로츠키는 노동자들과 병사들이 페트로그라드에서 권력을 장악할 수는 있겠지만 러시아의 나머지 지역은 아직 한참 뒤처져 있다고 주장하며 수도에서 섣부른 권력 장악 기도를 하지 못하게 저지해야 했다.

'7월 사태'라고 알려진 이 사건 뒤에 볼셰비키에 대한 탄압과 중상모략이 벌어졌다. 많은 볼셰비키가 감옥에 갇혔고, 레닌과 볼셰비키 지도자 두 명에게 체포영장이 발부됐다. 레닌은 다시 지하로 숨어야 했다. 트로츠키는 레닌과 견해가 같은 자신에게는 왜 체포영장을 발부하지 않느냐고 정부에 항의하는 공개서한을 발표했다. 트로츠키도 2주 뒤 체포됐는데, 혁명정부를 자처하는 임시정부가 트로츠키를 투옥한 감옥은 1905년 혁명 패배 뒤 차르가 트로츠키를 잡아 가둔 바로 그 감옥이었다.

임시정부는 계속 불안정했다. 많은 노동자·농민·병사뿐 아니라 우익도 새 정부를 좋아하지 않았다. 8월에 코르닐로프라는 장군이 군사 쿠데타를 기도했다. 쿠데타가 일어나자 볼셰비키는 자신들을 감옥에 가둔 임시정부를 방어하기 위해 싸웠다.

임시정부는 어쩔 수 없이 볼셰비키를 석방해서 혁명을 수호하게 했다. 볼셰비키는 쿠데타를 패퇴시키는 데서 결정적 구실을 했다. 그래서 볼셰비키야말로 혁명의 성과를 지키는 데서 가장 헌신적이고 유능한 세력임을 대중에게 입증했다. 코르닐로프는 총 한 방 쏘지 못하고 패배했다. 그 뒤 트로츠키는 소비에트로 가서 멘셰비키 지도부 불신임 동의안을 제출했다. 그 동의안은 트로츠키 자신도 놀랄 만큼 압도 다수의 찬성으로 가결됐다. 볼셰비키는 소비에트에서 다수파가 됐고, 트로츠키는 페트로그라드 소비에트 의장으로 선출됐다.

이제 선택은 사회주의 혁명으로 나아갈 것인가 아니면 임시정부를 고수할 것인가가 아니었다. 임시정부가 하도 취약해서 혁명은 앞으로 나아가지 않는다면 반혁명에 직면할 것이었다. 군사 쿠데타가 이를 입증했다.

이 시기 내내 소비에트의 권위는 기층 대중 속에서 점차 커졌다. 많은 공장과 군부대가 소비에트에 지도를 요청하기 시작했다. 소비에트는 점차 러시아의 진정한 의사 결정 기구가 됐다.

1917년 10월 트로츠키는 무장봉기를 조직했고 마침내 볼셰비키 지도 아래 소비에트가 권력을 장악하게 했다. 10월 혁명은 수도에서는 거의 무혈혁명이었다. 정치적 권위와 대중의 신뢰를 얻는 싸움에서 이미 승리했기 때문이다.

레닌은 소비에트에서 다수파가 된 볼셰비키당이 무장봉기를 주도하기를 원했다. 그러나 트로츠키는 무장봉기를 조직하기에 당은 너무 협소하다며 소비에트가 봉기를 호소하고 조직해야 한다고 레닌을 설득했다.

트로츠키를 의장으로 하고 주로 볼셰비키로 이뤄진 군사위원회가 페트로그라드에 건설됐다. 그러나 다른 좌파 사회주의자들과 아나키스트들도 군사위원회에 참여했다. 트로츠키는 무장봉기의 타이밍을 결정했고, 주요 국가기구들을 장악하기 위한 세부 사항들도 조직했다.

카를 마르크스는 무장봉기가 기예라고 주장했다. 다시 말해, 무장봉기에는 탄탄한 조직뿐 아니라 어느 정도의 직감과 상상력도 필요하다. 트로츠키는 1917년에 이 능력을 입증했다. 그는 10월 혁명에서 매우 중요한 구실을 했다.

그러나 수많은 노동자·병사가 없었다면, 그리고 작업장·지역 사회·군대에 뿌리내린 볼셰비키 당원들이 없었다면 혁명은 불가능했을 것이다. 여러 해 동안 투쟁의 부침을 겪으면서도 줄곧 혁명을 위해 싸워 온 그들의 정치와 조직이 없었다면 말이다.

새 사회의 시작

10월 혁명으로 러시아 역사상 가장 민주적인 기구인 소비에트를 기반으로 새 국가가 건설됐다. 트로츠키는 새 국가의 수반을 맡아 달라는 요청을 받았지만 거절했다. 그래서 레닌이 소비에트 러시아의 지도자가 됐다.

러시아의 경제적 빈곤과 새 사회의 존재 자체에 대한 위협에도 불구하고 혁명은 세계에서 가장 자유롭고 가장 민주적인 조처들이 시행될 것임을 예고했다.

노동자들이 공장을 관리했고, 농민이 지주한테서 토지를 접수했다.

트로츠키는 독일과 평화조약 체결을 협상하는 임무를 맡았다. 많은 논쟁과 극적인 사건들을 경험한 뒤에 마침내 러시아는 전쟁에서 빠져나왔다. 러시아제국에게 억압받던 소수민족들은 독립을 얻었다.

트로츠키는 "인간 사회를 평가"하는 최상의 방법은 그 사회가 "여성에게 어떤 태도를 취하는지 살펴보는 것"이라고 여러 차례 주장했다.[6] 러시아는 야만적인 여성 억압이 뿌리 깊은 사회였다. 여성을 남성의 재산으로 취급하는 사람도 많았다.

혁명정부는 이런 상황을 바꿔 놓았다. 여성은 투표권, 온전한 시민권, 동등한 임금과 취업권을 보장받았다. 혁명 러시아는 세계 최초로 낙태를 합법화한 나라였다. 동성애도 합법화됐다. 사생아 차별이 폐지됐다. 그리고 배우자의 성姓과 자신의 성을 병기할 수 있게 됐다. 트로츠키는 공식 서류에서 두 번째 아내인 나탈리아 세도바의 성을 함께 사용했고, 두 아들도 그렇게 했다. 배우자 일방의 요청만으로도 이혼이 가능해졌다.

트로츠키는 법률적 평등이 시작일 뿐이라는 사실을 알고 있었다. 소비에트 국가는 여성 억압의 물질적 조건을 제거하려고 노력했다. 그래서 공동 육아 시설과 식당 등 여러 시설을 건립했다.

평등을 위한 노력은 여러 생활 분야에서 성과를 거뒀다. 예컨 대 유아사망률이 혁명 후 4년 만에 극적으로 감소했다. 내전 때 문에 경제가 망가졌는데도 그랬다.

혁명은 교육을 포함한 모든 생활 분야를 바꿔 놓았다. 학교 수가 갑절로 늘었고, 새 국가는 러시아의 높은 문맹률을 낮추기 위한 운동을 조직했다. 대학 등록금이 폐지됐다. 레닌과 트로츠 키는 모두 도서관을 늘리는 데 개인적 관심을 쏟았다. 교육의 동 기가 바뀌자, 시험이 폐지되는 등 교육의 본질 자체도 바뀌었다.

트로츠키는 평생 동안 문화·예술·문학에 관심이 많았다. 사 람들이 혁명을 통해 자신의 경제적 조건을 바꾸기 시작하자, 인 간의 실존과 표현에 관한 온갖 문제에 흥미를 느끼는 사람들이 대거 늘어났다. 혁명은 예술·문학·영화 분야의 실험들에 영감 을 줬다.

아나키스트 출신으로 내전 기간에 볼셰비키에 가입한 빅토르 세르주는 혁명 이후, 심지어 내전이 한창일 때조차 예술에 대한 사람들의 열정이 대단한 것을 보고 큰 감명을 받았다.

1919년 6월 페트로그라드가 포위당했을 때, 세르주는 다음과 같이 썼다. "나는 내전의 한복판에서도 사람들이 끈질기게 미美 를 추구하는 것을 보며 절제·힘·자신감을 발견했다. 명백히 그 것은 붉은 도시가 고통을 겪으면서도 언젠가 모든 사람이 여가 와 예술을 누릴 수 있도록 투쟁하고 있었기 때문에 가능했다."[7]

침략과 내전으로 러시아 경제가 붕괴하자 국가가 할 수 있는 일은 심각하게 제한됐다. 그럼에도 소비에트 러시아는 잠시나마 역사상 가장 평등하고 민주적인 사회였다.

혁명을 무장시키다

10월 혁명 거의 직후부터 새 정부에 반대하는 세력들의 조직화가 시작됐다. 옛 제정 체제 충성파들은 한 달 뒤에 행동에 들어갔다. 그와 동시에 카자크의 일부(부농)도 볼셰비키에 반대하기 시작했다.

새 노동자 국가는 국내의 반대뿐 아니라 주요 제국주의 열강의 침략과 개입, 적대에도 부딪혔다. 1918년 상반기에 영국·프랑스·미국·일본 등 12개 이상의 자본주의 국가 군대들이 소비에트 국가를 공격했다. 혁명정부의 생존 자체가 위험했다.

카자크(코사크) 러시아 남부에서 자치적 군사 공동체를 이룬 농민 집단. 10월 혁명이 일어나자 빈농은 혁명을 지지한 반면 부농은 백군에 가담했다.

1918년 1월 레닌은 공식적으로 노동자·농민의 적군赤軍을 창설했다. 두 달 뒤 트로츠키가 전쟁 담당 인민위원과 전쟁위원회 의장으로 임명됐다. 트로츠키는 실제 군사훈련을 받은 경험은 전혀 없었지만, 군사 저작들을 읽고 발칸전쟁과 제1차세계대전 당시 종군기자로 활동한 적이 있었다.

트로츠키는 엄청난 과제에 직면했다. 그는 거의 맨손으로 창조하다시피 한 군대를 이용해 국경선이 약 8000킬로미터나 되는 영토를 지켜야 했다.

트로츠키는 옛 제정의 군대를 이용하려 했지만 그럴 수 없었다. 왜냐하면 옛 제정의 군대는 사실상 붕괴해 버렸기 때문이다. 약 900만 명의 군인 중에서 1917년까지 남아 혁명을 수호한 사람은 겨우 4만~5만 명뿐이었다. 병사들은 이제 더는 싸울 마음이 없었고, 옛 장성 가운데 일부는 혁명에 반대하는 활동을 하고 있었고, 군대의 체계는 완전히 무너져 엉망진창이었다.

대중은 전쟁에 신물이 났다. 볼셰비키가 성공을 거두고 인기를 끌 수 있었던 이유 하나는 그들이 대다수 노동자와 농민이 느낀 반전 정서를 분명하게 표현했기 때문이다. 이제 트로츠키는 군대가 성공하려면 혁명을 지지하는 사람들, 절실히 원하는 뭔가를 지키려고 싸우는 사람들을 군대의 중핵으로 만들어야 한다는 것을 깨달았다.

트로츠키는 처음 적군 창설에 착수했을 때 자원병들에게 호소했다. 그는 혁명을 수호해야 한다고 확신하는 노동자들을 군대의 중핵으로 삼았다. 1918년 4월까지 약 20만 명이 자원입대했다.

그러나 자원병 수가 너무 적어서 소비에트 러시아를 공격하는 대규모 중무장 세력들을 물리칠 수 없었다. 트로츠키는 적군을

1918년 적군 병사들에게 연설하는 트로츠키.

건설하기 위해 어쩔 수 없이 징병제를 도입해야 했다. 이 때문에 많은 농민이 군대에 들어와 군대를 정치적·조직적으로 불안정하게 만들었다. 많은 농민은 볼셰비키에 모순된 태도를 취했다. 그들은 옛 지주들한테서 빼앗은 토지를 얻게 된 것은 좋아했지만, 소비에트 정권이 도시의 식량 부족 문제를 해결하려고 곡물을 징발하는 것에는 반대했다.

그토록 어려운 상황에서 군대를 건설해야 했기 때문에 트로츠키는 또 점차 엄격한 규율을 군대에 강요해야 했다. 적군이 처음 창건됐을 때는 옛 제정 군대의 억압적 위계질서와 분명하게 단절하면서 적군의 사병들이 장교를 선출할 수 있었다. 나중에 군대를 결속시키고 일부 전선에 작전을 집중시키기 위해 더 정규적인 규율이 필요해지자 이 장교 선출 제도는 폐지됐다. 그러나 트로츠키는 항상 일반 사병들을 존중해야 한다는 태도를 아주 확고하게 지켰다. 그는 신체 폭행이든 욕설이든 상관들의 가혹 행위를 강력하게 반대했다.

전략을 훈련하고 발전시킬 평화적 여유 시간이 없었기 때문에 적군은 숙련 기술과 군사 경험이 부족했다. 논쟁 끝에 트로츠키는 옛 제정 군대의 장교들을 적군에 영입했다. 그들이 군사 전문가의 구실을 하게 하는 한편, 각급 부대에 정치위원들을 파견해 장교들을 감시하게 했다. 트로츠키는 또 공산당(볼셰비키의 후신) 당원들에게 군에 입대해서 사병들을 정치적으로 교육하고 고무하는 비공식적 구실을 해 달라고 호소했다.

트로츠키는 내전 기간에 매우 실천적인 활동을 했다. 나중에 그는 전선을 방문해 군대의 상태를 점검하고 병사들에게 연설하고 전략을 발전시키며 거의 2년 내내 군용 열차에서 시간을 보냈다고 썼다.

내전 기간에 혁명은 몇 차례 성패의 고비를 넘었다. 1919년에 '백군'(혁명 국가에 반대하는 러시아인들)은 수도인 페트로그라드에서 겨우 15킬로미터 떨어진 도시를 점령했다. 백군 탱크가 페트로그라드 교외에 나타났다. 레닌은 페트로그라드에서 퇴각하기를 원했지만, 트로츠키는 페트로그라드에 남아서 필요하다면 도시 게릴라 전쟁을 벌여서라도 도시를 지켜야 한다고 주장했다. 트로츠키는 심지어 말을 타고 전투 현장으로 가서, 후퇴하는 병사들을 멈춰 세우고 계속 전투를 벌이도록 설득해서 마침내 결정적 승리를 거뒀다.

천신만고 끝에 1920년 결국 적군이 내전에서 승리했다. 그것은 트로츠키가 이끈 엄청난 성과였지만, 다른 사람들에게 혁명을 위해 함께 투쟁하자고 설득한 수많은 사람들의 결단·희생·용기 덕분에 가능했다.

그러나 승리에는 대가가 따랐다. 최상의 공산당원들, 정치적으로 가장 헌신적인 노동자들이 내전에서 대거 사망했다. 산업과 경제는 붕괴했다.

혁명의 확산

트로츠키는 세계를 통합된 국제 체제로 이해해야 한다고 주장했다. 그와 레닌은 모두 러시아 혁명의 미래는 혁명의 확산에 달려 있다고 항상 주장했다.

제1차세계대전에서 비롯한 경제적·정치적 격변이 서로 맞물리고 여기에다 러시아 혁명의 영감이 더해져 1918~20년에 세계 전역에서 격변이 일어났다. 1918년 11월 독일제국이 붕괴하고

'인민위원'들이 새 정부를 구성했다.[*] 헝가리와 바이에른에서 반란이 일어나 단명한 소비에트 공화국이 수립됐다. 이탈리아에서도 1919~20년의 '붉은 2년' 기간에 노동자 대중투쟁과 공장점거가 확산됐다. 1918년에 투쟁 물결이 스페인을 휩쓸었다. 당시 발렌시아에서는 파업 노동자들이 일부 거리의 이름을 '레닌 거리'나 '10월 혁명 거리'라고 바꿔 부르기도 했다.

• 1918년 11월 10일 구성된 독일 인민위원회 정부를 가리킨다. 사회민주당 3명, 독립사회민주당 3명으로 이뤄졌으며 러시아 혁명정부를 본떠 이름을 지었지만, 바로 이 정부가 독일 혁명을 진압하고 로자 룩셈부르크와 카를 리프크네히트를 비롯한 혁명가들을 살해했다.

영국에서도 파업과 소요 사태가 전국을 휩쓸었다. 프랑스와 영국 군대에서 반란이 일어났다. 영국은 식민지에서 대규모 반란에 직면했다. 특히 인도와 이집트에서 그랬고 아일랜드에서는 게릴라 전쟁이 벌어졌다. 미국·호주·캐나다에서도 파업 물결이 일었다.

바로 이런 상황에서 볼셰비키는 새로운 국제기구를 창설했다. 코민테른으로 알려진 제3인터내셔널이 그것이다. 볼셰비키는 새 혁명 국가를 분쇄하려는 국제 세력들에 맞서 혁명 국가를 수호하고자 적군을 창건함과 동시에, 국제 혁명 세력들을 결집해 공세에 나섰다.

당시 트로츠키는 적군을 지도하는 일에 몰두하고 있었지만 새 인터내셔널에서도 처음부터 핵심적 구실을 했다. 그는 1919년 3월에 열린 코민테른 1차 대회 참석을 요청하는 초청장의 초안을 썼다. 또, 코민테른 첫 5년 동안 여러 회의와 논쟁에 기여하는 글들을 썼을 뿐 아니라 각종 선언문과 결의안도 작성했다.

코민테른은 두 근본 원칙을 바탕으로 하고 있었다. 하나는 국제주의였고, 다른 하나는 개혁 세력과 혁명 세력의 분열이었다.

이런 분열은 1914년 제2인터내셔널의 사회주의 정당들이 결국 자국 정부를 따라 전쟁을 지지했을 때 극명하게 드러났다. 그때 레닌과 트로츠키는 혁명과 진정한 국제주의에 확고하게 바탕을 둔 새로운 인터내셔널이 필요하다고 처음으로 주장했다. 반란 물결 속에서 제3인터내셔널이 창설됐을 때, 그런 선명함은 그 어느 때보다 절실하게 필요했다. 사회주의를 자처하는 단체들 가운데 상당수가 사실은 개혁주의 단체들이었다. 그들은 자본주의의 틀 안에서 활동하며 변화를 이룰 수 있다고 생각했다.

이와 반대로, 코민테른은 아래로부터의 혁명적 사회주의 정치(노동자 민주주의의 필요성, 자본주의 국가를 이용해 사회주의를 실현할 수 있다는 생각을 거부하는 것)를 바탕으로 창설됐다.

1919년의 코민테른 1차 대회는 규모도 작았고 대표성도 부족했다. 그러나 세계적인 불안정 심화 때문에 많은 단체와 개인이 점점 더 급진화했고, 코민테른에 가입하는 단체도 늘어났다. 1920년 여름에 열린 2차 대회 무렵 제3인터내셔널은 대중조직이 돼 있었다.

트로츠키와 레닌은 자본주의의 핵심 지역들 가운데 하나인 서유럽의 혁명이 국제 혁명의 미래를 보증하는 데 꼭 필요하다고 생각했다. 그러나 레닌과 트로츠키는 모두 식민주의와 제국주의에 억압받는 사람들의 반란이 중요하다는 점도 알고 있었다.

1919년 트로츠키는 전선의 적군을 방문했을 때 다음과 같이 썼다. "파리와 런던으로 가는 길은 아프가니스탄의 도시들과 인도의 펀자브와 벵골을 지나야 한다."[8]

식민주의에 맞서 싸운 많은 투사들은 볼셰비키 혁명의 성공과 피억압 민족에 대한 볼셰비키의 진보적 정책에서 영감을 얻었다.

볼셰비키는 전 세계 피억압민에게 다가가기 위해 특별한 노력을 기울였다. 예컨대, 1920년에 볼셰비키는 아제르바이잔의 바쿠에서 동방인민대회를 개최했다. 이 대회에는 아시아 전역에서 2000여 명의 대표들이 참가해서 동방 전역으로 혁명을 확산할 방안에 대해 토론하고 논쟁했다.

공동전선

코민테른은 전 세계 혁명가들을 불러 모아 전략·전술을 토론하고 논쟁했다. 트로츠키와 레닌은 코민테른이 혁명의 확산을 주장할 핵심 공간이라고 봤다. 1921년 6~7월에 열린 코민테른 3차 대회 때는 자본주의가 전후 최초의 혁명적 투쟁 물결을 극복하고 살아남았음이 분명해졌다. 코민테른 산하 단체들이 직면한 문제는 당장 혁명이 일어날 것 같지 않은 상황에서 어떻게 조직을 건설할 것인가 하는 것이었다. 트로츠키는 코민테른 3차 대회를 "혁명 전략의 최고 학교"라고 불렀다.

이 대회의 가장 중요한 토론이자 오늘날의 활동가들에게도 많은 영감을 주는 토론은 공동전선에 대한 토론이었다. 이 논쟁과 논쟁 직후 쓴 글에서 트로츠키는 혁명가들이 원칙을 지키면서도 다른 사람들(혁명가가 아닌 노동계급 대중)과 어떻게 협력하고 단결해야 하는지 자세히 설명했다. 공동전선 전략은 첫째, 자본주의의 공격과 만행에 맞서 진정으로 단결할 필요를 느끼는 노동자들의 정서에서 비롯했다. 트로츠키는 다음과 같이 주장했다. "노동 대중은 단결된 행동, 자본주의의 맹공격에 맞선 단결된 저항, 이에 맞선 단결된 반격의 필요성을 느끼고 있다."[9]

둘째, 혁명적 투쟁의 절정기가 아닌 일상적 시기에 혁명적 사상을 갖고 있는 노동자들은 극소수다. 자본주의 사회에서 대다수 사람들은 흔히 자본주의의 틀 안에서 자신들의 생활 조건을 개선할 수 있다고 생각한다. 개혁주의 사상을 받아들이는 것이다. 혁명가들은 이런 사람들로부터 고립돼서는 안 된다.

트로츠키는 운동에 최후통첩을 보내는 것에 반대했다. 남들이 당신의 말에 모두 동의해야만 그들과 협력할 수 있다고 주장하는 것은 단결을 추구하는 진지한 태도가 아니다.

그렇다고 해서 트로츠키가 사람들을 혁명적 정치로 설복하는 데 관심이 없었다는 말은 아니다. 그가 주장한 요지는 사람들의 생각이 투쟁 속에서 바뀐다는 것, 그리고 공동의 목표를 위해 함께 투쟁하는 과정에서 혁명가들은 투쟁이라는 진정한 시험을 통해 왜 혁명이 대안인지 보여 줄 수 있다는 것이다.

이런 식으로 볼셰비키는 1917년에 대중을 이끌고 혁명에 성공했다. 그들은 코르닐로프 쿠데타에 맞선 투쟁에서 자신들이 최상의 투사들임을 입증했다. 트로츠키는 개혁을 성취하는 것이 중요하지 않다고 생각하는 사람들의 주장을 반박했다. 왜냐하면 크고 작은 승리는 모두 사람들의 자신감을 고무할 수 있기 때문이다.

당시 대다수 나라에서는 혁명적 단체들이 개혁주의자들과 갈라선 지 얼마 되지 않았다. 트로츠키는 그 단체들이 개혁주의자들과 결별하고 독자적 조직을 결성한 것이 옳았고 이런 독자성과 정치적 선명성은 유지돼야 한다고 주장했다. 이런 차이를 인식하면서도 대중과 유리되지 않으려면 개혁주의자들과 협력할 필요가 있었다.

트로츠키는 또 개혁주의 지도자들을 무시하는 것에 반대했다. 혁명가들의 과제 한 가지는 이 지도자들이 진지하게 투쟁을 지도하려 하지 않는다는 점을 들춰내는 것이다. 그러나 그들을 그냥 제쳐 놓거나 비난만 해서는 이 일을 할 수 없다. 투쟁 과정에서 그들의 한계를 들춰내야 한다.

이 점은 오늘날의 노동조합원과 활동가에게도 중요한 교훈이다. 트로츠키는 공동전선의 지도적 원칙이 다음과 같은 것이어야 한다고 썼다. "대중과는 항상 함께, 동요하는 지도자들과는 가끔 함께, 그것도 그들이 대중의 선두에 있을 때만 함께한다. … 동요하는 지도자들을 대중이 지지하고 있을 때는 그 지도자들을 이용해야 한다. 물론 그들에 대한 비판을 결코 포기해서는 안 된다. 그리고 그들이 동요하다가 배신하거나 적대 행위를 하는 바로 그 순간 그들과 결별해야 한다."[10]

공동전선은 트로츠키가 죽을 때까지 몇 번이고 살펴본 주제였다. 그는 독일 파시즘의 성장과 1930년대 프랑스·스페인의 상황을 다룬 저작들에서 공동전선 문제를 구체적으로 논의했다. 그 저작들에서 트로츠키는 스탈린의 '민중전선' 전략이 노동자들의 이익을 '자유주의' 자본가들의 이익에 종속시킨다며 반대했다.

공동전선은 오늘날의 혁명가들에게도 여전히 핵심적인 전략적 도구다. 공동전선은 진지하고 효과적인 공동 활동을 건설하는 방법일 뿐 아니라(전쟁저지연합은 최

전쟁저지연합 2001년 9월에 결성된 영국의 반전 공동전선. 사회주의노동자당SWP이 발의해 노동당 좌파, 평화운동, 노동조합, 무슬림 공동체 등 다양한 집단이 함께한 광범한 공동전선이었다. 2003년 2월 15일 200만 명이 참가한 영국 역사상 최대 규모의 시위를 조직했다.

근 영국에서 이 점을 입증한 가장 중요한 사례다), 그런 투쟁 안에서 개혁주의 사상의 영향력을 약화시키는 투쟁 방법이기도 하다.

관료 집단의 성장

볼셰비키는 내전에서 승리했다. 그러나 러시아는 폐허가 됐다. 1921년의 공업 생산은 1913년 수준의 31퍼센트에 불과했다. 대규모 공업의 생산수준은 훨씬 더 낮았다. 철강 생산은 1913년 수준의 겨우 4퍼센트였다. 교통과 운송은 마비됐다. 연료도 부족했고 질병과 기근이 만연했다.

산업이 붕괴했을 뿐 아니라 혁명을 일으킨 노동계급 자체도 해체됐다. 대량 실업 위기에 직면한 많은 노동자들은 먹을 것을 구하러 농촌으로 돌아갔다.

볼셰비키는 빈곤과 기근으로 황폐해진 나라에서 이제 거의 존재하지 않는 계급을 대신해서 국가를 운영해야 했다.

레닌과 트로츠키가 이끄는 공산당 정부는 러시아의 사회 기반시설과 경제를 재건하기 위해 백방으로 노력했다. 경제 재건 방안을 둘러싸고 많은 논쟁이 벌어졌고 어느 누구도, 심지어 레닌이나 트로츠키조차 모든 문제에서 자신의 뜻을 관철시키지 못했다.

내전 기간에 경제는 군대와 도시 노동자들을 먹여 살리기 위해 농민한테서 곡물을 강제 징발하는 것에 의존해야 했다. 농촌에서 반란이 일어나는 등 압력이 가중되자 볼셰비키는 농민에게 생산 인센티브를 제공하기 위해 신경제정책NEP이라는 제한적 시장 개혁 조처를 도입했다.

트로츠키와 레닌은 이것이 일시적 해결책이라고 생각했다. 러시아의 절망적 상황을 개선하기 위해 갖가지 단기 처방들이 도입됐지만, 진정한 해결책은 혁명의 확산, 특히 서유럽으로의 확산에 달려 있었다. 러시아 경제에 가해지는 압력을 극복하고 노동계급의 정치적 힘과 규모를 강화·확대할 수 있는 길은 그것뿐이었다.

내전이 끝난 뒤 혼돈과 폐허 상태의 러시아에서 한 집단의 규모와 중요성이 증대하기 시작했다. 바로 국가 관료였다. 행정 관리와 공무원이 점차 나라의 일상사를 좌우하게 된 것이다. 이들은 점차 자신의 이익을 추구하며 다른 사회계층 위에 군림하는 특권층이 됐다. 이 성장하는 관료 집단이 스탈린도 만들어 냈다. 스탈린은 이 사회계층의 이익을 구현하게 된 이류 볼셰비키 지도자였다.

트로츠키와 레닌은 모두 관료 집단의 성장을 경계했다. 레닌은 이미 1921년 1월에 "관료적 왜곡"을 경고했다. 1929년에 트로츠키는 관료 집단의 정치적 성격을 다음과 같이 설명했다. "대중 위에 군림하는 이 공무원들의 다수는 대단히 보수적이다. … 이 보수적 계층이 스탈린의 가장 강력한 지지 기반이다."[11]

레닌은 떠오르는 관료 집단을 점차 비판하기 시작했다. 1924년 죽기 직전에 레닌은 나중에 '유언장'으로 알려진 글을 썼다. 그 글에서 레닌은 스탈린을 당 지도부에서 쫓아낼 것을 요구했다. 볼셰비키당 중앙위원회는 그 유언장을 공개하지 않기로 결정했다. 트로츠키는 레닌의 비판에 공감했음에도 당의 분열을 우려해서 이 결정을 따랐다.

스탈린은 이미 관료 집단 속에 깊이 뿌리를 내리고 있었고, 1924년쯤에는 수많은 정부 위원회들에 관여하고 있었다. 그는 레닌의 죽음을 이용해 자신의 지위를 강화했다. 그는 레닌의 장례식을 배후 조종하며 이를 이용해 자신이 레닌의 진정한 계승자인 양 행세해서 레닌의 아내 나데즈다 크룹스카야를 당황하게 만들었다. 그 후 트로츠키와 트로츠키가 대변하는 정치에 대한 공격이 늘어났다.

일국사회주의

트로츠키는 성장하는 관료 집단의 위험성을 깨닫고 이를 저지할 방안을 모색했다. 그래서 좌익반대파를 만들었다. 좌익반대파는 계획적 공업화를 추진해 노동계급의 규모와 사회적 비중을 늘리고, 노동자들의 생활수준을 향상시키고, 노동자 민주주의를 증진시키자고 제안했다.

스탈린과 그 지지자들은 이런 조처들에 반대했다. 오히려 그들은 공업과 농업 사이의 완만하고 신중한 균형을 유지했고, 생산에서 시장 인센티브 확대를 허용했다. 이것은 자본주의 부활의 토대를 놓기 시작했다.

물론 트로츠키는 무엇보다 혁명의 확산만이 러시아가 빈곤을 극복하고 세계 자본주의의 압력에서 벗어날 수 있는 길이라고 봤다. 그러나 국제 운동은 1923년 독일에서 중대한 패배를 겪었다. 독일 혁명가들이 실패한 이유는 기회나 머릿수가 모자라서가 아니라 그들의 당이 경험이 없고 취약하고 분열했기 때문이다.

독일 혁명이 실패하자 트로츠키는 《10월의 교훈》을 썼다. 이 책에서 그는 불가피한 머뭇거림을 극복할 수 있는 자신감 있는 혁명적 정당의 결정적 구실을 살펴봤다. 러시아에서는 그런 정당이 있었기에 독일과 달리 혁명이 성공할 수 있었다.

《10월의 교훈》이 출판되자 트로츠키에 대한 비판 공세가 새롭게 시작됐다. 스탈린과 그 지지자들은 '트로츠키주의'라는 말을 만들어 내고 트로츠키에 대한 거짓말들을 늘어놓았다. 그리고 당내에서 트로츠키의 영향력을 제거하기 위한 전쟁을 시작했다. 특히, 그들은 트로츠키가 1917년에야 볼셰비키에 가입한 사실을 부각하고 트로츠키의 연속혁명론을 끊임없이 비난했다.

독일 혁명이 패배하자 러시아의 노동자·농민 사이에서 비관과 냉소가 확산됐다. 그들은 이미 고난과 전쟁의 어려운 시절을 보내며 지칠 대로 지친 상태였다.

1924년 말에 스탈린은 트로츠키의 연속혁명론을 비판하는 글에서 처음으로 '일국사회주의'라는 용어를 사용했다. 자본주의에 포위된 러시아에서 사회주의 사회를 건설할 수 있다는 발상은 혁명의 확산이라는 극히 중대한 과제에서 결정적으로 후퇴한 것이었다. 그것은 마르크스주의의 핵심인 국제주의에 대한 치명타였다. 트로츠키는 혁명이 확산되지 않으면 결국 세계 자본주의의 압력 때문에 패배할 것이라고 주장했다. 단지 러시아에서만으로도 사회주의 사회를 건설할 수 있다는 스탈린의 말은 이 딜레마를 회피하는 것이었을 뿐이다.

1928년에 관료들은 냉혹한 현실에 부딪혔다. 영국과 전쟁을 벌여야 할지도 모르는 상황에서 농촌의 위기가 심화하자 스탈린은 강제 농업 집산화로 급선회했다. 국가가 농민의 토지를 강제로 빼앗고, 도시에서 급속한 공업화를 무자비하게 추진했다. 이것은 트로츠키가 제안한 공업화 정책의 정반대였다. 스탈린의 공업화는 노동자 민주주의를 증진시키기는커녕 노동자들의 생활수준을 엄청나게 떨어뜨렸다.

이것은 '일국사회주의' 건설의 필연적 논리였다. 러시아는 선진 자본주의 나라들을 따라잡지 않으면 안 됐던 것이다. 스탈린은

1931년 관리자들에게 한 연설에서 다음과 같이 설명했다. "우리는 선진국들보다 50년이나 100년 뒤처져 있다. 10년 안에 이 격차를 메워야 한다. 그러지 못하면 그들이 우리를 분쇄할 것이다."[12]

자본주의 세계와의 경제적·군사적 경쟁이 러시아 체제 자체에 영향을 미쳤다. 1929년에 시작된 제1차 5개년 계획은 생활수준을 엄청나게 저하시켰고 대규모 기아 사태를 불렀다. 1928년부터 1930년까지 노동 수용소 재소자 수는 20배 이상 증가했다. 이런 제도를 강요하기 위해 스탈린은 점차 억압적인 체제에 의존했고 정치적 반대파를 모두 분쇄했다. 그때까지 남아 있던 민주주의의 흔적도 모두 파괴됐다.

'일국사회주의'는 국제 공산주의 운동에도 재앙적 영향을 미쳤다. 전략·전술의 국제 학교였던 코민테른은 점차 스탈린의 외교정책에 따라 움직이는 도구로 전락했다. 즉, 노동계급의 이익이 거듭거듭 스탈린주의 관료들의 필요에 따라 희생됐고, 느닷없이 좌충우돌하는 전략 때문에 재앙적 결과들이 나타났다.

1926년에 트로츠키는 전에 스탈린과 동맹했던 지노비예프·카메네프와 손잡고 '통합반대파'를 결성했다. 트로츠키와 지노비예프·카메네프의 적대적 역사 때문에 그 지지자들은 서로 상대방을 신뢰하기가 힘들었다. 이런 동맹의 결속을 유지하기 위해 양측은 많은 타협을 했다. 심지어 트로츠키는 자신의 연속혁명론을 일시적으로 철회하기까지 했다.

전쟁과 기아로 노동자·빈농 대중이 약화됐기 때문에, 스탈린과 관료 집단에 도전할 수 있는 반대파의 지지 기반은 얼마 되지 않았다. 결국 반대파는 분쇄됐다. 혁명 10주년 기념식에 반대파 지지자들을 결집하려 한 시도가 트로츠키를 공산당에서 축출하는 구실로 이용됐다. 1917년 10월 무장봉기를 조직한 지 겨우 10년 만에, 그리고 세계 최강의 제국주의 군대들을 물리치는 데 일조한 지 겨우 6년 만에 트로츠키는 자신의 당에서 축출되고 러시아를 떠나 망명 길에 올라야 했다.

비자 없는 지구

스탈린의 명령에 따라 트로츠키는 1928년 1월 러시아 극동 지방의 알마아타로 추방됐다. 1년 뒤 다시 알마아타에서 터키로 추방됐다. 터키에서 트로츠키는 프린키포 섬에 정착했다.

그는 터키에서 4년 넘게 지냈다. 물론 그가 원해서는 아니었다. 트로츠키는 그 시절을 일컬어 "비자 없는 지구"라고 했다. 어떤 나라도 트로츠키를 받아들이려 하지 않았다. 그가 너무나 체제 위협적인 인물이었기 때문에, 자칭 민주주의 국가라는 유럽의 모든 나라가 트로츠키의 입국을 거부했다.

결국 트로츠키는 지지자들 덕분에 프랑스와 노르웨이에서 스트레스를 받으며 잠시 지낼 수 있었다. 그러나 노르웨이 정부는 트로츠키가 스탈린의 공격에 대항하기 위한 공개적 활동을 하지 못하게 금지했고, 이 때문에 트로츠키는 또다시 새로운 거처를 찾아 떠나야 했다.

1936년 말 위대한 화가 디에고 리베라가 멕시코 정부를 설득해서 트로츠키의 망명 신청을 받아들이게 만들었다. 트로츠키는 1940년 스탈린이 보낸 비밀경찰 첩자에게 살해당할 때까지 계속 멕시코에서 살았다.

디에고 리베라 멕시코 벽화 운동의 거장. 멕시코 공산당원이었고 트로츠키주의자는 아니었지만 트로츠키를 존경했다.

이 망명 기간 내내 트로츠키는 광범한 저술 활동을 했다. 트로츠키에 대한 스탈린의 중상모략은 대부분 러시아 혁명 당시 트로츠키가 한 구실이나 트로츠키와 레닌의 관계를 왜곡하는 내용들이었다. 트로츠키는 정확한 역사적 기록을 남기려고 자서전 《나의 생애》, 《러시아 혁명사》 같은 책들을 썼다. 《러시아 혁명사》는 가장 탁월한 역사책 중 하나일 뿐 아니라 트로츠키의 가장 위대한 업적 가운데 하나이기도 하다.

비록 고립돼 있었지만 트로츠키는 세계 정치의 변화와 우여곡절을 추적하며 많은 나라에서 운동이 직면한 전략·전술 문제들을 다룬 글을 폭넓게 썼다.

마르크스·엥겔스·레닌과 마찬가지로 트로츠키도 이론과 실천의 통일을 신봉했다. 심지어 망명 중에 감시를 받으면서도, 트로츠키는 스탈린과 비교하면 세력이 늘 보잘것없었지만 최선을 다해 자신의 지지자들을 국제적으로 조직하려 애썼다. 그는 스탈린 치하 코민테른의 재앙적 구실에 맞선 투쟁을 조직하려 노력했고, 코민테른이 저지른 실수들을 날카롭게 비판했다. 이런 실수 가운데 최악은 독일 공산당이 코민테른의 지침을 따르다가 히틀러의 집권을 허용하게 된 것이었다.

반파시즘 투쟁

트로츠키는 독일에서 파시즘이 발호한 것을 두고 "노동계급 역사상 최악의 패배"라고 말했다. 1933년 1월 히틀러가 정권을 잡았다. 그 전 3년 동안 트로츠키는 파시즘의 승리가 독일 노동계급만의 패배가 아니라 유럽 각국 진보 세력 전체의 패배이기도 할 것이라고 주장하며 위험성을 경고했다.

트로츠키는 파시즘을 저지할 수 있다고 주장했다. 당시 독일 노동계급의 조직들은 세계 어느 나라 조직들보다 더 컸다. 1932년에 개혁주의 조직인 사회민주당의 당원은 100만 명이 넘었고 공산당 당원은 거의 30만 명이었으며, 두 당의 청년 조직은 회원이 각각 5만 명 이상이었다.

1930년 9월 의회 선거에서 사회민주당과 공산당은 둘이 합처 나치의 갑절이 넘는 표를 얻었다. 심지어 1933년 3월(히틀러가 집권한 뒤 공산당을 불법화하고 좌파에 대한 테러를 감행하기 시작했을 때)에도 사회민주당과 공산당은 합쳐서 1200만 표를 얻었다. 그러나 트로츠키는 노동계급이 독일 경제의 심장이라 할 수 있는 공장들에 뿌리내린 집단적 조직의 힘을 갖고 있다는 점이 득표수보다 더 중요하다고 주장했다.

트로츠키는 히틀러와 나치를 저지할 수 있는 길은 공산당과 사회민주당의 공동전선뿐이라고 주장했다. 이것은 스탈린의 코민테른이 제시한 전망과 전략을 엄격하게 고수하는 공산당의 정책을 정면으로 거스르는 것이었다.

1928년에 코민테른은 이른바 제3기 정책으로 급선회했다. 제1기는 1917~23년의 혁명적 고양기였고, 제2기는 1923~28년의 자본주의 안정기였다. 트로츠키가 지적했듯이, 코민테른은 제2기에 중국에서 민족주의자들에게 의존하고* 영국에서 노조 관료들에게 의존하다가** 끔찍한 재앙들을 불렀다.

* 1925~27년 중국 혁명 때 공산당은 코민테른의 지시에 따라 국민당과의 연합에 매달리다가(1차 국공합작) 1927년 상하이에서 장제스의 국민당 군대와 우익 폭력배들에게 학살당했다.

** 1925년 코민테른은 소련의 노동조합 간부들과 영국 노총 중앙집행위원들(특히 좌파)의 합동 회의인 '영·소 노동조합위원회'를 만들었다. 영국의 좌파 노조 지도자들을 포섭해 영국이 소련에 개입하지 못하게 하려는 것이었다. 그러나 영국 공산당은 이 동맹에 발목이 잡혀 1926년 총파업 당시 노조 지도자들의 배신을 제대로 비판하지 못했고 파업은 패배했다.

스탈린과 코민테른 지도자들에 따르면, 제3기의 특징은 자본주의의 마지막 위기였다. 이것은 코민테른이 이른바 '혁명적 공세'로 급선회한다는 뜻이었다. 그래서 '적색' 노동조합(사실상 공산주의자들만의 노동조합)을 별도로 건설하고, 공동전선을 거부하고, 이제 사회민주당을 '사회파시스트'라고 부르며 주적主敵으로 여겼다!

반면에, 트로츠키는 경제 위기 때문에 대중의 혁명적 급진화가 일어나고 있다는 증거가 전혀 없다고 주장했다. 그는 공산당이 사회민주당에 반파시즘 공동전선을 건설하자는 압력을 가해야 한다고 거듭거듭 강조했다.

트로츠키의 전략은 파시즘에 대한 설득력 있는 분석을 바탕으로 하고 있었다. 그는 파시즘이 "절망에 빠진" 중간계급의 "반혁명 운동"이라고 주장했다. 1930년대 초에 독일을 강타한 경제 위기 때문에 중간계급은 공포와 불안의 광기에 사로잡혔다. 트로츠키는 히틀러를 이런 맥락에서, 즉 이 광기에 사로잡힌 중간계급의 화신으로 봐야 한다고 썼다.

트로츠키는 중간계급이 파시즘의 대중적 기반이지만 히틀러는 자본가계급 일부의 지지를 받지 못한다면 집권할 수 없을 것이라고 주장했다. 자본가들은 보통 부르주아 민주주의를 선호한다. 그들이 파시즘에 의존하는 것은 오직 첨예한 위기에 직면했을 때뿐이다. 트로츠키는 이것을 치과 의사를 두려워하면서도 치통이 참을 수 없을 만큼 심해지면 치과 의사를 찾아가는 사람에 비유했다. 1930년대 초에 경제가 붕괴하자 독일 자본가들은 히틀러야말로 노동계급 조직을 모두 박살 내고 자신들의 이윤을 회복시켜 줄 수 있는 인물로 여겼다.

트로츠키는 이것이 파시즘의 주된 기능이기 때문에 파시즘은 모든 형태의 노동계급 조직, 심지어 부르주아 민주주의조차 파괴한다고 주장했다. 이 점은 독일에서 모든 형태의 자주적 조직, 심지어 보이스카우트조차 금지된 것에서 사실로 입증됐다. 바로 그래서 헌법의 틀 안에서 파시즘에 반대한다는 사회민주당의 전략이 효과를 낼 수 없었던 것이다. 나치는 헌법의 틀을 존중하지 않았고 가능한 한 빨리 민주주의의 요소들을 모조리 분쇄했다. 트로츠키는 나치가 인종차별을 이용해(그는 이것을 "인종 발명"이라고 불렀다) 정권에 대한 지지를 강화한 것도 설명했다. 공산당원들만의 힘으로는 파시즘을 쳐부술 수 없었다. 그러나 공산당은 사회민주당을 주적으로 보는 자멸적 정책을 계속 추구했고, 공산당 평당원들과 사회민주당의 분열을 일부러 조장하는 듯했다.

트로츠키는 당시 독일에서 파시즘을 저지할 수 있는 길은 노동조합과 정당으로 조직된 수많은 노동자들의 단결된 행동뿐이라고 주장했다. 그는 또, 그런 공동전선이 방어 조직에서 공격 조직, 즉 소비에트형 조직으로 나아갈 수 있는 방법이라고 주장했다. 그러나 그의 호소는 거듭거듭 무시당했다.

독일에서 트로츠키의 주장이 실현되기는 결코 쉽지 않았을 것이다. 사회민주당 지도자들이 공산당 지도자 로자 룩셈부르크와 카를 리프크네히트가 살해당하도록 만든 게 10여 년밖에 안 됐다. 그러나 트로츠키는 단결을 건설하려 애쓰는 것이 결정적으로 중요하다고 주장했다. 그는 이런 단결이 건설된 매우 사소한 사례들을 몇몇 지적할 수 있었다. 그런 사례는 트로츠키 지지자들이 있는 경우였다. 그러나 이들은 여전히 소수였고, 이 사례들은 예외적 경우였다.

트로츠키가 탁월했음에도 아무도 그의 말을 듣지 않았다. 독일의 트로츠키 지지자들은 미미한 세력이었다. 그들은 500명을 넘은 적이 없었고, 한동안 격주간 신문을 발행하다가 나중에는 소식지를 복사해 배포했다. 트로츠키의 여러 저작이 나와 있었지만, 실질적 영향력이 거의 없었다.

파시즘의 실체는 점차 드러났지만 아무도 이를 저지할 수 없었다. 트로츠키는 노동자들에게 다음과 같이 경고했다. "파시즘이 권좌에 오른다면, 가공할 탱크처럼 여러분의 온몸을 박살 낼 것이다."[13] 비극이게도, 그의 말은 옳았다.

배반당한 혁명

1933년까지도 트로츠키는 코민테른과 소련 공산당을 개혁할 수 있다고 믿었다. 독일 공산당이 소련의 조언을 따라 히틀러와 제대로 싸움 한 번 못 해 보고 집권을 허용한 뒤에 트로츠키는 더는 소련 공산당을 개혁할 수 있다고 믿지 않았다. 이제 그는 소련의 정치혁명과 새로운 인터내셔널이 필요하다고 생각했다.

5년 뒤인 1938년에 11개국 대표 21명이 프랑스의 한 집에 모여 자신들이 제4인터내셔널이라고 선언했다. 미국 대표를 제외하면 이들은 모두 미미한 세력을 대표했다. 대중운동의 고양기에 출범해서 오래지 않아 많은 대규모 조직들을 끌어모은 제3인터내셔널과 달리 제4인터내셔널은 오랜 패배기 뒤에 파시즘이 발호하고 제2차세계대전의 그림자가 어른거릴 때 출범했다. 이 때문에 제4인터내셔널은 결코 고립에서 벗어나지 못했다.

1936년에 트로츠키는 스탈린주의 소련의 현실을 상세히 다룬 책《배반당한 혁명》을 썼다. 이 책은 자유·평등·민주주의를 바탕으로 하는 체제인 사회주의의 진정한 의미를 되찾으려는 투쟁의 일환이었다. 스탈린은 소련에서 사회주의가 완성됐다고 선언했다. 트로츠키는 스탈린의 소련에서 심화하는 불평등을 낱낱이 지적하며 소련은 결코 사회주의 사회가 아니라고 주장했다. 다시 한 번 사회의 여성 문제를 살펴보며 트로츠키는 다음과 같이 썼다. "성매매가 엄연히 존재하는데도 사회주의의 승리 운운하는 것은 어불성설이다."[14]

오늘날 스탈린의 범죄는 만천하에 드러나 있다. 그러나 1930년대에는 그렇지 않았다. 트로츠키는 스탈린주의 소련에 대한 마르크스주의적 분석을 시도한 최초의 사회주의자였다. 그의 비판은 선구적이었고 정치적 폭발력이 있었다. 트로츠키는 스탈린이 10월 혁명의 성과들을 뒤집었다고 지적했다. 예컨대, 스탈린은 낙태를 다시 범죄화했고, 이혼을 그 대가를 치를 수 있는 사람들만의 특권으로 만들었고, 낡은 가족 형태의 부활을 장려해 여성에 대한 편견과 억압을 부추겼다. 진정한 민족 해방에 대한 헌신은 사라지고 대러시아 국수주의가 부활하고 민족적 권리들이 파괴됐다.

관료 집단과 스탈린의 성장은 새로운 현상이었다. 트로츠키는 스탈린을 가차없이 비판했지만, 심지어 그조차 스탈린 치하의 반혁명이 얼마나 심각한지를 과소평가했다. 트로츠키는 당시의 소련이 여전히 모종의 노동자 국가라고 잘못 생각했다. 나중에 토니 클리프 같은 사회주의자들은 트로츠키의 분석을 바탕으로 하면서도 스탈린 치하 소련이 국가자본주의 체제, 즉 국제적 경쟁 압력을 받고 개별 기업들이 아니라 국가 자체에 의해 운영되는 자본주의의 한 형태라고 주장했다.

노동자·농민의 생활수준에 대규모 공격을 감행하기 위해 스탈린은 일체의 이견이나 반발에 대한 탄압을 더욱 강화했다. 그는 트로츠키를 비롯한 반체제 인사들을 테러리스트나 파시즘의 첩자로 몰았다. 스탈린은 '트로츠키주의'의 위협을 날조해 의도적으로 공포 분위기를 조성했다. 심지어 트로츠키를 비롯한 유대인 반체제 인사들에 대한 반감을 부추기기 위해 유대인 혐오를 이용하기도 했다.

당내 반대파들은 대거 숙청당했다. 특히, 1917년 혁명에 참가했던 옛 스탈린 지지자들을 포함한 고참 볼셰비키들이 숙청당했다. 많은 사람들이 수용소에 갇히거나 재판에 회부됐다.

스탈린은 이들이 다른 사람들을 파시즘의 첩자로 몰거나 테러 음모를 꾸몄다고 허위 자백하고 밀고하게 해서, 대중 앞에서 스스로를 비하하고 치욕을 느끼게 만들어 파멸시키기 시작했다. 많은 사람들이 이를 거부하다가 즉결 처형당했다. 이를 받아들인 사람들은 아마 고문이나 절망감 때문에 그랬거나, 스탈린을 지지하지 않는 것은 히틀러를 지지하는 것과 마찬가지라는 정치적 협박에 시달린 끝에 그랬거나, 단순히 형의 집행유예를 바라면서 그랬을 것이다.

차르 치하에서 고문·감옥·압제를 견뎌 낸 불굴의 투사들인 고참 볼셰비키들이 스탈린의 명령에 굴복한 것이야말로 스탈린 반혁명에 대한 절망과 공포를 가장 잘 보여 준다.

1935~37년에 스탈린은 여론 조작용 공개재판을 끊임없이 열어 주요 볼셰비키들을 법정에 세웠다. 이 피고인들 중에는 지노비예프와 카메네프도 있었다. 그들은 1917년에 볼셰비키 중앙위원이었고 그 뒤 스탈린과 동맹을 맺었다가 나중에는 트로츠키

Lenin's General Staff of 1917
STALIN, THE EXECUTIONER, ALONE REMAINS

| RYKOV | BUKHARIN | SVERDLOV | STALIN | ZINOVIEV | KAMENEV | TROTSKY | LENIN |
| Shot | Shot | Dead | Survivor | Shot | Shot | In Exile | Dead |

| KOLLONTAI | URITSKY | KRESTINSKY | SMILGA | NOGIN | DZERZHINSKY | BUBNOV | SOKOLNIKOV |
| Missing? | Dead | Shot | Shot | Dead | Dead | Disappeared | In Prison |

| LOMOV | SHOMYAN | BERZIN | MURANOV | ARTEM | STASSOVA | MILIUTIN | JOFFE |
| ? | Dead | ? | Disappeared | Dead | Disappeared | Missing | Suicide |

1938년에 제작된 미국 트로츠키 지지자들의 신문. 1917년 당시 볼셰비키 중앙위원 가운데 "사형집행인, 스탈린 혼자만 살아남았다."

와 함께 통합반대파를 결성했다. 그들은 자기 자신을 비난하고 트로츠키를 파시즘의 첩자라고 비난하는 등 공개적으로 자기 망신을 주는 치욕스런 짓을 하지 않으면 안 됐다. 그러나 이조차 그들의 목숨을 구하지 못했다.

사실, 이때까지 살아 있던 1917년 당시 볼셰비키 중앙위원 가운데 스탈린, 망명 중인 트로츠키, 외국 주재 대사였던 알렉산드라 콜론타이를 제외한 나머지 사람들은 이때쯤 모두 처형당했다. 스탈린은 자신이 레닌의 진정한 계승자인 척했다. 심지어 오늘날에도 많은 사람들은 스탈린의 범죄를 레닌과 연결시킨다. 그러나 스탈린이 1917년 10월의 진정한 유산을 말 그대로 일소해야 했다는 것이야말로 레닌과 트로츠키가 이끈 10월 혁명과 악랄한 스탈린주의 체제 사이의 단절을 더할 나위 없이 분명히 보여 준다.

1936년에 트로츠키는 다음과 같이 썼다. "지금의 숙청은 볼셰비즘과 스탈린주의 사이에 핏방울이 아니라 피의 강물이 흐르게 만들었다."[15]

1940년에 스탈린의 첩자 한 명이 멕시코의 트로츠키 집에서 트로츠키를 살해했다. 스탈린은 트로츠키만 살해한 게 아니라 그의 가족 전체를 몰살했다. 트로츠키의 작은딸은 공산당에서 축출당하고 노동을 금지당한 뒤 결핵으로 죽었다. 트로츠키의 큰딸 지나는 절망 끝에 결국 자살했다. 그들의 남편들은 시베리아의 강제 노동 수용소로 끌려갔다. 별명이 료바였던 트로츠키의 큰아들 레온 세도프(망명 중인 아버지와 매우 긴밀하게 협력했다)는 1938년에 스탈린의 보안경찰에게 독살당했다. 트로츠키의 작은아들은 일부러 정치를 멀리한 과학자였는데, 그조차 1934년에 수감돼서 스탈린의 수용소로 끌려갔다. 그에 대한 마지막 소식은 1936년에 단식투쟁에 돌입했다는 것이었다. 트로츠키의 첫 아내 알렉산드라(그녀 자신도 반대파의 적극적 일원이었다)는 1936년에 레닌그라드에서 쫓겨났고 결국 1938년에 총살당했다.

이것은 단순한 개인적 비극이 아니라 스탈린이 자신의 정적들을 파멸시키고 10월 혁명의 유산을 파괴하기 위해 얼마나 멀리 나아갔는지 보여 주는 사건이다. 트로츠키의 아들 료바는 다음과 같이 썼다. 스탈린은 "트로츠키가 10월 혁명의 사상과 전통의 살아 있는 화신이기 때문에 트로츠키를 증오한다."[16]

트로츠키가 스탈린을 꺾을 수 있었을까?

많은 역사가들은 트로츠키와 스탈린 사이의 투쟁을 두 독재자의 권력 쟁탈전으로 묘사한다. 그러나 개인으로 보면, 트로츠키의 능력이 스탈린보다 훨씬 뛰어났다. 트로츠키와 달리 스탈린은 1917년에 사소한 구실을 했을 뿐이다. 1917년 혁명의 연대기를 쓴 수하노프는 다음과 같이 회상했다. "스탈린은 … 어렴풋한 인상을 줬을 뿐이다. 나만 그런 인상을 받은 것이 아니었다."[17] 반면에, 트로츠키는 웅변과 글재주, 1917년 무장봉기와 적군의 승리를 조직한 것으로 유명했다. 그에게 우호적인 사람이든 적대적인 사람이든 그 사실을 인정했다.

니콜라이 수하노프 멘셰비키 국제주의파였고 1917년 2월 혁명 이후 페트로그라드 소비에트 집행위원을 지냈다.

그러나 트로츠키와 스탈린의 투쟁은 개인들의 투쟁이 아니었다. 그들은 러시아의 서로 다른 두 세력을 대표하고 있었다.

트로츠키의 정치적 기반은 노동계급, 즉 10월 혁명을 일으킨 사람들이었다. 스탈린의 기반은 성장하는 관료 집단이었다.

내전 말기에 관료의 수는 노동자보다 훨씬 많았다. 1921년에 러시아의 국가 관료는 대략 590만 명이었다. 반면에, 생산직 노동자의 수는 겨우 125만 명이었다. 내전이 끝나고 공업이 재건되자 노동자가 늘어났다. 그러나 그들은 여전히 정치적으로 너무 취약했고 규모도 작았고 자신감도 없었기 때문에 스탈린에 맞선 투쟁을 할 수 없었다.

그 때문에, 트로츠키가 비록 혁명의 지도자, 적군의 지도자로 엄청난 존경을 받았음에도 그가 마녀사냥 당하고 추방당했을 때 그를 지지하는 대중 반란이 없었던 것이다.

트로츠키는 전술적 오류들을 범했다는 비판을 받는다. 그의 사상을 지지하는 사람들조차 그렇게 비판한다. 예컨대, 레닌이 유언장에서 스탈린에 맞서 투쟁할 것을 촉구했을 때 트로츠키가 즉시 그렇게 하지 않았다는 것이다. 때때로 트로츠키가 분명한 목소리를 낼 수 있었을 때 오히려 침묵을 지킨 것은 사실이다. 때때로 하지 말았어야 할 타협을 한 것도 사실이다. 그러나 이런 오류 가운데 어느 것도 결정적이지 않았다.

소비에트 러시아의 운명은 혁명의 확산에 달려 있었다. 국제 자본가계급은 러시아를 고립시키는 데 성공했고, 이 때문에 스탈린이 집권할 수 있는 상황이 조성됐다.

스탈린의 집권은 관료 집단의 강력함, 노동자들과 혁명가들의 취약함과 사기 저하 덕분이었다. 혁명이 국제적으로 실패할 때마다 노동자들의 자신감은 떨어졌고, 그래서 노동자들은 점차 위로부터의 변화에 기대를 걸게 됐다. 그리고 스탈린의 기반이 강화될수록 그는 각국 공산당을 러시아 외교정책의 도구로 변모시킬 수 있었다. 그리고 이것이 이번에는 또 다른 국제적 패배를 재촉하는 전략들을 채택하게 만들었다.

트로츠키는 패배했지만, 원칙을 지키며 스탈린에 맞서 싸웠다. 이는 스탈린주의와 사뭇 다른 전통이 존재한다는 것을 보여 준다. 트로츠키는 10월 혁명의 민주주의·국제주의 정신에 여전히 충실했다. 마르크스 혁명론의 핵심은 노동 대중이 스스로 세계를 변혁해야 한다는 사상이다. 이것이 바로 트로츠키가 대변하는 전통이다. 그가 투쟁하지 않았다면(그럴 리는 없었겠지만), 그 전통은 스탈린의 집권과 더불어 영원히 사라지고 말았을 것이다.

트로츠키의 유산

트로츠키의 생애와 그의 저작을 살펴보면 두 가지 원칙이 두드러진다. 국제주의와 아래로부터 사회주의에 대한 헌신이 그것

이다. 오늘날 전쟁과 신자유주의에 반대하는 전 세계 대중운동
과 더불어 국제적 투쟁에 대한 자각도 성장하고 있다. 트로츠키
는 전 세계의 피착취·피억압 대중을 지지했지만, 국제주의가 단
순한 연대 이상의 것이어야 한다고 주장했다. 국제주의는 각각
의 투쟁을 세계경제의 맥락 속에서 살펴보는 것이다. 현대의 '세
계화' 이론보다 훨씬 더 전에 쓴 글에서 트로츠키는 세계를 통합
된 전체로 이해해야 한다고 주장했다. 즉, 세계경제와 세계적 투
쟁으로 말이다.

그는 다음과 같이 썼다. "국제주의는 결코 추상적 원칙이 아니
다. 국제주의는 세계경제의 성격, 생산력의 세계적 발전, 세계 규
모의 계급투쟁을 이론적·정치적으로 반영한다."[18]

그의 모든 활동은 세계를 통합된 전체로 보는 관점에서 출발
했다. 연속혁명론을 발전시킨 것, 제국주의 전쟁에 반대한 것, 혁
명의 확산에 헌신한 것, 국제적 운동에 관여한 것이 모두 그랬다.

이런 관점과 불균등·결합 발전에 대한 트로츠키의 인식에서
우리는 모종의 전략적 통찰을 얻을 수 있다. 오늘날 전 세계의
농민은 트로츠키 당시보다 훨씬 더 적다. 토지에서 일하는 사람
들은 이제 대부분 농업 노동자들이고, 그들의 삶과 노동을 자본
주의와 대기업들이 좌우한다.

그러나 제3세계의 도시들에서 어지럽게 늘어나는 빈민가의
특징은 농촌을 떠나온 미조직 빈민이 주변화한 경제 부문에서

근근이 생계를 이어 간다는 것이다. 라틴아메리카 등지의 많은 도시에서 가장 가난한 사람들은 수십 년 동안 착취와 빈곤뿐 아니라 인종차별에도 시달려 온 원주민들이다. 이 원주민들과 '비공식' 부문 노동자들은 제3세계의 현대화한 도시들에서 불안정하고 폭발적인 요인이 되고 있다. 그들은 반란과 폭발적 항쟁의 도화선이 될 수 있다. 궁극적으로 이런 투쟁들은 자본주의 경제의 핵심에 있는 전략적 세력인 조직 노동자들의 힘과 연결될 필요가 있다. 그렇게 투쟁이 결합되면 혁명이 일어날 수 있다.

연속혁명론은 또, 민주적 권리와 개혁을 위한 투쟁이 어떻게 경제적 해방(노동자 통제)을 위한 투쟁으로 비화할 수 있는지 보여 주고, 이런 문제들이 왜 개별 국민국가 안에서는 해결될 수 없는지도 보여 준다.

오늘날 가난한 나라의 문제는 국민국가의 틀 안에서 해결될 수 없다. 예컨대, 팔레스타인 문제의 해결 방안은 더 광범한 중동 전역 노동자들의 투쟁에서 찾아야 한다. 특히, 이집트 노동자들의 투쟁이 가장 중요하다. 아무리 부유한 나라일지라도 한 나라에서는 사회주의가 불가능하다. 이 점은 사하라 사막 이남 아프리카 같은 지역에서는 훨씬 더 진실이다.

트로츠키가 혁명에 헌신한 것은 무장봉기라는 최고의 순간에 국한되지 않았다. 마르크스와 마찬가지로 트로츠키도 해방은 노

1940년 스탈린이 보낸 첩자에게 살해당하기 직전의 트로츠키.

동 대중 자신의 행동이어야 한다고 생각했다. 이와 관련해 분명한 문제 하나는 대부분의 시기에 대다수 사람들은 혁명의 필요성을 느끼지 못하거나 그들 자신의 능력에 대한 믿음이 없어서 혁명이 불가능하다고 믿는다는 것이다. 이런 문제 때문에 트로츠키는 대중운동을 건설하고 사람들을 개혁주의에서 혁명적 사상 쪽으로 이끌 수 있는 전략과 전술을 발전시켰다.

오늘날 우리는 세계 전역에서 새 세대의 대중운동을 목격하고 있다. 그와 동시에, 전통적 사회민주주의 정당들(영국의 노동당 같은)이 노동 대중에게 뭔가를 제공할 수 있다는 믿음이 점차 사라지고 있다. 이런 상황에서 트로츠키의 공동전선 전략은 광범하고 원칙적인 운동을 건설할 수 있는 결정적 수단이다. 크고 작은 모든 투쟁에서 개혁주의 전술과 혁명가들이 선택하는 방식 사이에 논쟁이 벌어진다. 전자는 국가의 한계 안에서 위로부터 변화를 추구하는 반면, 후자는 자주적 행동, 대중 동원, 아래로부터의 투쟁, 국가에 대한 과감한 도전을 제기한다. 이런 투쟁 과정에서 사람들의 생각은 바뀌기 시작한다. 트로츠기의 위대한 공헌은 공산당에서 축출되고 러시아에서 추방됐을 때조차 스탈린에 투항하거나 절망에 빠지지 않고 계속 조직 활동을 했다는 것이다. 가장 어려운 상황에서 벌인 그런 투쟁 덕분에 진정한 혁명적 사회주의 전통이 오늘날까지 보존될 수 있었다. 진정한 평등·해방·국제주의를 표방하는 전통 말이다.

트로츠키의 사상은 그보다 앞선 마르크스의 사상과 마찬가지로 독단적 교조가 아니다. 트로츠키가 항상 옳았던 것도 아니다.

살해당하기 직전에 그는 서방 자본주의와 스탈린주의가 모두 제2차세계대전 때문에 심각한 위기에 빠질 것이라고 예측했다. 결국 두 문제 모두에서 그가 틀렸음이 입증됐고, 그 때문에 전후에 많은 트로츠키 지지자들은 혼란에 빠졌다. 그의 사상을 계승하고 발전시키는 것은 미래 세대의 과제로 남았다. 그러나 누군가가 더 멀리 내다볼 수 있다면, 그것은 그가 거인의 어깨 위에 서 있기 때문일 것이다. 트로츠키의 사상과 방법은 전쟁과 자본주의에 저항하는 새 세대를 위한 교훈으로 가득하다. 트로츠키 자신에게 그랬듯이 우리에게도 그의 사상과 방법은 세계 변혁과 미래를 위한 투쟁의 도구다.

05
안토니오 그람시

실천철학과 '현대 군주'

이탈리아의 아웃사이더

안토니오 그람시가 태어났을 때 이탈리아는 건국한 지 겨우 30년 된 나라였다. 이 신생 국가는 갖가지 중대한 요인들로 심각한 내분을 겪고 있었다.

그람시가 마르크스주의자로 성장하는 데 깊은 영향을 미친 것은 그가 태어난 고향과 나중에 정치적 성숙기를 보낸 도시였다.

그람시는 1891년 사르데냐 섬에서 태어났다. 사르데냐 섬은 이탈리아 '본토'와 지리적으로는 떨어져 있었지만, 사실상 이탈리아 남부 지방의 일부였다. 이탈리아 남부는 1861년 오늘날의 이탈리아 대부분 지역이 통일되는 과정에서 벌어진 전쟁의 패자였다. 남부의 다른 지역과 마찬가지로, 사르데냐에도 빈곤·기근·질병·문맹이 만연했다. 선거 결과는 지주들에 의해 조작됐다. 그람시 가족은 중간계급에 속했지만, 집안 형편은 어려웠다. 그람시의 아버지가 지역 정치 실세의 뜻을 거슬렀다가 억울한 옥살이를 해야 했기 때문이다.

그러나 사르데냐 섬에 새로운 힘이 작용하고 있었다. 섬의 광원들이 사회주의 사상의 영향을 받아 파업을 벌인 것이다. 광산 소유자들은 이 반란을 쉽게 진압하기 힘들다는 사실을 깨달았다. 그람시의 형은 군대에 징집돼 토리노에서 복무하는 동안 사회주의 신문들을 읽기 시작했고 그 신문을 고향에 있는 동생에게 보내 줬다. 사르데냐 섬의 상황에 분노한 그람시는 사르데냐 민족주의로 기울었는데, 사르데냐 민족주의자들은 섬에 만연한 병폐가 로마와 밀라노의 본토인들 탓이라고 비난했다.

그람시는 [집안 형편상] 일을 해야 했고 질병(이 때문에 평생 신체장애와 잦은 병치레로 고생하게 된다)에 시달렸기 때문에 학업을 자꾸 중단해야 했다. 졸업 후 그는 이탈리아 북부 도시 토리노로 갔고 그곳에서 혁명적 마르크스주의자로 단련된다. 그람시는 1911년 토리노대학교에 장학금을 받고 들어가 공부하기 시작했다. 청년 안토니오 그람시는 본토인들에 대한 분노를 품고 그 도시에 도착했다. 그러나 토리노에서 자신의 삶에 결정적 영향을 미친 뭔가를 발견했는데, 그것은 나중에 그람시가 거듭거듭 판단 기준으로 삼을 만큼 중요한 것이었다. 토리노는 당시 가장 투쟁적인 노동계급 운동의 중심지 가운데 하나였던 것이다.

토리노: 이탈리아 혁명의 '태풍의 눈'

20세기 초 토리노는 오늘날 중국과 인도의 많은 도시들처럼 급속하게 산업화하고 있었다. 토리노는 새로운 자동차 산업, 특히 거대한 피아트 공장이 지배하는 도시였다. 그람시가 도착했을 때 토리노의 인구는 40만 명이었는데, 그중 20퍼센트가 산업 노동자였다.

이탈리아 사회당PSI과 노동조합운동은 모두 아직 초창기였다. 사회당은 여전히 중간계급 전문직이 주로 지배하고 있었는데, 그들은 하층민의 삶을 개선하고 싶어 했지만 혁명은 거부했다. 노동조합은 흔히 숙련 노동자들에게만 의지했고, 주요 노조 연맹인 노동조합총연맹CGL은 사회당의 온건한 지도자들과 한통속이었다.

사회당과 노동조합총연맹은 모두 20세기의 첫 20년 동안 이탈리아에서 여러 차례 연립정부 총리를 지낸 조반니 졸리티와 모종의 합의를 맺고 있었다. 졸리티는 이탈리아 정치를 지배하는 다양한 이익집단들 사이에서 줄타기하며 권모술수로 권력을 유지했다. 그래서 사회주의자들과 노조 지도자들을 포섭하고 싶어 했다.

사회당 토리노 지부의 기층 당원들은 남부 지방에 만연한 불공평함과 부당함을 강력히 비난한 남부 출신 급진파 인사가 국회의원 후보로 지명되게 하려고 노력했다. 그 노력은 결국 실패했지만, 그람시는 그 운동에 참가하면서 북부 노동자들이 남부 농민·노동자의 동맹 세력이고 사회주의 혁명만이 남부에 진정한 변화를 가져올 수 있는 길임을 깨닫기 시작했다.

그때쯤 그람시는 가난과 질병에 시달리면서도 공부를 잘하는 재능 있는 학생이었고, 토리노대학교의 유망한 청년 사회주의자 모임을 알게 됐다. 그람시가 도착했을 때 토리노는 사회 갈등이 한창 고조되고 있었다. 당시는 유럽 전역에서 그동안 기성 정치를 지배해 온 자유주의 사상이 퇴조하고 지배계급의 더 공격적인 정치가 득세하고 있었다. 또, 거대 열강들 사이의 경쟁이 격렬해지고 있었다. 이 때문에 해외에서는 영토 쟁탈전이 갈수록 치열해졌고, 국내에서는 임금을 낮추고 생산성을 높이라는 압력이 가중되고 있었다. 1905년 러시아 혁명이 실패하자 더 기세등등해진 유럽 지배자들은 좌파와 노동운동을 탄압했다.

이탈리아에서는 산업 자본가들과 지주들이 정부에 노조나 좌파와 타협하지 말고 국가권력을 총동원해서 탄압하라고 요구했다. 또, 프랑스나 영국처럼 이탈리아도 아프리카에서 식민지를 획득할 수 있기를 바랐다.

1911년 토리노에서 노동조건을 악화시키는 조처에 노조 지도자들이 동의해 주자 이에 항의하는 금속 노동자들이 비공인 총파업을 벌였다. 파업은 75일간 계속됐지만 결국 패배했다. 그러나 이듬해 금속노조^{FIOM}는 잃어버린 지지를 만회하고자 93일간 파업을 이끌었다. 이 파업의 새로운 특징은 이른바 [공장] 내부위원회라는 현장조합원들의 기구가 아래로부터 건설됐다는 점이다. 내부위원회는 노동조합원이든 아니든 관계없이 공장의 모든 노동자가 참여해서 아래로부터 직접 선출한 기구였다. 파업이 끝나자 노조 지도부는 내부위원회를 흡수해 무력화하려 했다. 그러나 내부위원회가 존재했다는 사실 자체가, 필요하다면 언제든지 내부위원회가 되살아날 수 있음을 뜻했다.

지배계급이든 피지배계급이든 모두 강경파가 득세하고 있었다. 1911년 졸리티는 자신을 비판하는 사람들을 달래려고 오늘날의 리비아를 식민지로 만들려는 원정을 감행했다. 이탈리아 사회당 내의 청년 세대는 졸리티와의 합의를 파기하라고 요구했다. 그들은 점점 더 남부의 농민과 노동자를 지지했고(남부의 노동자·농민이 저항할 때마다 정부는 가차없이 탄압했다), 군국주의와 식민주의에도 반대했다. 그람시는 사르데냐 출신이었으므로 유럽 열강들에 맞서 저항하는 식민지 주민들의 반란을 처음부터 지지했고, 이른바 '남부 문제'가 핵심적으로 중요하다고 생각했다. 이 모든 것 때문에 그는 마르크스주의에 더 관심을 갖게 됐다. 1913년 그람시는 학교 친구인 안젤로 타스카의 권유로 사회당에 가입했다.

안젤로 타스카 훗날 그람시와 함께 〈오르디네 누오보〉를 창간했고 공산당 창당 뒤에 당내 우파를 이끌었다.

신중하고 타협주의적인 당 지도부에 대한 불만을 끌어모으는 구실을 한 사람은 로마냐 지방 출신의 반항적 선동가 베니토 무솔리니였다. 그는 이탈리아 제국주의의 리비아 점령에 반대하고 사회당 당대회에서 기회주의적 당내 우파를 비난하는 연설을 한 뒤 당 기관지인 〈아반티〉(전진)의 편집자가 됐다.

이탈리아식 사회주의

이탈리아 사회당은 양극화하고 있었다. 개혁주의자들인 소수 우파는 어떤 정부가 됐든 정부에 입각하고 싶어 안달이 나 있었고, 기층 당원들은 좌파 지도부를 세우고자 당내 좌파에게 투표했다. 좌파의 지도자인 자친토 세라티는 당의 최대강령인 사회주의 혁명을 큰소리로 장황하게 옹호했다. 그래서 그들을 '최대강령파'라고 불렀다. 한편, 개혁주의자들은 당의 최소강령인 당장의 개혁 조처들을 강조했다. 양쪽 다 지금 당장 벌어지는 투쟁과 장기 과제인 혁명을 연결시키려는 노력은 하지 않았다.

1914년 6월 (사실상 이탈리아의 식민지였던) 알바니아로 군대

베니토 무솔리니 훗날 파시스트 운동의 지도자가 돼서 이탈리아를 독재 통치한다.

자친토 세라티 훗날 사회당을 이끌고 코민테른에 가입해 코민테른 집행위원을 지냈지만, 당내 우파와의 결별에 반대해 공산당에 합류하기를 거부하다가 나중에 다시 공산당과 통합하는 등 오락가락 행보를 보였다. 레닌은 세라티를 개혁주의와 혁명적 사회주의 사이에서 계속 동요하는 "중간주의자"라고 비판했다.

를 파병하려는 것에 반대하는 시위가 무장봉기로 발전해서 로마냐 지방 전역으로 확산됐다. 모든 도시를 반군이 장악했고 사회주의 공화국이 선포되고 시청사마다 붉은 기가 내걸렸다. 그러나 사회당과 노동조합총연맹은 모두 수수방관했고, 결국 군대가 봉기를 진압했다.

전쟁의 먹구름이 유럽 전역을 뒤덮자, 전쟁에 반대하고 혁명으로 나아가기 위해 총파업을 벌이자는 무솔리니와 〈아반티〉의 목소리가 갈수록 커졌다. 사실, 무솔리니의 주장은 행동을 요구하는 것 이상의 실질적 내용은 거의 없었다. 그러나 그람시를 비롯한 많은 청년 사회당원들에게는 그조차 아주 반가운 소리였다.

1914년 8월 유럽 열강들 사이의 긴장이 마침내 전쟁으로 폭발했다. 원래 이탈리아는 독일·오스트리아의 동맹국이었다. 이 동맹을 통해 발칸반도와 알프스산맥 접경 지역에서 영토를 얻고자 했던 것이다. 그런데 막상 전쟁이 터지자 동맹국과 함께 전쟁에 참가하기를 거부하고, 살육전에 뛰어드는 대가로 최대한 많은 것을 얻어 내려고 유럽 자본가들에게 이탈리아를 홍보하기 시작했다.

이탈리아 국내에서는 민족주의적 우파가 정부에 프랑스와 영국 편에 서서 [독일·오스트리아에] 전쟁을 선포하라고 요구했다(역사적으로 오스트리아는 이탈리아의 통일을 방해한 적국이었다). 일부 대기업들은 전쟁이 가져다줄 수지맞는 사업에 눈독을 들이고 있었고, 졸리티의 정적들은 졸리티를 총리 자리에서 끌어내리고 싶어 했고, 국왕과 어중이떠중이 시인·화가 등은 모두 이탈리아 제국을 원했다.

1915년 5월 무렵, 프랑스와 영국의 뒷돈을 받은 이탈리아 우파들은 전쟁을 요구하고 있었다. 국왕과 졸리티의 후임 총리[안토니오 살란드라]는 전쟁을 원했고, 그래서 발칸반도·중동·북아프리카 지역의 영토를 차지할 목적으로 영국·프랑스와 비밀조약을 맺었다(1917년 러시아 혁명 후 볼셰비키는 [차르 정부가 체결한] 이 조약과 그 밖의 수많은 비밀조약을 공개했다).

이탈리아는 분열했다. 졸리티는 이탈리아가 중립을 지키는 것이 더 유리하다고 생각해 전쟁 중립을 지지했다. 강력한 가톨릭교회는 전쟁에 반대했다. 서로 싸우는 가톨릭 국가들 중 어느한쪽을 편들었다가는 가톨릭교회 자체의 이익과 부富가 훼손될터였기 때문이다. 사회당은 전쟁에 반대했다는 점에서는 서유럽사회주의 정당들과 확연히 달랐지만, 단지 중립을 지키려고 전쟁에 반대했을 뿐, 전쟁 노력에 반대하는 적극적 행동은 전혀 하지않았다.

의회가 전쟁 찬성 표결을 머뭇거리자 우파들은 거리로 뛰쳐나왔다. 표결의 방향을 바꾸는 데는 약간의 압력으로도 충분했다. 우파들은 거국일치 신화, 즉 극좌파와 가톨릭 신부(국가보다 교황에게 더 충성하는)를 제외한 이탈리아 국민 전체의 단결이라는 신화를 만들어 냈다. 더 중요한 것은, 우파가 의회 밖 행동을 이용해 승리를 맛봤다는 점이다(물론 우파의 시위는 경찰과 군대의 묵인·방조 아래 벌어졌고 대기업의 자금 지원을 받았다). 전쟁에 반대하는 총파업이 토리노에서 일어났지만, 홀로 외롭게 싸우도록 방치됐고(이런 일은 처음도 아니었고 마지막도 아니었다) 결국 진압당했다.

그렇다면, 군국주의에 반대하던 선동가 무솔리니는 어땠는가? 1914년 가을 무솔리니는 갑자기 전쟁 중립에 반대한다고 선언하더니 곧이어 이탈리아의 참전을 지지한다고 밝혔다. 무솔리니는 사회당에서 쫓겨나기 직전에 탈당해서 새 신문 〈일 포폴로 디탈리아〉(이탈리아 국민)을 창간했다. 그 신문은 이탈리아 군수업체들과 영국·프랑스한테서 자금 지원을 받았다. 무솔리니는 군에 입대해서 잠깐 복무하다가(수류탄 사고로 의병제대했다) 밀라노에 있는 신문 편집실로 복귀했다.

무솔리니의 변절은 매우 충격적인 사건이었다. 소수의 노조운동가·사회당원·아나키스트는 무솔리니와 함께 변절했지만, 사회당에서 그를 지지하던 청년 당원들은 대부분 폭탄을 맞은 듯한 충격을 받았다. 토리노에서 그람시는 무솔리니가 처음에 전쟁 중립을 거부하게 된 이유를 해명하려는 서투른 글을 썼지만, 곧 신경쇠약에 걸리고 말았다.

전쟁의 시험대

　제1차세계대전은 이탈리아에 재앙이었다. 얼어붙은 알프스의 오스트리아·독일군 진지를 공격하는 데 농민 징집병들(산업 노동자들은 공장에서 일해야 했다)이 무더기로 투입됐지만, 아무 성과도 없었다. 그들을 지휘한 이탈리아 장교들은 유럽에서 가장 멍청하고 부패하고 특권적인 집단이었다(게다가 자기들끼리 경쟁하는 데만 정신이 팔려 있었다). 산업 자본가들은 막대한 이윤을 얻었다. 타이어 제조업자 피렐리 같은 몇몇 자본가들은 중립국인 스위스를 통해 독일에 원자재를 팔아 돈을 벌기도 했다.

　토리노 시는 규모가 급격하게 커졌다. 주변의 농촌에서 몰려든 노동자가 급증했고 여성 인구도 엄청나게 늘어났다, 이들은 곧 노동규율 강화와 물가 인상에 따른 실질임금 삭감에 분노했다. 유럽의 다른 나라들과 마찬가지로, 숙련 금속 노동자들은 전에 쟁취한 특권들이 기계화 때문에 사라지자 점점 더 투쟁적으로 변해 갔다.

　1917년 10월 독일군과 오스트리아군이 공격 끝에 카포레토를 돌파했다. 이탈리아 군인 30만 명이 항복했고, 비슷한 수가 탈주했다. 흔히 장교들이 전선을 포기하고 도망친 뒤에 그런 일이 벌어졌다. 패주한 이탈리아군은 거의 베네치아 근처까지 후퇴했

> **카포레토** 오늘날 슬로베니아의 코바리드.

고, 이탈리아의 참패가 임박한 듯했다. 군대를 결집시키려는 노력의 일환으로 정부는 전쟁이 끝나면 징집병에게 토지를 나눠 주겠다고 약속했다.

카포레토 전투의 여파는 맹렬한 산업 확장 정책으로도 나타났다. 그래서 이탈리아는 전쟁 말기에 대포가 영국보다 더 많고 동맹국들에 트럭과 항공기를 판매하는 수출 대국이 된다. 전쟁이 끝날 때쯤 이탈리아에는 금속 노동자가 50만 명, 노동조합원이 300만 명으로 급격하게 늘어나 있었다. 그러나 물가 인상 때문에 노동자들의 생활수준은 낮아져 있었고, 엎친 데 덮친 격으로 심각한 식량 부족 사태가 벌어졌다. 이탈리아 농업이 신흥 산업 중심지들에 식량을 공급할 수 없었기 때문이다. 노동시간이 늘어났고 파업이 금지됐으며 공장은 군사적 규율이 지배했다.

전쟁에 반대하는 전쟁

서유럽 도시들 가운데 러시아 혁명의 반향이 가장 컸던 곳이 바로 토리노였다. 1917년 2월 러시아 제정을 무너뜨린 첫 번째 혁명의 소식이 들려왔을 때 토리노 시는 열광했고, 곧 두 번째 노동자 혁명이 일어나 러시아가 전쟁을 그만두기를 바라는 기대가 널리 퍼졌다.

1917년 8월 15일 러시아 대표단이 토리노에 도착해 군수공장 노동자들의 대중 집회에서 연설했다. 대표단은 모두 전쟁을 계속해야 한다고 주장하는 사람들이었고, 그래서 이탈리아의 노동 형제자매들에게 대량 살상 무기를 더 많이 생산해서 자신들을 도와 달라고 촉구했다. 그러나 가는 곳마다 환영의 인사말로 "레닌 만세!"가 울려 퍼지는 것을 보고 그들은 까무러칠 뻔했다.

> • 이 대표단은 사회혁명당과 멘셰비키 등 온건파 사회주의자들로 구성된 임시 정부가 파견한 것이었다.

1917년 8월 21일 [식량 부족으로] 토리노의 빵집 여덟 군데가 문을 열지 못했다. 여성과 아이들이 도시 전역에서 빵을 요구하며 시위를 벌이기 시작했다. 당국은 서둘러 밀가루를 공급했지만, 항의 시위는 이미 정치 영역으로 옮겨 가고 있었다. 디아토-프레쥐스 자동차 공장 앞 시위에 참가한 한 노동자는 나중에 다음과 같이 회상했다. "우리는 공장 안으로 들어가지 않고 문 앞에서 시위를 벌이기 시작했다. '배고파서 일을 못 하겠다. 빵을 달라!' 하고 외쳤다." 그러자 공장 소유자가 나와서 빵이 오고 있으니 걱정 말라고 큰소리쳤다. "노동자들은 잠시 조용해졌다. 서로 얼굴을 쳐다보며 말없이 상의하는 듯하더니 이윽고 모두 함께 외치기 시작했다. '빵 따위는 필요 없다! 우리는 평화를 원한다. 전쟁 모리배를 타도하자! 전쟁을 끝장내자!' 그러면서 노동자들은 모두 공장을 떠났다."1

노동자들이 경찰과, 나중에는 군대와 충돌했다. 노동계급 거주 지역에 바리케이드가 세워졌다. 군부대 막사 몇 군데가 공격받았고, 교회 두 곳이 불탔다(교회에 대한 대중의 불만이 폭발한 것이다). 결국 탱크와 기관총이 동원되고 나서야 노동자들은 공장으로 돌아갔다. 노동자 50명이 죽었고, 다른 노동자들은 군사법원에서 재판을 받거나 아니면 곧바로 전선으로 끌려갔다.

봉기가 실패한 근본 원인은 두 가지였다. 첫째, 사회당 지도자들의 온갖 혁명적 미사여구에도 불구하고 행동 계획은 전혀 없었고 투쟁도 거의 조율되지 않았다. 토리노는 혼자 외롭게 싸우다가 패배하도록 방치됐다. 둘째, 몇몇 군부대가 무기를 내려놓기로 했다는 소문이 돌았지만, 노동자들은 군인들을 자기편으로 끌어들이지 못했다. 봉기를 진압하는 데서 결정적 구실을 한 부대는 사르데냐 여단이었다. 이것은 북부 노동자와 남부 농민의 단결을 강조한 그람시의 주장이 옳았음을 보여 줬다.

토리노는 사회당 좌파가 강력한 곳이었고, 그들은 공장의 투사들과 지역사회 활동가들을 결속시켰다. 이들은 모두 이탈리아 사회당과 국제 운동에서 한창 벌어지고 있던 논쟁의 영향을 받았다.

사회당 내 반전反戰파는 토리노 봉기에 호응해서 그해 11월 피렌체에서 회의를 소집했다. 경찰이 그 회의를 해산하기 전에 나폴리 출신의 젊은 혁명가 아마데오 보르디가는 바로 지금이 행동할 때이며 따라서 당장 행동에 나서야 한다고 연설했다. 이탈리아는 아직 무장봉기할 준비가 돼 있지 않았지만, 페트로그라드(오늘날의 페테르부르크)에서 들려온 10월 혁명 소식에 열광했고, 이런 분위기는 회의장에 모인 그람시 같은 청년 사회주의자들을 사로잡고 있었다.

전쟁은 사회 불안을 낳았다. 토리노에서는 이탈리아의 참전에 반대하는 파업과 1917년 식량 폭동, 공장 노동자들의 조직화 물결 분출로 말미암아 경제적 요구와 정치적 요구가 뒤섞일 가능성이 생겨났다. 한편, 전선의 참호에서 돌아온 농민 징집병들은 사회적 불평등을 뼈저리게 느끼고 있었고, 북부의 도시에서 전파된 새로운 사상에 '오염'돼 있었다. 그들은 토지 분배 약속이 거짓말이었다는 쓰디쓴 진실을 깨달았다.

농촌의 옛 질서는 빠르게 무너지고 있었다. 이미 1915년에 라치오 주州 농민들은 토지를 점거하기 시작했다. 머지않아 토지 점거가 이탈리아 전역으로 확산됐다. 러시아에서 혁명이 일어나 민중에게 토지가 분배됐다는 소식이 농민과 무토지 노동자들 사이에 널리 퍼졌다.

징집병의 다수는 농민과 무토지 노동자였다. 반대로, 상층계급은 온갖 수를 써서 자식을 군대에 보내지 않았다. 진시에 총리를 지낸 살란드라의 세 아들도 군에 입대해야 할 나이였지만 결국 징집면제됐다.

국내 전선

이런 상황에서 노동자들은 기층에서 독자적으로 저항 조직을 건설하기 시작했다. 내부위원회가 되살아나기 시작해, 제1차 세계대전 종전 후 전성기를 맞았다. 노동자들은 집회를 열어, 각 산업부문이나 공장의 노동자 전체에게 해당되는 임금과 노동조건을 논의했다. 이것이 특히 중요했던 이유는 노동조합 가입이나 활동 경험이 전혀 없거나 거의 없는 여성 노동자와 신참 노동자들이 급증하고 있었기 때문이다.

당연히 노조 상근간부층은 내부위원회를 싫어했다. 왜냐하면 내부위원회에는 노동조합원이 아닌 노동자도 포함돼 있어서, 노조 상근간부가 현장과 경영진과 군부 사이에서 중재자 노릇을 하기 힘들게 만들었기 때문이다. 1918년 4월 금속노조는 임금 인상, 실업보험 보장, 내부위원회 승인 등을 골자로 한 합의를 끌어냈다. 그 이면은 노조가 다시 한 번 이 기구들을 흡수하고 통제할 수 있게 됐다는 것이었다.

이탈리아 지배계급은 분열했다. 이탈리아는 제1차세계대전 참전 때 [영국과 프랑스한테서] 약속받았던 전리품을 모두 챙기는 데 실패했다. 종전 후 강화조약을 보며 지배계급의 일부와 중간계급, 특히 퇴역·현역 장교들은 속이 부글부글 끓었다.

기성 정치인들은 줄어든 영토 할양에 항의하면서도 이를 받아들이는 것 말고는 달리 어쩔 도리가 없었다. 민족주의 시인이자 전쟁 영웅인 가브리엘레 단눈치오는 무장 병력을 이끌고, 발칸반도의 신생 국가인 유고슬라비아 영토로 편입된 피우메를 점령했다. 이탈리아 군부가 이 모험을 묵인·방조했다. 그러자 우파들은 의회 바깥의 수단을 이용해 자신들의 목적을 달성하고 싶은 생각이 더 강해졌다. 로마의 중앙정부를 무시하는 사람들이 좌파든 우파든 점점 늘어나고 있었다.

가브리엘레 단눈치오 데카당 문학의 대표적 작가로 훗날 파시즘을 지지했다.

피우메 오늘날 크로아티아의 리예카.

서유럽 나라들 가운데 러시아와 상황이 제일 비슷한 나라가 바로 이탈리아였다. 이탈리아 왕실은 친척인 러시아 로마노프 왕가의 운명이 자신들을 기다리고 있다고 생각했다. 이탈리아 군대의 지휘관들은 자기 부하들을 믿을 수 없다며 두려워했다. 농촌의 반란과 도시의 반란이 맞물리며 그들을 모두 쓸어버릴 것처럼 보였다. 이탈리아는 혁명적 위기, 즉 1919~20년의 붉은 2년(비엔뇨 로소)을 향해 나아가고 있었다.

공장평의회

그람시는 미래의 사회주의 사회가 더는 추상적 개념이 아니게 해 줄 수 있는 수단을 찾고 있었다. 그 미래로 건너가는 잠재적 다리가 바로 공장평의회였다.

1919~20년에 토리노의 공장 노동자들은 함께 모여서 공장평의회(내부위원회라고도 불렀다)라는 새로운 기구를 건설했다. 공장평의회는 현장에서 직접 선출된 대표들로 구성됐다. 또, 노동조합원이든 아니든 상관없이 모든 노동자를 조직했다. 노동조합에서는 노동자들이 개별 조합원으로서 흔히 다른 노조 소속의 동료 노동자들과 분리돼 있었고, 주로 임금과 노동조건에만 관심이 있었다.

물론 그람시는 노동자들이 노조에 가입해야 한다고 생각했지만, 공장평의회는 더 나아가 노동자들이 하나의 단체로 단결해서 공장을 운영할 수 있게 해 주는 기구라고 봤다. "공장평의회는 실제로 노동계급의 단결을 구현한다. 공장평의회가 제공하는 형식과 응집력을 이용해서 대중은 사회 전체를 조직할 수 있게 되는 것이다."[2]

이 공장평의회는 경영진의 생산과정 통제권에 도전하기 시작하면서 혁명적 기능을 하게 됐다. 새로운 노동자 국가 건설의 토대가 될 수 있었던 것이다.

작업장에서 새로운 단결의 토대도 놓이고 있었다. 1919년 3월 토리노의 금속 공장들에서 사무직 노동자들이 직급 조정 문제 때문에 파업에 들어갔다. 파업 기간이 길어지면서 많은 생산직 노동자들이 해고당했지만, 그들은 이 사무직 노동자들과 계속 연대했다. 사무직 노동자들은 전통적으로 투쟁적이지도 않았고, 스스로 육체 노동자보다 우월하다고 생각하는 집단이었는데도 말이다. 생산직 노동자와 사무직 노동자가 단결해야 한다는 생각이 갈수록 널리 퍼졌고, 이것은 공장 전체를 아우르는 상시 조직이 필요하다는 생각으로 이어졌다.

새로운 공장평의회 선출에는 모든 노동자가 참가했다. 즉, 정치사상이나 종교 신앙의 차이를 떠나, 정당이나 노동조합 가입 여부와 상관없이 모든 노동자가 공장평의회 선거에 참가했다. 이 평의회는 생산을 보조하는 사람 전부, 즉 기술자와 사무직 노동자(스스로 중간계급이라고 생각하던) 그리고 농민과 농촌 노동자를 모두 끌어들일 수 있었다. 이들은 더는 생산과정의 이름 없는 톱니바퀴 노릇을 하는 것이 아니라 독자적 정체성과 힘을 확인하게 될 터였다.

최대강령파나 보르디가(좌파적 관점에서 최대강령파를 비판한 반대파의 지도자였다)와 달리, 그람시는 노동계급이 어떻게 하면 현재에서 미래로 나아갈 수 있는지를 다루려 했다. 그람시는 다음과 같이 주장했다. "사회주의 국가는 이미 피착취 노동계급에 고유한 사회생활 제도들 속에 잠재적으로 존재한다." 그리고 더 나아가서 다음과 같이 설명했다. "내부위원회는 노동자 민주주의 기관이다. 따라서 기업인들이 강요한 한계에서 벗어나야 하고, 새로운 생명과 에너지를 얻어야 한다. 오늘날 내부위원회는 공장에서 자본가의 권력을 제한한다. … 내일, 더 발전하고 풍부해진 내부위원회는 자본가의 경영·관리 기능을 모두 대체하는 노동자 권력 기관이 돼야 한다."[3]

그람시는 노동자들에게 "작업장의 모든 권력을 작업장 위원회로"라는 구호와 "모든 국가권력을 노동자·농민 평의회로"라는 구호를 내걸고 공장에서 대중 집회를 열어 대표들을 선출하라고 호소했다.

1917년 이전의 좌파 전통은 서로 다른 두 영역에서 활동하는 것이었다. 즉, 노동시간에는 훌륭한 작업장 활동가로서, 저녁과 주말에는 선전과 선거운동을 하는 사회주의자로서 활동하는 것이었다.

그러나 공장의 일상적 투쟁과 사회주의적 미래를 위한 투쟁을 서로 연결시킬 방법은 빠져 있었다. 그람시는 공장평의회가 이 둘을 연결시킬 수 있다고, 그리고 자본주의 사회가 강요하는 정치와 경제의 분리를 극복할 수 있다고 생각했다. 그는 공장평의회가 노동조합과 사회당을 혁명적으로 바꿀 수 있다고 믿었다.

공장평의회 같은 현장 조직의 건설은 정도 차이는 있었지만 러시아 페트로그라드에서 헝가리 부다페스트와 독일 베를린을 거처 멀리 떨어진 [스코틀랜드] 클라이드 강 유역의 글래스고까지 당시 산업 중심지들에서 나타난 일반적 현상이었다. 1917년 10월 러시아의 수많은 노동자·농민·병사를 대표해서 권력을 장악한 소비에트도 사실은 공장평의회가 발전한 기구였다.

새 질서

노동자 권력을 위한 공장평의회 건설은 정치 비평 주간지 〈오르디네 누오보〉(새 질서)의 핵심 메시지가 됐다. 〈오르디네 누오보〉는 1919년 5월 그람시가 한 무리의 동지들과 함께 발행하기 시작한 신문이었다. 그 신문은 토리노의 많은 공장 노동자들 사이에서 매우 인기가 있었다. 그람시는 프랑스 작가 로맹 롤랑의 경구 "지성의 비관주의, 의지의 낙관주의"를 가져다가 〈오르디네 누오보〉의 지침으로 삼았다.

〈오르디네 누오보〉는 모든 노동자에게 공장평의회 투표권 부여하기, 각 작업장마다 대표 선출하기, 현장 노동자의 통제와 참여 강화하기 등의 운동을 펼쳤다.

1920년 8월 그람시는 〈오르디네 누오보〉 시절을 돌아보며 다음과 같이 회상했다. "내부위원회를 발전시키는 문제가 〈오르디네 누오보〉의 핵심 문제, 중심 사상이 됐다. 그것을 노동자 혁명

〈오르디네 누오보〉를 편집하던 30살 무렵의 그람시.

의 근본 문제로 여기게 됐다. … 〈오르디네 누오보〉는 '공장평의
회의 신문'이 됐다. 노동자들은 〈오르디네 누오보〉를 좋아했다
(우리는 아주 만족스럽게 이렇게 말할 수 있다). 왜 그랬는가? 노
동자들은 〈오르디네 누오보〉의 기사에서 자신들의 일부, 그것도
최상의 일부를 재발견했기 때문이다. … 왜냐하면 〈오르디네 누
오보〉의 기사들은 실제 사건들을 노동계급의 자기 해방, 자기 표
현 과정의 계기로 여기고 '주목'했기 때문이다. 그래서 노동자들
이 〈오르디네 누오보〉를 좋아했고, 그렇게 해서 〈오르디네 누오
보〉의 사상이 '형성'된 것이다."[4]

〈오르디네 누오보〉 편집자들 사이에서 세 가지 중요한 쟁점이

떠오르고 있었다. 첫째는 노동조합원만이 투표할 수 있다는 오래된 주장이었다. 노조 지도자들은 이 문제를 거듭거듭 제기했고, 이 때문에 〈오르디네 누오보〉는 결국 노조 지도자들을 편든 타스카파派와 새로운 공장평의회를 옹호한 그람시파로 분열했다. 둘째, 공장평의회의 새로운 통제 방식을 기존의 낡은 관리 방식이나 사적 소유와 나란히 공존하는 것으로 여기는 경향이 있었다. 이런 경향도 노조 지도자들이 부추긴 것이었다.

그람시와 〈오르디네 누오보〉는 노동자 통제가 사회의 혁명적 변화를 통해서만 발전하고 유지될 수 있다는 사실을 과소평가하는 경향이 있었다. 그런 혁명적 변화가 없으면, 공장평의회는 수많은 낱낱의 쟁의에 휩쓸려 에너지를 소모하다가 결국은 좀 더 투쟁적인 신종 노조 대표자 기구로 전락하는 경향이 있었다.

셋째, 그람시는 공장평의회가 노동자 권력을 만들어 내는 수단 구실을 한다고 강조하면서, 혁명적 정당은 압력단체 구실을 하는 것쯤으로 얕잡아 보기도 했다. 당이 노동자들을 약속의 땅으로 인도할 것이라고만 생각하는 엘리트주의자들에 도전하다가 너무 멀리 나간 셈이었다. 이 때문에 그람시는 사회당 안에서 자신의 견해를 옹호하며 투쟁하는 일을 하지 않았다. 그래서 사회당이라는 무대를 최대강령파와 보르디가에게 내줬고, 〈오르디네 누오보〉와 그 지지자들은 토리노와 그 인접 지역으로 고립되고 말았다. 더욱이, 노동조합총연맹과 사회당 내 모든 분파가 결탁해서 '오르디노비스티'(《오르디네 누오보》 지지자들)를 고립시켜 패퇴시키려 하고 있었다. 사용자들도 토리노에서 다른 지역으로 '전염병'이 번질 위험을 깨닫고 공장평의회를 분쇄하기로 작정했다.

공장점거

'붉은 2년'에서 결정적 순간은 1920년 9월에 찾아왔다. 밀라노에서 노동조합원이 대량 해고되자 이탈리아 전역에서 공장점거 물결이 일었다. 9월 4일쯤에는 40만 명의 노동자가 공장을 점거하고 있었는데 며칠 만에 그 수는 100만 명으로 늘어났다. 이 공장점거 운동은 북부 지방에서 가장 강력했지만, 온 나라가 공장점거 물결에 휩쓸렸다. 마침내, 진정으로 전 국가적인 세력이 자본가들과 그들의 국가에 정면으로 맞선 것이다. 이 공장점거 운동은 단지 점거에 그치지 않았다. 노동자들이 점거한 공장에서는 노동자 통제 아래 생산이 재개됐다.

그람시는 의기양양하게 다음과 같이 썼다. "지금 같은 때의 하루는 보통 때의 10년과 맞먹는다. 즉, 보통 때라면 10년 걸릴 선전 활동, 혁명적 개념과 사상의 흡수가 단 하루 만에 이뤄진다."[5]

공장점거는 곧 토리노 전역의 공장평의회에 새로운 힘을 불어

1920년 공장을 점거한 이탈리아 노동자들. 침탈 가능성에 대비해 무장 노동자 조직인 '적위대'를 운영했다.

넣었다. 피아트 공장에서는 평의회가 특별위원들을 임명해서, 공장의 경비를 책임지고 원자재 운송과 보급에 차질이 없게 했다. 침탈 가능성에 대비해 공장을 방어할 적위대도 결성됐다. 스파 자동차 공장에서는 사제 수류탄을 만들어서, 점거된 공장들로 보냈다. 피아트의 한 작업장에서는 철조망을 집중적으로 만들기도 했다.

그람시는 토리노의 공장평의회가 더 나아가서, 공장 수준에서 이미 존재하는 군사적 방어력과 조직을 토리노 시 전체 차원에서도 만들어 내야 한다고 주장했다. 작업장 통제와 그런 소비에트식 민주주의는 혁명이 일어나야만, 즉 낡은 국가권력에 맞서는 무장봉기가 있어야만 달성되고 유지될 수 있었다.

그러나 핵심 문제는 〈오르디네 누오보〉와 그람시가 토리노에서는 결정적 영향력이 있었지만, 다른 곳에서는 그러지 못했다는 것이다. 특히 밀라노 같은 다른 대규모 산업도시에서 영향력이 없었다. 밀라노의 공장평의회는 노동조합 상근간부층과 사회당이 만들고 통제했는데, 그들은 밀라노 공장평의회가 토리노의 영향력에 오염되지 않도록 철저하게 단속했다. 금속노조는 공장점거를 단지 [1920년 6월에 다시 총리가 된] 졸리티 정부에 압력을 가하는 수단으로만 여겼다. 정부가 금속노조와 사용자들 사이에서 중재자 구실을 하도록 압박하는 수단으로만 여긴 것이다.

그람시와 〈오르디네 누오보〉는 사실상 토리노에 고립됐다. 그람시는 밀라노가 혁명의 '버팀목'이라고 주장했다. 왜냐하면 "밀라노는 사실상 부르주아 독재의 수도이므로,* 밀라노의 공산주의 혁명은 이탈리아 전체의 공산주의 혁명을 뜻하기 때문이다."[6]

• 로마가 이탈리아의 행정적 수도라면 밀라노는 경제적 수도라 할 만큼 이탈리아 최대의 경제 중심지다.

그람시는 공장을 장악하는 것은 중대한 일보 전진이지만, 거기서 그쳐서는 안 되고 앞으로 더 나아가야 한다고 주장했다. 노동자들이 자본가 권력의 진정한 중심, 즉 교통·통신 수단, 은행, 군대와 그 밖의 국가기구 등을 장악하는 것이 결정적으로 중요하다는 것이다.

공장 소유자들은 군대가 나서서 공장을 깨끗이 쓸어버리라고 요구했지만, 중앙정부는 충분한 병력도 없었고 병사들이 지휘관의 명령에 복종할지 의심스러워했다. 오히려 정부는 노동조합과 사회당 지도자들이 문제를 해결해 주기를 기대했다. 그 지도자들은 혁명적 미사여구를 늘어놓았지만, 마치 자동차 불빛에 놀라 꼼짝 못 하는 토끼마냥 혁명적 전환기에 옴짝달싹 못 하고 있었다.

그러나 그람시는 1920년 봄까지도 혁명가들이 사회당에서 분리해 나와 공산당을 따로 만들어야 한다는 결론을 내리지 않았다. 그때는 이미 이탈리아 좌파가 혁명적 위기에 휩싸인 뒤였는데도 그랬다. 그람시와 토리노의 일부 좌파는 당장 분리해서 창당하는 게 비교적 쉬운 상황이었지만, 공장평의회와 사회당원의 다수를 설득하려면 시간이 필요했는데 그러기에는 시간이 너무 부족했다.

역사가 그윈 윌리엄스는 다음과 같이 지적했다. "개혁주의 노선도 혁명적 노선도 택할 수 없었던 이탈리아 사회주의자들에게 마법 같은 해결책은 존재하지 않았다. 그들은 마지막으로 허세를 한 번 부리고 나서, 자신들의 가장 강력한 본능에 따라 '정상'으로 되돌아갔다. 그[무장봉기] 문제를 투표로 결정하기로 한 것이다."[7]

• 당시 사회당 지도부는 "운동이 온 나라와 프롤레타리아 대중 전체로 확대될 수 있도록 운동을 책임지고 지도하겠다"는 내용의 공식 의향서를 발표했다.

두 집단이 밀라노에서 회의를 열었다.

그들은 토리노 대표단에게 무장봉기를 시작할 태세가 돼 있는지 물었다. 또다시 고립될까 봐 두려워진 토리노 대표단은 "안 돼 있다"고 대답했다. 그러자 노조 지도자들은 사회당에 혁명을 일으키라고 요구했다. 사회당의 대답은 "안 된다"는 것이었다. 결국, 혁명적 위기가 한창일 때 그들은 무장봉기 문제를 노동조합 대의원대회로 넘겨 버렸다!

노동조합 대의원대회는 공장평의회 대표들이 아니라 노조 지부 대표들로 이뤄져 있었고, 따라서 가장 투쟁적인 노동자들은 배제돼 있었다. 놀랍게도, 혁명을 요구하는 동의안이 통과될 뻔했다. 그러나 59만 1245명의 노동자를 대표하는 대의원들이 반대했고, 40만 9569명의 노동자를 대표하는 대의원들이 찬성했으며, 9만 3623명의 노동자를 대표하는 대의원들은 기권했다. 노동조합총연맹과 사회당은 표결에서 부결됐다는 핑계로 아무것도 하지 않은 채 수수방관했고, 결국 운동은 패배했다.

투쟁적인 철도 노동자들과 선원들도 대회장에 참석했지만, 그들에겐 표결권이 없었다. 표결에 참가한 사람들은 흔히 노조 충성파와 상근간부층이었다. 그런데도 표결 결과가 아슬아슬했다는 것은 정말 놀라운 일이었다. 그러자 노조 지도자들은 협상을 벌여 임금 인상과 노동조건 개선 말고도 공장 운영에 관해 노조가 발언권을 갖게 하겠다는 약속을 얻어냈다. 그런데도 이 협상안을 조합원들이 수용하게 만드는 데는 많은 어려움이 있었고,

노조 지도자들은 겨우겨우 공장점거를 끝낼 수 있었다.

3~4주 동안 노동자들은 공장을 점거한 채 임금도 받지 않고 공장을 운영했다. 이것은 엄청난 성취였다. 공장점거는 사회당과 노동조합총연맹 지도부가 혁명에 관한 논쟁을 결판내기 전까지는 무너지지 않았다.

그것은 혁명적 순간이었는가? 아니다. 그 대답이 전국적 무장봉기를 당장 시작해야 했는지에 달려 있었다면 말이다. 그러나 혁명을 하나의 과정으로, 즉 부르주아 국가에 반대하고 결국은 그것을 대체할 수 있는 대안적 권력이 출현하는 과정으로 이해한다면, 당시는 혁명적 상황이었다. 공장평의회는 그런 가능성을 품고 있었다. 토리노 밖으로 더 확산됐다면 충분히 그럴 수 있었다. 정말이지, 그 뒤의 폭력 사태와 극단적 반동은 사용자들이 얼마나 두려움에 떨었는지를 여실히 보여 준다.

공산당의 탄생

공장점거가 패배한 뒤 좌파들 사이에서는 단순하지만 분명한 주장 하나가 떠올랐다. 그것은 아마데오 보르디가의 주장이었다. 보르디가는 사회당과 결별하고 공산당을 따로 만들어야 한다고 맨 먼저 강력하게 주장한 사람이었다. 공장점거가 패배한 뒤 분명하고 결정적인 행동 노선을 제시한 사람은 보르디가뿐이었다. 그는 극좌파가 사회당과 결별하고 따로 모여서 응집력 있고 이데올로기적으로 순수한 공산당을 건설해야 한다고 주장했다. 1920년 가을에 그 주장은 여기저기 흩어져 있던 혁명적 세력들에게 아주 그럴듯하게 들렸다. 세라티가 개혁주의자들과 단호하게 갈라서지 못한 채 혁명적 미사여구만 남발하고 분명한 방향 제시도 하지 않는 것에 좌절하고 분노한 극좌파들은 보르디가가 주창한 행동 노선에 더욱 끌렸다.

그러나 문제는 공산당을 창설해야 한다는 점에서는 보르디가가 옳았지만, 사회당과 분리해서 새 당을 만들자는 그의 주장의 밑바탕에는 심각한 결함이 있는 다른 많은 주장들이 있었다는 점이다. 예컨대, 보르디가는 선거를 보이콧해야 한다고 주장했고, 노동자들에게 기존 노조를 탈퇴하라고 촉구했다.

보르디가는 공장평의회와 그 지지자들, 〈오르디네 누오보〉도 비판했다. 보르디가의 당 개념은 엘리트주의적이었다. 즉, 당은 자칭 노동계급의 지도부로서, 노동계급을 해방으로 인도한다고 생각했다. 그람시는 항상 당을 도구로, 즉 노동자들이 스스로 혁명을 달성하는 데 필요한 도구로 봤다. 보르디가는 당이 공장평의회나 소비에트를 창조하고 통제하고 지도한다고 봤다. 따라서 공장평의회나 소비에트는 부차적 기구였다.

이탈리아 전역에서 다양한 혁명적 좌파 세력이 함께 모여 공산당을 건설했다. 그러나 그람시는 이 과정에서 주변적 구실만 했고, 이것은 위험한 결과를 가져왔다. 〈오르디네 누오보〉파의 사상을 지지하는 사람들을 모아서 전국적 네트워크를 건설하지 못했기 때문에 그람시는 고립됐고, 그래서 사태에 결정적 영향을 미칠 수 없었다. 그는 대체로 당내 논쟁에 연루되는 걸 피했고, 자신의 임무는 노동계급을 교육하는 것이라고 생각했다. 보르디가는 진정한 공산당을 선언하기만 하면 된다고 주장한 반면, 그람시는 진정한 공산당의 기초 작업은 먼저 기층 수준에서 준비돼야 한다고 봤다. 그람시는 선거에 기권하는 것에도 반대했다. 선거는 혁명적 메시지를 전파하는 데 이용할 수 있고 의회는 나라의 문제들에 대한 진정한 해결책을 널리 선전하는 연단이 될 수 있다고 생각했기 때문이다.

보르디가는 공장평의회나 소비에트는 혁명에서 아무 구실도 할 수 없고 오직 당만이 혁명적 구실을 할 수 있다고 봤다. 그는 심지어 혁명이 성공하기 전에는 공장평의회도 건설해서는 안 된다고 주장했다. 공장평의회는 혁명 후 소비에트가 창설될 수 있을 때 공산당의 지역 지부에 기반을 둬야지, 공장이나 작업장에서 선출돼서는 안 된다는 것이다.

1920년 보르디가는 세 가지를 강조했다. 사회당에서 분열해 나가야 한다는 것, 부르주아 선거에 기권해야 한다는 것, 공장평의회를 비판하는 것이었다. 그는 혁명과 의회 선거 참여를 대립시켰지만, 노동자들이 의회 선거를 거부하고 혁명으로 나아가도록 설득하려면 구체적으로 무엇을 해야 하는지 전혀 제시하지 못했다. 기권하라는 호소는, 의회를 통해 변화가 가능하다는 생각을 받아들이는 노동자들(비록 철석같이 믿지는 않더라도)에게 전혀 설득력이 없었다. 더욱이, 보르디가는 노동자들이 스스로 잘못을 깨달을 수 있도록 올바른 결의안이나 선언문을 통과시키기만 하면 된다고 생각했다.

사회당 다수파는 러시아 혁명을 지지했고 혁명이 필요하다는 것도 인정했다. 그들이 의회 민주주의를 충실하게 지지하는 사람들과 갈라서서, 분명하게 혁명적인 새 정당으로 결집하리라는 것은 확실한 듯했다.

그러나 그런 일은 일어나지 않았다. 오히려 1921년 1월 리보르노에서 열린 사회당 당대회에서 탈당한 쪽은 개혁주의자들이 아니라 보르디가와 그 지지자들(그람시도 포함해서)이었다. 그들이 새로 만든 공산당은 창립될 때부터 고립됐다. 그람시의 본능은 거의 항상 옳았지만, 그는 '붉은 2년'의 과제를 실현할 수 있는 혁명적 조직을 건설하지 못했기 때문에 자신감을 잃어버렸다.

그람시는 나중에 리보르노 당대회에서 사회당이 분열하고 공산당이 창립된 과정을 회상하면서 레닌이 [세라티에게] 했던 말을 떠올렸다. "'먼저 투라티와 갈라서고 난 다음에 다시 그와 동

필리포 **투라티** 사회당의 우파 지도자 — 지은이.

맹하시오.' … 다시 말해, 우리는 개혁주의자들과만 갈라설 것이 아니라, 사실은 이탈리아 노동자 운동의 전형적 기회주의자들이 었고 지금도 기회주의자들인 최대강령파와도 갈라섰어야 했다 (그것은 우리의 필수적 임무이자 역사적으로 불가피한 임무였다). 그러나 갈라선 다음에는 그들에 맞서 이데올로기적·조직적 투쟁을 계속하면서도 반동에 대항해서는 그들과 동맹하려고 노력했어야 했다."[8]

레닌의 충고는 죽을 때까지 그람시의 뇌리에 남아 있었다. 그 문제는 1921년 이탈리아에서 거의 즉시 제기됐다.

무솔리니의 진군

안토니오 그람시는 선견지명이 있었다. '붉은 2년'의 절정기인 1920년 5월 그람시는 다음과 같이 경고했다. "이탈리아 계급투쟁의 현 국면 뒤에는 다음과 같은 사태가 벌어질 것이다. 즉, 혁명적 프롤레타리아가 정치 권력을 장악하거나 … 아니면 유산계급과 지배계급의 엄청난 반동이 닥칠 것이다. 유산계급과 지배계급은 산업·농업 프롤레타리아를 굴복시켜 노예처럼 부려 먹기 위해 어떤 폭력도 서슴지 않을 것이다."[9]

그람시의 말은 단순한 미사여구가 아니었다. 1922년 10월 파시스트들이 권력을 장악하자 이탈리아 노동계급은 혁명적 순간을 그대로 흘려보낸 것에 대한 끔찍한 대가를 치르게 된다.

한때 사회주의자였던 무솔리니는 1920년 말까지도 자기 자리를 찾지 못한 채 주변을 맴도는 인물이었다. 그의 작은 조직 파쇼는 스스로 좌파인지 우파인지 갈피를 잡지 못하고 있었다. 공장점거 기간에 무솔리니는 밀라노 주변을 돌아다니며 노동자들을 지지한다고 밝히기도 했다.

그러나 1921~22년에 계속 성장한 파시스트 '검은 셔츠단'은 처음에는 농촌에서, 나중에는 도시에서도 테러를 자행할 수 있게 됐다. 노동조합, 사회주의 신문사, 농업협동조합의 사무실을 불 지르고 노조와 좌파 활동가들을 폭행하고 살해하는 등의 만행을 저질렀다.

파시스트의 공세가 시작된 곳은 북동부의 접경 지역인 트리에스테 주변이었다. 유고슬라비아 왕국과 영토 분쟁 중이던 트리에스테에서 파시스트들은 슬라브인 공동체에 테러를 가했다. 그 뒤 파시스트들의 테러는 볼로냐와 포 강 유역으로 옮겨 갔다. 퇴역 장교, 학생, 중간계급 청년으로 이뤄진 파시스트 깡패들은 자유주의자들인 아버지의 돈과 군대의 무기를 지원받아 농촌의 노동조합과 사회주의자들이 운영하는 지방정부를 겨냥해 테러를 감행하기 시작했다.

이 지역들에서는 좌파가 지방정부를 통제하고 있었는데, 비록 온건파 사회주의자들이 이끄는 지방정부였지만 오랫동안 그 지역을 지배해 온 지주들을 분노하게 만드는 데는 충분했다. 사회당은 혁명적 미사여구를 늘어놓았지만 이 무장 폭력 집단에 대응하지 못했다. 그들은 볼로냐를 시작으로 지방정부 청사에서 잇따라 쫓겨났다. 농촌의 노동조합 지부들은 불에 탔고 활동가들은 폭행당하고 살해당했다.

무솔리니는 이 검은 셔츠단을 배후 조종했고, 약간 어려움을 겪기는 했지만 전국적 파시스트 정당의 지도자가 되는 데 성공했다. 파시스트들이 완전히 장악한 농촌 지역에서 노동자 조직은 모조리 파괴됐다. 파시스트들의 공세는 이제 작은 도시로, 그리고 좀 더 큰 도시로 점차 확산됐다(파시즘은 중앙 권력을 장악하기 전까지는 토리노 같은 대도시에서 결코 공세를 취하지 못했다).

이탈리아 좌파는 파시즘에 어떻게 대응할지를 두고 혼란에 빠졌다. 사회당 우파와 노조 지도자들은 노동자와 농민이 파시스트들의 위협으로부터 자신을 방어하려면 법질서 수호 세력에 의지해야 한다고 주장했다(군대·경찰·법원이 모두 무솔리니의 깡패들을 후원하고 있었는데도 말이다). 세라티 같은 최대강령파는 그저 사회주의를 떠들어 대기만 할 뿐, 승리할 수 있는 전략을 결코 제시하지 못했다.

그러나 세라티를 비판하는 혁명적 좌파도 별로 나을 게 없었다. 노동자들은 자유민주주의를 방어하는 데 아무런 이해관계도 없다고 주장했기 때문이다. 그들은 만약 파시즘이 의회를 파괴하면 의회를 통한 사회 변화를 기대하는 환상도 사라질 것이라고 말하면서, 혁명적이지 않은 노동자들과 단결해 파시스트들의 폭력에 맞서는 것은 혁명적 순수성을 훼손하는 일이므로 결코 그래서는 안 된다고 강변했다.

그람시의 선견지명이 그때만큼 절실한 적도 없었다. 그러나 가장 위험한 순간에 그람시는 고립된 채 생각의 혼란에 빠져 있었다.

파시즘에 저항하기

이렇다 할 전국적 지도부는 전혀 없었지만, 로마·파르마·리보르노·라스페치아 등지에서 퇴역 병사들과 노동자 투사들이 파시스트들을 물리적으로 저지하고자 아르디티 델 포폴로(인민의 분대)라는 반파시스트 조직들을 결성했다. 비극이게도, 그들은 노조 지도자들과 사회당의 비난을 받았을 뿐 아니라 신생 공산당도 그들을 비난했다.

노조 지도자들과 사회당 지도부는 심지어 무솔리니와 평화협정을 맺기도 했다. 물론 무솔리니는 이 협정을 가볍게 무시했다.

그래서 이 협정은 오히려 반파시즘 저항 세력을 무장해제하는 데 도움이 됐다. 파시즘의 승리가 가까워지고 있는 것처럼 보이자 노조 지도자들과 사회당 지도부는 태도를 돌변해 총파업을 호소했다. 그러나 거의 준비가 안 된 그 총파업은 완전히 실패하고 말았다.

그람시는 본능적으로 아르디티 델 포폴로를 지지해야 한다고 생각했지만, 공산당 지도부가 다른 결정을 내리자 아르디티 지지를 철회했다. 그는 파시즘이 승리하면 노동계급 조직뿐 아니라 국가로부터 독립적인 조직은 죄다 철저히 파괴될 것임을 깨달았다. 그러나 공산당 지도자들조차 무솔리니의 집권은 단지 정부가 바뀌는 것일 뿐이고 무솔리니는 곧 의회 제도로 흡수되고 말 것이라고 생각했다. 또다시 그람시는 침묵을 지킬 수밖에 없었고, 심지어 이 형편없는 주장을 일부 따라하기도 했다.

신생 공산당은 노동조합총연맹과 선원노조가 아나키스트·신디컬리스트 노조 연맹과 함께 1922년 2월에 결성한 반파시즘 노동운동연합에 대해서도 초좌파주의적 태도를 취했다. 노조 지도자들이 파시즘에 맞서 진짜 제대로 투쟁할 수 있는지를 의심하는 것과는 별개로, 반파시즘 노동운동연합 같은 전국적 선제 행동을 지역 수준의 단결된 저항으

초좌파주의 노동조합·선거·의회·공동전선을 원칙적으로 거부하는 조류. '혁명적 순수성'을 내세우며 개혁주의 세력들과의 공동 활동을 기피해 사실상 운동의 주도권을 개혁주의자들에게 넘겨주는 경우가 흔하다.

1922년 코민테른 대회에 참석하
기 위해 모스크바에 갔을 때의
그람시.

로 확대하려는 노력은 얼마든지 할 수 있었는데도 공산당은 그
러지 않았다. 신생 공산당은 파시즘의 치명적 위험을 깨달은 노
동계급의 요구를 수수방관했다. 1922년 10월 무솔리니가 이탈리
아에서 권력을 잡았는데도 보르디가는 파시즘의 승리를 대수롭
지 않게 여기고 얕잡아 봤다.

당시에 파시즘은 새로운 현상이었으므로, 누구든 파시즘을
종합적으로 분석하지 않았다거나 그 해악을 과소평가했다는 이
유로 비난받아서는 안 될 것이다. 그러나 보르디가는 파시즘을
단지 전통적 지배계급 정치의 또 다른 형태로 치부했다는 점에

서 완전히 틀렸다. 일단 권력을 잡자 파시스트 깡패들은 심지어 토리노에서도 미친 듯이 날뛰었다. 무솔리니의 권력이 점차 강해지면서 모든 반대파와 독립적 목소리는 봉쇄됐고 국가나 교회로부터 독립적인 조직은 죄다 금지됐다.

그람시는 개인적으로 동의하지 않는 당 노선을 공식적으로 지지하는 데서 비롯한 긴장과 스트레스 때문에 건강이 나빠졌다. 그를 코민테른의 이탈리아 공산당 대표로 모스크바로 파견하자는 데 의견이 모아지면서 탈출구가 마련됐다. 그람시는 1922년 말 코민테른 4차 대회에 맞춰 모스크바에 도착했고, 곧 업무 스트레스와 고립감, 파시즘의 공세에 시달린 후유증으로 신경쇠약에 걸리고 말았다. 그러나 러시아에서 그람시는 기운을 되찾았다. 모스크바와 다음 활동 무대였던 빈에서 그는 이탈리아 공산주의의 지도자가 되기 위한 투쟁을 시작했다.

그람시가 당의 방향을 바꾸려고 투쟁하다

1924년 그람시는 부르주아지와 노동계급이 모두 사회 위기를 해결하기 위한 결정적 행동을 하지 못하는 상황에서 파시즘이 출현할 수 있었다고 주장했다. 따라서 파시즘은 단지 이탈리아에서만 나타난 현상이 아니었다.

파시즘은 낡은 정치적 지배 엘리트에 반대하며 국가를 장악했지만, 옛 지배계급을 새 지배계급으로 교체하지는 않았다. 아빌리 가문과 그 밖의 자본가들이 여전히 피아트 등의 산업체를 소유하고 있었다. 파시즘은 낡은 국가형태와 대부분의 전통적 이데올로기를 반대했다. 예컨대, 노동계급과 어느 정도 타협할 필요성을 인정하지 않았다. 오히려 파시즘은 노동운동 지도자들의 동의를 끌어내던 기존 정책을 폐기하고 모든 형태의 노동계급 조직과 국가나 교회에서 독립적인 조직을 모조리 탄압하는 정책을 추진했다. 이것이 다른 형태의 지배계급 정치체제와 파시즘의 차이점이었다.

그람시는 이탈리아 공산주의자들이 노동계급 지도부를 자처하듯이 행동하는 것을 매우 못마땅하게 여겼다. 그는 당, 노동계급, 대중운동의 상호 관계가 보르디가가 주장한 것보다 훨씬 더 역동적인 관계라며 다음과 같이 지적했다. 보르디가는 "당을 혁명적 대중의 자발적 운동과 중앙의 조직·지도 의지가 수렴하는 변증법적 과정의 결과로 여기지 않고 허공에 붕 떠 있는 것처럼 여겼다. 즉, 자율적이고 자연 발생적인 어떤 것, 상황이 적절하고 혁명의 물결이 가장 높이 솟구칠 때 대중이 가입하게 될 어떤 것으로 여겼다."[10]

그람시가 자신의 정치를 실천에 옮길 기회가 찾아왔다. 파시즘의 지배를 끝장낼 뻔한 위기가 닥친 것이다. 1924년 4월 사회당의 개혁주의 정치인 마테오티가 의회에서 무솔리니를 신랄하게 비난하는 연설을 했다. 그러자 독재자 무솔리니는 "왜 이자에게 아무 일도 없는 거야?" 하고 말했다고 한다. 며칠 뒤 마테오티는 로마 거리에서 납치됐고 나중에 시 외곽에서 변사체로 발견됐다. 곧 마테오티 살해는 무솔리니의 직할부대 소행으로 밝혀졌다.

정권은 휘청거렸고 그 지지자들은 마비됐다. 마테오티 암살에 대한 분노가 일었고 이 위기 때문에 파시즘이 몰락할 것이라는 생각이 널리 퍼졌다. 그러나 마테오티 살해를 비판하던 다양한 자유주의자나 우경 사회주의자 국회의원들은 투쟁을 자제해서, 의회를 뛰쳐나와 로마 시내 모처에서 새로운 의회를 여는 데 그쳤다. 그람시는 파시즘에 반대하는 모든 정당의 공동 행동을 주장했다. 단지 시늉이 아니라 진정한 대중 동원에 바탕을 둔 공동 행동, 정권에 반대하는 총파업을 벌이자고 주장했다.

공산당은 자발적 시위들을 더 강력한 반정부 투쟁으로 발전시키려고 노력했다. 그람시는 당의 성장에 관해 다음과 같이 말했다. "우리 운동은 크게 도약했습니다. 신문 발행 부수는 세 곱절로 늘었고, 많은 도시에서 우리 동지들은 대중운동의 지도부를 맡아 파시스트들의 무장을 해제하려고 노력했습니다. 공장 집회에서 노동자들은 우리 구호에 환호했고, 우리 구호를 반영한 결의안들이 계속 통과됐습니다. 나는 우리 당이 지난 며칠 사이에 진정한 대중정당이 됐다고 생각합니다."[11]

그람시가 볼 때도 [부르주아] 민주주의자들은 파시즘에 맞서 저항을 지도할 수 없었다. 그람시가 부르주아 민주주의를 증오했다는 것은 명백하지만, 그는 부르주아 민주주의를 '폭로'하거나 비난하는 것 만으로는 부족하다는 사실을 잘 알고 있었다. 노동계급과 피억압 대중이 혁명으로 나아가도록 설득해야 했던 것이다.

그람시의 공산당은 개입주의적인 당이었다. 보르디가에게 당은 적절한 역사적 순간에 행동할 간부들을 양성하는 기구였다. 그람시에게 공산주의자들은 모든 운동의 기민한 능동적 일부였다. 당은 노동계급의 필수적 일부가 돼야 했다. 노동계급이 대체로 사회민주주의를 여전히 지지하고 있을 때조차 그래야 했다.

1924~26년에 그람시는 공산당의 실질적 지도자가 됐다. 그래서 당을 재무장시키고 보르디가의 종파주의적 노선과 단절하게 할 수 있었다. 1926년 1월 그람시는 팔미로 톨리아티와 함께 "리옹 테제"를 작성했다. 그것은 그람시의 가장 원숙한 정치 문서였고, 당을 재무장시키고 대중정당으

종파주의 개혁주의자들과 공동 행동이 필요한 상황에서 그걸 거부하는 태도.

팔미로 톨리아티 그람시가 투옥된 뒤 공산당 사무총장이 된다. 〈오르디네 누오보〉 시절부터 그람시와 협력했으나 1920년대 후반부터는 기본적으로 충실한 스탈린주의자였다. 훗날 그람시의 사상을 왜곡한 장본인이다.

리옹 테제 1926년 프랑스 리옹에서 열린 이탈리아 공산당 당대회에 제출한 유명한 문서. 보르디가의 초좌파주의를 비판하고 반파시즘 공동전선을 주장했다.

로 전환하게 만든 지침이었다.

불행히도, 마테오티 살해에 대한 분노를 바탕으로 반파시즘 운동이 확대되지 못하자 무솔리니는 한숨 돌릴 수 있게 됐고, 그래서 지지 세력을 재편성해서 독재 체제를 훨씬 더 단단하게 구축할 수 있었다. 이를 위한 조처 가운데 하나가 국회의원 면책 특권의 박탈이었다. 결국 그람시도 구속·수감됐다. 재판에서 검사는 "피고의 두뇌 활동을 20년 동안 정지시켜야 합니다" 하고 구형했다. 그러나 파시스트들은 그렇게 하는 데 실패했다! 다른 많은 문제에서도 실패했듯이 말이다.

교도소에 갇혀서

시칠리아에서 [약 60킬로미터] 떨어진 우스티카 섬의 교도소에서 다른 공산주의자들이나 반파시즘 투사들과 함께 즐겁게 지낸 몇 개월을 제외하면, 그람시는 형기 내내 사실상 격리돼 있었다. 정권의 의도대로 그의 건강은 나빠졌다. 특히 폐결핵, 동맥경화증, 척추카리에스(척추가 차츰 파괴돼 등의 근육을 따라 고름 종기가 생기는 병)가 그의 몸을 점차 망가뜨렸다. 그람시가 가장 두려워한 것은 몸이 너무 아파서 특별 대우를 해 달라고 간청하며 정권에 굴복하는 것이었다. 그러나 그는 결코 그러지 않았다.

그람시는 믿기 힘든 강인한 의지력으로 역경을 헤쳐 나갔고, 온갖 어려움에도 불구하고 1929년부터 1935년까지 노트에 다양한 글을 썼다. 그 노트들은 천신만고 끝에 안전하게 밖으로 반출됐다. 《옥중 수고》는 엄청나게 어려운 조건에서 그리고 마르크스주의 고전을 전혀 열람할 수 없는 상황에서 쓰였다(그람시는 순전히 기억에 의지해서 마르크스주의 고전들을 인용했다). 그람시는 노트 33권의 2848쪽을 빽빽하게 채워 넣는 데 성공했다.

1935년 그람시는 병 때문에 더는 글을 쓸 수 없었고, 그람시를 비롯한 파시즘 희생자들의 석방을 요구하는 국제적 운동의 압력 덕분에 교도소에서 '석방'돼 로마의 병원에 감금됐다. 그러나 때가 너무 늦었고, 마침내 1937년 4월 사망한다.

《옥중 수고》는 그람시의 유산이지만, 교도관의 검열을 피하기 위해 암호 같은 용어들로 쓰였다. 그래서 마르크스주의는 '실천 철학', 혁명적 정당은 '현대 군주'(르네상스 시대의 저술가 마키아벨리에게 경의를 표하기 위한 용어) 등으로 에둘러 표현됐다. 그람시는 교도소에 고립돼 있다 보니 공산주의 운동의 더 광범한 논쟁과 단절됐다. 그 덕분에 스탈린주의에 오염되지 않을 수 있었지만, 결정적으로 스탈린주의의 영향도 이해할 수 없게 됐다. 이 두 사실 때문에 그람시 추종자들은 저마다 제 논에 물 대기 식으로 《옥중 수고》를 이용할 수 있었다.

이탈리아 공산당이 《옥중 수고》의 글들을 선별해서 처음으로

파시스트 감옥에 수감돼 있던 1935년의 그람시.

공개한 것은 제2차세계대전 후였다. 그때부터 공산당은 《옥중 수고》를 이용해 자신의 전략인 "이탈리아 국가기관을 통한 대장정"을 정당화했다. 다시 말해, 사회주의로 가는 의회의 길, 즉 그람시가 그토록 경멸했던 노선을 정당화하는 데 그람시를 이용한 것이다. 그람시가 말한 헤게모니 투쟁(대중이 특정 사상을 받아들이게 하는 것)은 선거에서 51퍼센트를 득표하는 활동쯤으로 여겨졌다.

휠씬 더 뒤인 20세기가 끝나갈 무렵 한 세대의 포스트모더니스트 미디어 학자들은 그람시를 이용해 자신들의 견해를 정당화했다. 즉, 메신저가 곧 메시지이고,* 헤게모니는 여론에 영향을

• 포스트모더니스트들은 기표(형식)와 기의(내용)의 구분을 거부한다. 그래서 미디어(메신저)가 내용(메시지)을 전달하는 것이 아니라 미디어라는 형식 자체가 곧 메시지라고 주장한다.

미치려고 미디어에서 한 자리를 차지하는 것이라는 견해 말이다.

사실, 《옥중 수고》의 바탕에는 그람시가 이탈리아 공산당 지도부를 상대로 벌인 투쟁이 깔려 있다. 당시 이탈리아 공산당은 스탈린이 모스크바에서 내리는 지령을 충실히 따르고 있었다. 1929년 점차 독재 권력을 휘두르고 있었던 스탈린은 자본주의가 최후의 위기를 맞았으며 혁명이 임박했다고 선언했다. 그래서 이탈리아 공산당 지도부는 파시즘을 전복하기 위해 당장 봉기해야 한다고 주장했다.

그람시는 이것이 헛소리, 그것도 위험한 헛소리라는 것을 알고 있었다. 이탈리아는 결코 무장봉기 직전의 상황이 아니었다. 무솔리니에 맞서 공동 저항을 구축하는 방향으로 당을 재건하고 이끌려는 그의 노력은 모두 허사가 됐다.

그람시는 툴리아 교도소에서 옥중 스터디 그룹에 참여하고 있었는데, 그람시가 혁명은 당면 과제가 아니며 당장 해야 할 일은 공산주의자들이 다른 반파시즘 투사들과 단결하는 것이라고 주장하자 스터디 그룹은 깨지고 말았다.

그람시는 파시즘에 맞서는 공동 행동이야말로 공산당이 노동자·농민 소비에트를 기반으로 한 노동자 공화국이라는 개념을 독자적으로 내놓으면서도 대중과 관계 맺고 대중을 동원할 수 있는 길이라고 봤다. 그는 면회 온 형에게 자신은 당의 새 노선에 반대한다고 말했다. 그러나 형은 이 사실을 톨리아티와 당 지도부에게 말하지 않기로 했다. 동생이 당에서 쫓겨날까 봐 두려웠던 것이다.

《옥중 수고》는 이런 관점에서 읽어야 한다. 그람시는 혁명을 거부하기는커녕 어떻게 서유럽에서 혁명이 일어날 수 있는가 하는 주장으로 되돌아갔다. 그러면서 참을성이라는 혁명적 미덕을 강조했다. 그람시가 볼 때 무장봉기는 여전히 "투쟁의 결정적 순간"이었고, 그가 말한 "현대 군주"(혁명적 정당)는 [투쟁을] 조정하고 보편화하는 중앙집중적 기구였다.

서유럽 혁명

《옥중 수고》에서 그람시는 러시아 혁명 직후 서유럽을 휩쓴 혁명 물결이 왜 실패했는지를 물었다. 레닌과 트로츠키 등 볼셰비키 지도자들은 서유럽의 혁명 과정이 러시아보다 더 길어질 것이라고 주장한 적이 있었다. 이제 그람시는 이 주장을 받아들여 더 발전시켰다. 그러면서 카를 마르크스의 이데올로기 분석을 더 심화시키는 중요한 성과도 거뒀다.

혁명가들이 서유럽과 러시아에서 직면한 차이가 《옥중 수고》

의 핵심 문제의식이었다. 그람시는 다음과 같이 주장했다. "러시아에서는 국가가 전부였고 시민사회는 원시적이고 무정형이었다. 그러나 서유럽에서는 국가와 시민사회 사이에 적절한 관계가 형성돼 있었고, 국가가 위기에 처하자 시민사회의 견고한 구조가 즉시 드러났다."[12]

그람시가 볼 때 지배계급은 그리스 신화에 나오는 켄타우로스(반은 사람이고 반은 짐승인)처럼 국가의 강제력뿐 아니라 피지배계급의 동의를 이용해서도 지배한다.

제정 러시아에서는 국가의 직접 통제 밖에서 사회·정치 생활이 조직되는 영역인 시민사회가 이제 막 나타나고 있었다. 차르의 지배를 받아들이는 대중은 드물었고 정권은 곧바로 탄압에 의존했다. 이 때문에 조그마한 위기조차 흔히 국가와의 혁명적 충돌로 발전하기 십상이었다. 혁명가들의 임무는 기회만 생기면 투쟁을 이끌어 권력을 곧장 공격하는 것이었다. 그람시는 이것을 '기동전'이라고 불렀다.

한편, 서유럽에서는 지배계급이 주로 동의에 의존했고 시민사회 내의 다양한 제도에 의지할 수 있었다. 시민사회를 조직하고 강화하는 그런 제도들은 국가라는 커다란 요새를 둘러싸고 있는 복잡한 보루 구실을 한다고 그람시는 설명했다. 그래서 교회·언론·교육체계·정당 같은 제도들이 대중의 동의를 얻는 데 일조하고, 그 덕분에 무력은 드물게 그리고 최후의 순간에만 사용해도 된다. 사실, 이 때문에 서유럽에서 국가는 덜 위험한 것이 아니라 러시아에서보다 더 강력하고 전복하기도 더 힘들 것이다.

따라서 지배계급에 대한 직접 공격이 가능해지기 전에 먼저, 시민사회에서 지배계급을 지지하는 이런 네트워크들과 그것들이 강화하는 [지배계급의] 사상을 오랜 이데올로기 투쟁으로 약화시켜야 한다. 그람시는 이것을 '진지전'이라고 불렀다. 공산주의자들은 자본가들의 지배를 유지시켜 주는 동의를(아무리 마지못해 하는 동의라도) 약화시키는 것을 자기 임무로 삼아야 한다.

그런 지배계급의 헤게모니는 어떻게 무너뜨릴 수 있으며 그 경쟁 상대인 혁명적 헤게모니는 어떻게 창출할 수 있는가?

상식과 양식

그람시는 이탈리아에서 동맹을 구축해야 한다고 강조했다. 그것은 주로 북부 노동계급과 남부 농민의 동맹이었다. 그러나 더 나아가서 그는 레닌이 1920년대 초 코민테른 3차·4차 세계 대회에서 제시한 공동전선 전술들도 옹호했다.

이탈리아에서 그런 동맹이나 공동전선을 적대시하는 종파주의적 태도는 보르디가와 그 추종자들의 기계적 사고방식, 즉 파시즘은 또 다른 형태의 자본주의 지배일 뿐이라고 일축한 사고

방식의 결과였다. 그런데 이제 스탈린과 코민테른이 이런 오류를 되풀이하고 있었다.

그런 동맹을 구축하는 데서 결정적으로 중요한 것은 선전·선동을 통한 혁명 세력의 발전과 교육이다. 그람시가 옹호한 공동전선 방식은, 몇몇 근본적 문제에 대해서는 서로 동의하지만 다른 문제들에 대해서는 동의하지 않는 사람들과 협력해서 활동하는 것이었다. 그것은 또, 사람들의 머릿속에 뒤죽박죽 섞여 있는 사상, 즉 그람시가 말한 '모순된 의식'을 다루는 방법이기도 했다.

그람시는 '상식'과 '양식良識'이라는 중요한 구분을 했다. 즉, 사실상 지배계급의 사상인 '상식'과, 비록 처음에는 '저들과 우리'를 구분하는 의식에서 출발하지만 어쨌든 노동자들의 실제 경험과 이해관계를 표현하는 사상을 구분한 것이다.

그람시는 대중의 의식 속에 갖가지 현대적·진보적 사상과 끔찍한 반동적 사상이 섞여 있다고 설명했다. 똑같은 노동자가 온갖 인종차별·여성차별 관념을 드러내는 "걸어 다니는 화석, 시대착오적 인물"임과 동시에, 결코 피켓라인을 넘지 않는 충실한 노동조합원일 수 있다는 것이다. 노동자들의 생각 속에는 "석기시대의 요소와 더 발전한 과학의 원리, 특정 지역의 과거 역사 전체에서 물려받은 편견과 전 세계적으로 통일된 인류의 자산이 될 미래 철학의 직관이 섞여 있다."[13]

서로 충돌하는 세계관이 우리 머릿속에서 공존할 수 있다는 사실을 그람시는 다음과 같이 요약했다. "그[노동자 — 지은이]는 두 가지 이론적 의식(또는 하나의 모순된 의식)을 갖고 있다고 할 수 있다. 하나는 그의 행동에 함축돼 있고, 현실 세계를 변혁하는 실천 과정에서 그와 동료 노동자들을 단결시켜 주는 의식이다. 다른 하나는 겉으로 드러나거나 말로 표현된 의식, 그가 과거에서 물려받아 무비판적으로 받아들인 의식이다."[14]

어떻게 해야 '상식'에서 '양식'의 요소들을 분리하고 진정한 계급의식의 발전을 촉진할 수 있을까? 어떻게 해야 마르크스주의자들은 노동자들이 갖고 있는 긍정적 사상들을 더 일관된 비판적 세계관으로 발전시킬 수 있을까?

이 과정을 혁명가들이 외부에서 강요할 수는 없다며 그람시는 다음과 같이 강조했다. "그것은 다짜고짜 과학적 사고방식을 개인 각자에게 주입하는 문제가 아니라, 기존의 활동을 개선해서 '비판적' 활동으로 발전시키는 것이다."[15]

그람시는 또, 노동자들의 말과 행동이 흔히 모순된다는 중요한 지적도 했다. 노동자들은 자본과 노동의 근본적 갈등이 겉으로 드러날 때는 흔히 자발적으로 반격한다. 지배 이데올로기를 지지하면서도 그러는데, 그런 투쟁 속에서 노동자들은 새로운 사상을 발전시키기 시작한다.

그람시가 보기에 마르크스주의자들의 임무는 그런 투쟁에서 얻은 통찰들, 즉 노동자들이 얻게 된 '양식'의 요소들을 발전시켜서 종합적 세계관으로 일반화하고, 그래서 세계를 변화시키려는 대중의 집단적 의지를 창출하는 것이다.

토리노에서 자신이 한 경험을 되돌아보며 그람시는 노동계급의 자발적 반란이 결정적으로 중요하다고 주장했다. "우리는 이 '자발성'이라는 요소를 무시하지 않았고 하물며 경멸하는 일은 더욱 없었다. 오히려 그것을 교육하고 지도하고 외부의 악영향에서 지켜 냈다."[16] 그람시는 '자발성'과 의식적 지도의 통일을 주장했다. 그것은 혁명적 정당과 노동계급 사이의 역동적 쌍방향 관계다.

따라서 효과적인 계급의식이 되려면 제도화돼야 한다. 자발적 투쟁의 성과를 영속적인 것으로 만들려면, 그 성과가 조직으로 표현돼야 한다. 그 성과를 분명히 표현하고 강화할 수 있게 해 주는 조직으로 말이다.

당과 계급

그러나 마르크스주의자들이 '양식'을 종합적 계급의식으로 발전시키려고 노력한다면, 다른 세력들은 그런 발전을 방해하거나 적어도 그런 발전이 어느 수준을 넘지 못하도록 노동자들의 모순된 의식을 제도화하려고 노력한다. 그래서 때때로 우파 정당이 순수한 지배계급의 '상식'을 중심으로 일부 노동자들을 조직할 수 있다. 예컨대, 영국 보수당은 과거에 때때로 적잖은 노동자들한테서 지지를 받았다.

그러나 노동자들의 모순된 의식이 표현된 가장 중요한 제도는 대중적 개혁주의 정당이다. 전통적으로 노동계급이 발전하면서 채택하는 정치적 견해는 정의·평등·변화를 추구하면서도 지배계급이 정해 놓은 정치 생활의 상식을 받아들이는 견해다. 즉, 의회주의라는 게임의 규칙을 받아들인다. 여기서 우리가 목격하는 것은 지배계급의 사상을 받아들이면서도 부분적으로 거부하는 태도다. 많은 노동자들의 머릿속에는 '상식'이 '양식'의 요소들과 공존하는 것이다. 그 결과로 영국 노동당, 유럽 대륙의 사회민주주의 정당, 브라질 노동자당 같은 정당들이 득세한다.

그람시는 또, 주로 미디어가 지배계급의 사상을 쏟아 내는 것만으로는 충분하지 않다는 사실도 알고 있었다. 아무리 지배계급의 사상이라도 사람들이 받아들여야 하고 일상생활 속에 통합돼야 한다. 그람시 당시의 이탈리아 지배계급도 교사·법률가·사제·언론인 등에 의존해서 자신들의 사상을 사회 곳곳에 전파하고 그것을 대중의 언어로 옮길 수 있었다.

지배계급은 지금도 그런 네트워크에 의존한다. 그래서 지난 30여 년 동안 영국에서는 학교 교육과정을 훨씬 더 협소하고 전통적인 방향으로 전환시키기 위한 전투가 끊임없이 벌어졌다. 그러나 갈수록 토니 블레어 같은 정치인들은 자신의 메시지를 전달하는 주된 통로로 미디어를 이용한다. 그러나 단지 미디어에 의존해서 소극적 수용자에게 메시지를 전달하는 것은 잠재적 약점이다. 지지자들을 동원하는 데 이용할 수 있는 적극적 연결 고리가 없기 때문이다.

2003년 영국이 이라크 침공에 가담했을 때 정부는 전쟁을 정당화하는 온갖 거짓말을 늘어놨다. 그러나 이런 거짓말은 통하지 않았다. 오히려 반전 운동이 전국적 네트워크를 건설하기 시작해서, 사람들의 지지를 받았을 뿐 아니라 엄청난 규모의 시위를 조직했다. 이 때문에 사회 상층에 위기가 조성되자 토니 블레어는 돌이킬 수 없는 타격을 받았고 신노동당은 분열했으며 영국의 통치 방식을 문제 삼는 분위기가 널리 퍼졌다.

전통적으로 영국 노동당과 유럽 대륙의 그 자매 정당들은 모든 노동계급 지역사회에 활동가들을 거느린 대중정당이었다. 어떤 의미에서는 최악의 반동적 사상에 맞서는 장벽 구실도 했지만 첨예한 투쟁의 순간에는 노동계급의

신노동당 1990년대 중반 이후 신자유주의를 공식적으로 받아들인 영국 노동당을 일컫는 용어.

반란을 억누르는 구실도 했다. 개혁주의는 노동계급의 이익을 지키는 방패 구실도 하지만 노동계급이 더 전진하지 못하게 가로막는 결정적 장애물 구실도 하는 것이다. 그러나 오늘날 개혁주의의 기반은 약해지고 있다.

여기서 우리는 당, 노동계급, 대중운동 사이의 관계로 되돌아

간다. 이것이 그람시의 핵심 관심사였다.

그람시는 마르크스주의가 미래를 예측할 수 있게 해 주는 마법의 수정 구슬 같은 것이라는 주장을 비판했다. "사실, '과학적으로' 예견할 수 있는 것은 오로지 투쟁뿐이고, 투쟁의 구체적 계기들은 예견할 수 없다. 투쟁의 구체적 계기는 서로 대립하는 세력들의 끊임없는 운동의 결과이고, 결코 고정된 양으로 환원할 수 없다. 왜냐하면 그 속에서 양은 끊임없이 질로 바뀌기 때문이다. 사실, 우리는 우리가 행동하는 만큼만 예견할 수 있고, 자발적으로 노력하는 만큼, 그래서 '예견'한 결과가 실현되도록 구체적으로 기여하는 만큼만 '예견'할 수 있다."[17]

'양식'과 낡은 '상식' 사이의 투쟁은 결코 저절로 해결되지 않는다. 그것은 어느 한쪽이 이겨야 끝나는 전투다. 이 때문에 혁명가들의 네트워크가 필요하다고 그람시는 주장한다. 동료 노동자들의 자신감을 끌어올려 함께 투쟁하고 새로운 것이 낡은 것을 확실히 이길 수 있는 전략을 제시하는 혁명가들의 네트워크가 있어야 한다는 것이다.

심화하는 '유기적 위기'

노동자들은 북서유럽에서는 100년 넘게, 독일과 남유럽에서는 수십 년 동안 [자본주의적] 민주주의 사회에서 살았다. 그들은 투표권과 단결권을 누린다(노동자들이 체제에 정면으로 도전하지 않는 한 그런다). 복지 개혁의 혜택도 누리고 교육·의료 서비스도 보장된다(최근에는 약간 축소됐지만). 생활수준이 급격하게 낮아지는 재앙을 겪지도 않았다.

개혁주의는 노동조합이 임금이나 노동조건 결정에 어느 정도 영향을 미칠 수 있는 상황에서 성장한다. 국회나 지방의회에서 개혁주의 정당들은 일상생활을 일부 개선하겠다거나 시장의 엄청난 파괴력에 맞서 노동자들을 방어하는 찌그러진 방패 정도는 되겠다고 약속할 수 있다.

노동조합은 경제적 목표와 정치적 목표를 분리한다. 자본의 지배 자체에는 도전하지 않는다. 노동조합은 단지 협상 테이블에서 앉을 자리를 요구할 뿐이다. 정치적 변화를 실현하려고 경제적 힘을 사용하는 일은 하지 않는다. 한편, 노동조합의 쌍둥이 형제인 개혁주의 정당은 의회 제도와 부르주아 국가의 규범을 자기 활동의 한계로 받아들인다.

두 집단은 모두 전쟁이 벌어지면 '우리' 국가를 방어해야 하고, 외국의 불공정 경쟁에 맞서 '우리' 경제를 지켜야 하고, '우리' 사법제도를 준수해야 한다고 생각한다. 대부분의 시기에 노동자들과 피억압 대중의 다수는 선거에서 후보나 정당을 잘 선택하면 체제가 잘 돌아갈 것이라는 주장을 아주 당연하게 받아들인다. 사회와 경제의 진보를 확실히 이루려면 노동계급에게 권력이 넘어와야 한다고 생각하는 사람은 극소수에 불과하다.

지난 30여 년 동안 세계 자본주의 체제는 심각한 경제 위기가 지속되는 중간중간에 잠깐씩 호황이 반복되는 양상이었다. 세계적으로 복지국가가 쇠퇴하고 자유 시장이나 신자유주의적인 경제적·사회적 합의가 득세했는데, 그 결과는 재앙이었다. 옛 소련의 몰락, 중국의 부상, 미국의 헤게모니를 강화하고 재천명하려는 미국 제국주의의 가차없는 노력 때문에 세력균형도 몰라보게 달라졌다. 영국에서는 지배계급이 영국의 장기적 쇠퇴를 막고 되돌리려 하면서 특정한 위기가 발생했다.

이것은 사회 상층의 위기('유기적 위기')로 이어져서, 그람시가 말한 '반대 세력'이 조직될 수 있는 지형이 형성됐다. 21세기의 첫 5년 동안 세계적 신자유주의 의제에 맞서는 저항이 확산됐고, 국제 반전 운동도 전례 없는 규모로 성장했다. 영국을 포함한 몇몇 나라에서는 급진좌파 결집체가 나타나 의회 영역에서 친親시장 좌파와 경쟁하기도 했다. 아직까지 경제투쟁은 노동자들이 1980~90년대에 겪은 패배 때문에 뒤처져 있지만, 이것도 바뀔 조짐이 보이고 있다.

이런 상황에서 그람시의 많은 주장, 즉 개혁주의의 본질이나 노동자들이 어떻게 혁명적 사상으로 설득될 수 있는지에 관한 주장들이 새로운 활력을 얻고 있다.

노동자, 민주주의, 혁명

그람시는 노동자들을 중요하게 여겼다. 오늘날 노동계급이 줄어들고 있다고 생각하는 사람들에게는 그람시의 주장이 적절하지 않은 것처럼 들릴 수 있다. 그러나 세계적으로 보면 노동계급은 늘어나고 있다. 이제 역사상 처음으로 노동계급이 세계 인구의 다수가 됐다. 오늘날 상파울루나 상하이 같은 도시의 상황은 그람시 당대의 토리노와 비슷하다. 서유럽에서 압도 다수 사람들은 노동을 하거나 노동을 하기 위해 공부하거나 노동에서 은퇴한 사람이다. 대공장은 여전히 막대한 이윤을 창출한다(그리고 공장의 노동자 수가 적을수록 생산과정을 지배하는 노동자들의 힘은 더 커진다). 그러나 많은 노동자가 콜센터, 금융 부문, 대형 할인점, 운송업 등 대체로 임금이 낮고 위험한 직종에서 일한다.

영국에서는 2001년 아프가니스탄 전쟁과 2003년 이라크 전쟁, 그 뒤의 점령에 반대해서 수많은 사람들이 거리로 뛰쳐나왔다. 그들은 공동의 관심사를 확인했다. 그러나 작업장에서는 투쟁이 그만큼 분출하지 않았으므로 계급 정체성과 능력에 대한 생각이 제각각이다.

그런 의미에서 상황은 제1차세계대전 후의 토리노와 별로 다르지 않다. 당시 토리노에서도 새로운 노동자들이 한창 성장하는 도시로 몰려들었다. 그러나 기존의 노동계급 기구들은 그 노동자들을 동원하고 조직하지 못했다. 그람시는 공장평의회가 새로운 노동계급 세력을 창출하는 열쇠라고 봤다.

공장(더 좋기로는 작업장) 평의회는 1905년 러시아 혁명 이후 20세기의 모든 위대한 혁명적 투쟁에서 (적어도 맹아 형태로나마) 나타났다. 2005년 5~6월 혁명에 가까운 반란이 볼리비아를 휩쓸었다. 민중의회들이 출현해서 노동계급 지역사회를 통제했다. 볼리비아의 석유와 천연가스를 헐값에 매각하려던 신자유주의 정부는 결국 무너졌다.

보통의 자본주의적 민주주의에서는 형식적으로 모든 사람에게 1인 1표의 투표권이 있고 우리는 모두 평등하다. 그러나 진짜 현실은 그렇지 않다. 루퍼트 머독과 영국은행 총재는 압도 다수 사람들이 결코 가질 수 없는 권력을 휘두른다. 정치 권력과 경제 권력 사이에는 큰 간극이 있다. 그래서 우리는 사회에서 일어나는 일에 대해서, 예컨대 20퍼센트에

> **루퍼트 머독** 〈타임스〉, 〈월스트리트 저널〉 등을 소유한 미디어 재벌.

대해서는 아주 작은 발언권이라도 있지만 나머지 80퍼센트(즉 경제나 시장)는 눈곱만큼도 통제할 수 없다. 작업장 평의회는 정치 권력과 경제 권력을 나누는 장벽을 무너뜨릴 것이다. 사람들은 시민·생산자·소비자로서 회의를 열고 결정을 내릴 것이다.

자본주의적 민주주의의 선거제도는 또, 우리를 지역별 유권자

로 나눈다. 그래서 핵심 분열은 계급 분열이지 지역 분열이 아니라는 사실과 이 각각의 지역에 '자연적' 공동체 따위는 없고 엄청난 빈부 격차가 존재한다는 사실을 은폐한다. 작업장 평의회 민주주의는 우리의 삶을 좌우하는 활동을 바탕으로 사람들을 결합시킨다. 즉, 노동관계나 착취관계를 바탕으로 사람들을 조직한다.

우리는 국회의원이나 지방의원을 뽑아 놓고도 전혀 통제하지 못한다. 그러나 공장평의회 체제에서는 모든 대표에게 이의를 제기해서 그들을 투표로 끌어내릴 수 있다. 더욱이 그들은 현장에서 직접 선출되는 대표이므로 자신들을 선출한 사람들과 똑같은 임금을 받지 두세 배 더 많이 받는 일은 결코 없을 것이다. 의회 민주주의는 사람들의 참여를 배제하려고 온 힘을 다한다. 지배자들은 흔히 우리가 정치는 지루하고 따분한 것이라고 여기도록 부추긴다(국회를 보면 실제로 그렇다). 보통 우리는 경찰, 군대, 미디어, 고위 공무원, 판검사 등에 대해 발언권이 전혀 없다.

작업장 평의회 민주주의는 참여를 극대화하고, 보통 사람들이 의사결정 과정에서 소외되는 현실을 끝장낼 것이다. 또, 사람들에게 할 수 있다는 자신감을 주고, 우리가 사회를 운영할 수 있다는 사실을 보여 줄 것이다. 작업장 평의회 민주주의는 우리가 우리 삶을 통제할 수 없다고 믿게 만드는 오래된 헛소리를 깨끗이 잊어버리는 데서 필수적이다.

현장조합원 운동은 노조 관료주의에 맞서 거듭거듭 나타났다. 현장조합원 운동이 작업장 평의회로 한 단계 더 발전할 수 있는지 아닌지는 노동계급의 투쟁 수준과 일반화 수준에 달려 있다. 혁명가들이 그런 수준을 의지력으로 끌어올릴 수는 없지만, 자신들이 확립한 전통이 작업장 평의회로 꽃필 수 있는 상황에 대비해서 현장조합원 운동을 발전시킬 수는 있다.

혁명가들은 그런 순간이 오기를 그저 기다려서는 안 된다. 이탈리아 '붉은 2년'의 교훈은 그런 순간이 오기 전에 혁명적 세력이 미리 존재해야 한다는 것이다. 노동자들의 일상 투쟁에 적극적으로 관여하는 세력, 다시 말해 당이 미리 존재해야 한다. 이탈리아에서 이런 혁명적 세력은 노동자 대중과 관계를 맺었어야 했다. 개혁주의 사상을 받아들이면서도 당면한 일상적 요구를 위한 투쟁에서 혁명가들의 영향을 받을 수 있는 대중, 그래서 위기의 순간에 혁명적 결론으로 설득될 수 있는 대중과 관계 맺었어야 했다. 혁명가들은 노동조합 속에서 이런 노동자들 곁에 있어야 할 뿐 아니라 노조 지도자들과 개혁주의 정치인들이 자신들의 영향력을 이용해 혁명의 동력을 무디게 하고 억누르려는 것에 맞서 항상 싸워야 한다.

그람시는 사람들은 위기의 순간에 라이벌 정당들로 모여든다고 말한 적 있다(그 정당들이 굳이 정당이라는 이름을 쓰지 않거나 추상적으로는 정당 개념을 거부하더라도 말이다). 다시 말해, 사람들은 특정한 전략들 주위로 결집한다. 그 전략들은 따지고 보면 개혁이냐 혁명이냐. 그러나 앞서 봤듯이, 개혁과 혁명이 둘은 동등하지 않다. 개혁의 이면에는 온갖 '상식'이 있다. 우리가 태어나면서부터 고스란히 받아들이고, 개혁주의 정당과 노동조합 지도자들과 온갖 종류의 미사여구가 날마다 강화하는 상식 말이다. 새로운 사회로 도약하려면 이 모든 것을 극복해야 한다. 혁명은 자발적으로 시작될 수 있지만 결코 자발적으로 끝나지 않는다.

그람시는 작업장 평의회가 순전히 계획된 것도 아니고 그렇다고 해서 순전히 자발적인 것도 아니라는 점을 이해했다. 두 요소는 역동적으로 융합돼야 한다. 그람시가 보기에 작업장 평의회는 혁명적 정당으로 조직된 소수와 여전히 개혁주의 사상을 어느 정도 받아들이는 수많은 노동자 대중을 서로 연결하는 다리 구실을 했다.

당 혼자서는 너무 작아서 수많은 노동자들을 움직일 수 없다. 30~40년 전 영국에는 작업장에서 직접 선출된 직장위원들의 강력한 네트워크가 존재했다. 그들은 노조 상근간부층과 무관하게 독립적으로 행동할 태세가 돼 있었다.

사회주의자들은 그 직장위원들을 조직해서 강력한 현장조합원 운동을 건설할 수 있다고 봤다. 그 운동은 노동자 대중과 사회주의자들을 연결하는 다리가 될 수 있었다. 그러면 노동자 평의회 건설의 토대를 놓을 수 있을 거라고 사회주의자들은 생각했다.

오늘날 전쟁·제국주의·신자유주의에 저항하는 운동의 급진화는 노동자들의 경제투쟁을 앞지르고 있다. 그러나 새 세대 혁명가들은 아직 자기 능력을 깨닫지 못하는 노동계급이 어떻게 하면 자기 정체성을 파악할 수 있을까 하는 문제를 다뤄야 한다.

그 문제를 다룰 때 그람시는 큰 도움이 된다. 그 밖에도 그람시에게 배울 점은 많다.

더 읽을거리

1장 카를 마르크스

마르크스에 대해 더 알고 싶은 독자들은 다음의 책들을 읽기를 권한다.

Alex Callinicos, *The Revolutionary Ideas of Karl Marx* (Bookmarks, London, 2004) [국역: 《칼 맑스의 혁명적 사상》, 책갈피, 2007]. 마르크스의 사상을 이해하기 쉽고 폭넓게 설명한 책. 내가 많이 참고한 책이기도 하다.

Karl Marx, *The Communist Manifesto*(Bookmarks, London, 2005) [국역: 《공산당 선언》, 여러 판본으로 번역돼 있다]. 크리스 하먼이 머리말을 썼다.

Karl Marx, *Selected Writings*(David McLellan ed, Oxford University Press, Oxford, 2000).

Hal Draper, *Karl Marx's Theory of Revolution*(Monthly Review Press, New York, 4 vols, 1978~90)[2권 일부 국역: 《계급

과 혁명》, 사계절, 1986]. 복잡한 논의를 겁내는 사람들에게는 권하지 않겠다. 마르크스의 사상과 이를 둘러싼 논쟁들을 탁월하고 명쾌하게 설명한 네 권짜리 책.

August Nimtz, *Marx and Engels: Their Contribution to the Democratic Breakthrough*(SUNY Press, Albany, 2000). 학술적이긴 하지만, 마르크스와 엥겔스의 정치 활동을 다룬 아주 재미있는 책.

John Bellamy Foster, *Marx's Ecology*(Monthly Review Press, New York, 2000). 마르크스주의의 생태학적 주장을 탁월하게 고찰한 역작.

Francis Wheen, *Karl Marx*(Fourth Estate, London, 1999) [국역:《마르크스 평전》, 푸른숲, 2001]. 마르크스를 한 인간이자 사상가로서 우호적으로 잘 설명한 책.

'마르크시스트 인터넷 아카이브'에서는 마르크스의 방대한 저작들을 찾아볼 수 있다(www.marxists.org).

2장 블라디미르 레닌

레닌의 *Collected Works*(Moscow, 1960ff)는 모두 46권이다. 독자들이 원한다면 인용문을 직접 찾아볼 수 있도록 후주에서 *LCW*라고 축약·표기했다. 다른 출처도 알고 싶어 하는 사람들을 위해 몇몇 출처도 덧붙였다.

레닌이 살아 있을 때 제기된 많은 중요한 논쟁들을 이 책에서 모두 다룰 수는 없었다. 더 많이 알고 싶은 사람은 Tony Cliff, *Lenin*(London, 1985~86, 3 vols)[국역: 《레닌 평전 1~4》, 책갈피, 2009~13]을 참고하기 바란다. 그 책의 기본 주장은 내 책과 똑같다. L Trotsky, *The History of the Russian Revolution*(London, 1997) [국역: 《레온 트로츠키의 러시아혁명사 상·중·하》, 풀무질, 2003~04], V Serge, "Lenin in 1917"(in *Revolutionary History* 5/3, 1994), A Rosmer, *Lenin's Moscow*(London, 1987), V Serge, *Year One of the Russian Revolution*(London, 1992)[국역: 《러시아혁명의 진실》, 책갈피, 2011], M Lewin, *Lenin's Last Struggle*(London, 1967), M Liebman, *Leninism Under Lenin*(London, 1975) [국역: 《레닌의 혁명적 사회주의》, 풀무질, 2007], M Haynes, *Russia: Class and Power in the Twentieth Century*(London, 2002)도 유용한 책들이다.

레닌의 저작 중 가장 중요한 것은 《국가와 혁명》이다[국역: 《국가와 혁명》, 아고라, 2013]. 《사회주의와 전쟁》, "마르크스주의의 세 가지 원천과 구성 요소", "적더라도 더 나은 것이 낫다", 《제국주의》도 읽어 볼 만하다. 레닌의 더 유명한 책과 소책자가 1991년 이전에 모스크바에서 보급판으로 많이 출간됐다. http://www.marxists.org/archive/lenin에서 레닌 저작을 많이 찾아볼 수 있고 계속 업데이트되고 있다.

3장 로자 룩셈부르크

룩셈부르크의 주요 저작들은 다양한 판본이 있다. 피터 후디스와 케빈 B 앤더슨이 편집한 *The Rosa Luxemburg Reader*(Monthly Review Press, 2004)에는 《대중파업》, 《사회 개혁이냐 혁명이냐》, 《러시아 혁명》, 《유니우스 팸플릿》과 함께 《자본축적론》에서 발췌한 글과 여성 문제를 다룬 글도 들어 있다. 2003년 라우틀리지 출판사는 《자본축적론》의 완전한 판본을 펴낸 바 있다[국역: 《자본의 축적 1, 2》, 지만지, 2013]. 버소 출판사는 앞으로 10년 동안 《로자 룩셈부르크 전집》을 낼 계획이다. 《전집》 1권 *The Letters of Rosa Luxemburg*가 2011년에 이미 나왔고, 다음 두 권은 경제와 정치를 다룬 글 모음집이 될 것이다.

파울 프뢸리히가 지은 *Rosa Luxemburg*(Bookmarks, 1994)[국역: 《로자 룩셈부르크 생애와 사상》, 책갈피, 2000]는 룩셈부르크의 전기 중에서 고전이라 할 만하다. 피터 네틀이 지은 더 자세한 전기 *Rosa Luxemburg*(2 vols, Oxford, 1966)는 절판됐지만, 도서관 등에서 빌려 볼 수 있다. 토니 클리프는 *Rosa Luxemburg*(International Socialism, 1959)[국역: 《로자 룩셈부르크의 사상》, 책갈피, 2014]를 써서 영국 좌파들이 룩셈부르크에 다시 관심을 갖게 하는 데 기여했다. 이 책은 룩셈부르크의 다른 많은 글과 마찬가지로 '마르크시스트 인터넷 아카이브' 웹사이트(www.marxists.org)에서 찾아볼 수 있다.

마르크스주의 경제학과 축적 개념에 관한 입문서를 보고 싶으면, *Unravelling Capitalism*(Bookmarks, 2009)[국역:《마르크스, 자본주의의 비밀을 밝히다》, 책갈피, 2010] 참조. 주디 콕스가《자본축적론》을 서평한 글 "Can capitalism go on forever?", *International Socialism* 100(Autumn 2003)(http://pubs.socialistreviewindex.org.uk/isj100/cox.htm)은 유용한 요약과 비판을 담고 있다. 독일 혁명에 관해서는 크리스 하먼이 지은 *The Lost Revolution: Germany 1918~1923*(Bookmarks, 1997) [국역:《패배한 혁명》, 풀무질, 2007]과 피에르 브루에가 지은 *The German Revolution*(Haymarket, 2006)이 가장 좋다.

4장 레온 트로츠키

트로츠키는 뛰어난 저술가였고 그의 저작은 엄청나게 유용하다. 자서전 *My Life*(Well Red, London, 2004)[국역:《나의 생애 상·하》, 범우사, 2001]와 대작 *History of the Russian Revolution*(Pluto, London, 2004)은 문학적으로도 뛰어난 걸작이다. 특히, *History of the Russian Revolution*은 러시아 혁명을 옹호하는 탁월한 저작이다. 연속혁명론을 설명한 두 고전 *The Permanent Revolution*과 *Results and Prospects*는 편리하게도 한 권으로 합쳐서 출간됐다(Well Red, London, 2004)[국역:《연속혁명 평가와 전망》, 책갈피, 2003]. 공동전선에 대해서는 *The First Five Years of the Communist International*(2 vols, New Park, London, 1973~74)

과 *The Struggle against Fascism in Germany*(Pathfinder, London and New York, 2001) [국역:《트로츠키의 반파시즘 투쟁》, 풀무질, 2001]을 참조. '마르크시스트 인터넷 아카이브'(www.marxists.org)는 방대한 트로츠키의 저작들을 모아 놓고 있다.

아이작 도이처의 3부작 *Trotsky: The Prophet Armed, The Prophet Unarmed, The Prophet Outcast*(Verso, London, 2003) [국역:《무장한 예언자 트로츠키》,《비무장의 예언자 트로츠키》,《추방된 예언자 트로츠키》, 필맥, 2005~07]는 걸출한 트로츠키 전기다. 때때로 저자 자신의 정치에서 비롯한 흠이 있기는 하지만 말이다. 토니 클리프의 네 권 짜리 트로츠키 전기(모두 북막스에서 출간됐다)는 정치적으로 더 신뢰할 수 있는 저작이지만 현재 절판된 상태다. 던컨 핼러스의 *Trosky's Marxism*(Bookmarks, London, 1987)[국역:《트로츠키의 마르크스주의》, 책갈피, 2010]은 얇지만 트로츠키의 사상을 다룬 탁월한 책이다.

트로츠키의 사상은 후세대 사회주의자들에 의해 더욱 발전했다. 토니 클리프의 *Trotskyism After Trotsky*(Bookmarks, London, 1999) [국역:《트로츠키 사후의 트로츠키주의》, 책갈피, 2010]는 클리프를 비롯한 여러 사람이 트로츠키의 사상을 바탕으로 제2차세계대전 종전 후의 사건들에 비춰서 주요 영역들을 분석한 얇은 안내서다. 클리프의 *State Capitalism in Russia*(http://www.marxists.org.uk/archive/cliff/index에서 찾아볼 수 있다)

[국역:《소련은 과연 사회주의였는가?》, 책갈피, 2011]는 스탈린 치하 소련을 더 자세히 분석한 선구적 저작이다. 이 책에서 클리프는 스탈린 치하 소련이 국가자본주의 체제였다고 주장한다.

5장 안토니오 그람시

영국의 로런스 앤 위셔트 출판사는 그람시가 옥중에서 쓴 많은 글을 모아서 Antonio Gramsci, *Selections from the Prison Notebooks* (1971)[국역:《그람시의 옥중수고 1, 2》, 거름, 1999]라는 책으로 펴냈다. 그람시가 '붉은 2년'과 파시즘의 성장기에 쓴 주요 글을 모아서 두 권짜리 책으로 펴내기도 했는데, *Selections from Political Writings 1910~1920* (1977)과 *Selections from Political Writings 1921~1926* (1978)이 그것이다[일부 국역:《안토니오 그람시 옥중수고 이전》, 갈무리, 2011].

'마르크시스트 인터넷 아카이브' 웹사이트 http://www.marxists.org/archive/gramsci/index.htm에서도 그람시의 많은 글을 찾아볼 수 있다.

가장 뛰어난 그람시 전기는 주세페 피오리가 쓴 *Antonio Gramsci: Life of a Revolutionary* (Verso, 1990)[국역:《안또니오 그람쉬》, 이매진, 2004]이다. 파시즘이 권력을 잡게 되는 과정에 대해서는 *The Resistible Rise of Benito Mussolini* (Bookmarks, 2002) 참조.

후주

1장 카를 마르크스

1 Karl Marx and Frederick Engels, *Collected Works*[이하 *CW*], vol 27, Moscow, 1975, p 426.

2 Karl Marx, *Economic and Philosophical Manuscripts*, Moscow, 1967, pp 66~67[국역:《경제학-철학 수고》, 이론과 실천, 2006].

3 August Nimtz, *Marx and Engels: Their Contribution to the Democratic Breakthrough*, Albany, 2000, p 1에서 인용.

4 Karl Marx and Frederick Engels, *The German Ideology*, London, 2004, p 47[국역:《독일 이데올로기 I》, 청년사, 2007].

5 *The German Ideology*, p 64.

6 Nimtz, p 52에서 인용.

7 Karl Marx and Frederick Engels, *The Communist Manifesto*, London, 2005, p 7.

8 *The Communist Manifesto*, p 12.

9 *The Communist Manifesto*, p 13.

10 *CW*, vol 6, p 356.

11 Nimtz, p 101에서 인용.

12 *CW*, vol 10, p 298.

13 Nimtz, pp 143~144에서 인용.

14 Karl Marx, *The Poverty of Philosophy*, Peking, 1978, pp 97~98[국역:《철학의 빈곤》, 아침, 1989].

15 *CW, vol* 16, pp 470~471.

16 *The Communist Manifesto*, p 8.

17 Karl Marx, *Capital*, vol 1, Harmondsworth, 1976, p 592.

18 폴 풋의 훌륭한 책 *The Vote: How It Was Won and How It was Undermined*, London, 2005 참조.

19 David Fernbach ed, Karl Marx, *The First International and After*, Harmondsworth, 1981, p 82.

20 Nimtz, p 185에서 인용.

21 Karl Marx, *The Civil War in France*[국역: 《프랑스 내전》, 박종철출판사, 2003] in Fernbach, *Karl Marx*, p 233.

22 Nimtz, p 231에서 인용.

23 Nimtz, p 231에서 인용.

24 www.marxists.org/archive/marx/works/1883/death/burial.htm 참조.

2장 블라디미르 레닌

1 Amis, *Koba the Dread*, London, 2002, p 248.

2 *Lenin Collected Works*(이하 *LCW*), vol 3, p 382.

3 *LCW*, vol 4, p 315.

4 *LCW*, vol 5, p 384.

5 *LCW*, vol 5, p 422.

6 *LCW*, vol 5, p 386.

7 *LCW*, vol 5, pp 515~516.

8 *LCW*, vol 5, p 460.

9 *LCW*, vol 5, p 450.

10 *LCW*, vol 8, p 146.

11 *LCW*, vol 10, p 23.

12 *LCW*, vol 10, p 234.

13 Lenin and Gorky, *Letters, Reminiscences, Articles*, Moscow, 1973, p 289.

14 A Y Badayev, *Bolsheviks in the Tsarist Duma*, London, 1987, p 184[국역: 《볼셰비키는 어떻게 의회를 활용하였는가》, 들녘, 1990].

15 *LCW*, vol 38, p 284.

16 *LCW*, vol 21, p 387.

17 *LCW*, vol 21, pp 32~33.

18 *LCW*, vol 22, p 253.

19 *LCW*, vol 22, p 295.

20 *LCW*, vol 23, p 253.

21 V Serge, *Year One of the Russian Revolution*, London, 1992, pp 57~58.

22 *LCW*, vol 24, p 60.

23 *LCW*, vol 24, p 63.

24 *LCW*, vol 25, p 387.

25 *LCW*, vol 25, p 389.

26 *LCW*, vol 25, p 422.

27 *LCW*, vol 25, p 478.

28 *LCW*, vol 25, p 400.

29 *LCW*, vol 25, p 402.

30 *LCW*, vol 25, pp 397~398.

31 *LCW*, vol 25, p 468.

32 *LCW*, vol 25, p 492.

33 *LCW*, vol 26, p 140.

34 *LCW*, vol 26, pp 74~82.

35 *LCW*, vol 26, p 240.

36 I Deutscher, *The Prophet Armed*, London, 1970, p 325[국역: 《무장한 예언자 트로츠키》, 필맥, 2005].

37 *LCW*, vol 26, p 409.

38 "Order of the Day to the Army of the Arts", 1918.

39 *LCW*, vol 26, p 365.

40 *LCW*, vol 29, p 69.

41 T Cliff, *Lenin* vol Ⅲ, London, 1978, pp 119~120.

42 M Gilbert, *Winston Churchill*, vol Ⅳ, London, 1975, pp 226~227.

43 V Serge, *Memoirs of a Revolutionary*, London, 1963, p 92[국역: 《한 혁명가의 회고록》, 오월의봄, 2014].

44 S Courtois et al, *The Black Book of Communism*, London and Cambridge Mass, 1999, p 72.

45 W P and Z K Coates, *Armed Intervention in Russia 1918~1922*, London,

1935, p 209.

46 *LCW*, vol 35, p 333.

47 *LCW*, vol 35, p 454.

48 *LCW*, vol 26, p 386.

49 *LCW*, vol 31, pp 235~236.

50 *LCW*, vol 31, p 58.

51 *LCW*, vol 31, p 262~263.

52 *LCW*, vol 31, p 55.

53 *LCW*, vol 31, p 53.

54 A Rosmer, *Lenin's Moscow*, London, 1987, p 53.

55 *LCW*, vol 33, p 431.

56 *LCW*, vol 32, p 279.

57 V Serge, *Memoirs of a Revolutionary*, London, 1963, p 147.

58 *LCW*, vol 33, p 273.

59 *LCW*, vol 33, p 487.

60 *LCW*, vol 33, p 489.

61 *LCW*, vol 36, pp 594~596.

62 *Pravda*, 30 January 1924.

63 *New International*, February 1939.

64 Letter to Luise Kautsky, 24 November 1917.

65 I Deutscher, *Stalin*, London, 1961, p 328.

66 *LCW*, vol 32, p 261.

67 V Serge, *Russia Twenty Years After*, New Jersey, 1996, p 93.

3장 로자 룩셈부르크

1 Paul Frölich, Rosa Luxemburg, Pluto, 1972, p25[국역: 《로자 룩셈부르크 생애와 사상》, 책갈피, 2000].

2 J P Nettl, Rosa Luxemburg, abridged edition, Oxford, 1966, p 43.

3 Frölich, pp 51~52.

4 Chris Harman, The Lost Revolution, Bookmarks, 1997, p 16[국역: 《패배한 혁명》, 풀무질, 2007].

5 The Letters of Rosa Luxemburg, Verso, 2011, p 40.

6 Reform or Revolution, Bookmarks, 1989, pp 53~54[국역: 《사회 개혁이냐 혁명이냐》, 책세상, 2002].

7 Reform or Revolution, pp 68~69.

8 Reform or Revolution, p 67.

9 Frölich, p 84.

10 Reform or Revolution, pp 74~75.

11 Frölich, p 59.

12 Frölich, p 91.

13 Letters, pp 172~173.

14 Richard B Day and Daniel F Gaido, *Witness to Permanent Revolution*, Haymarket, 2011, p 358.

15 Day and Gaido, p 371.

16 Carl E Schorske, *Social Democracy in Germany, 1905-1917*, Harvard, 1955, p 31.

17 Schorske, p 38.

18 *The Mass Strike*, Bookmarks, 2005, p 33.

19 *The Mass Strike*, pp 50~51.

20 Schorske, p 53.

21 David Blackbourn, *The Fontana History of Germany, 1780-1918*, Fontana, 1997, p 428.

22 William Carr, *A History of Germany, 1815-1945*, Hodder, 1972, p 187.

23 Schorske, p 77.

24 Nettl, p 270.

25 Peter Hudis and Kevin B Anderson (eds), *The Rosa Luxemburg Reader*, Monthly Review Press, 2004, pp 16~17.

26 Frölich, p 186.

27 Frölich, p 214.

28 Frölich, p 217.

29 Frölich, p 218.

30 Hudis and Anderson, p 313.

31 Hudis and Anderson, p 321.

32 Hudis and Anderson, p 341.

33   Nettle, p 390.

34   Nettle, p 420.

35   https://www.marxists.org/archive/luxemburg/1917/04/oldmole.htm.

36   *Letters*, p 447.

37   *Letters*, p 452.

38   Hudis and Anderson, p 289.

39   https://www.marxists.org/archive/luxemburg/1918/11/20.htm.

40   Hudis and Anderson, p 309.

41   Harman, p 42.

42   Frölich, p 271.

43   Frölich, p 285.

44   Frölich, p 278.

45   Dietmar Dath, *Rosa Luxemburg*, Suhrkamp, 2010, p 7.

4장 레온 트로츠키

1   Isaac Deutscher, *The Prophet Outcast: Trotsky 1929~1940*, London, 2003, p 350에서 인용.

2   Tony Cliff, *Trotsky 1879~1917: Towards October*, London, 1989, p 105에서 인용.

3   Leon Trotsky, *My Life*, London, 2004, p 191[국역: 《나의 생애 상·하》, 범우사, 2001].

4   더 자세한 설명은 인터넷 웹사이트 www.marxists.org에서 찾아볼 수 있는 토니 클리프의 1963년 소책자 《빗나간 연속혁명》(Deflected Permanent Revolution) 참조.

5   Leon Trotsky, *My Life*, p 260.

6   Leon Trotsky, *Women and the Family*, New York, 1973, p 42.

7   Victor Serge, *Revolution in Danger: Writings from Russia 1919~21*, London, 1997, p 13.

8   아이작 도이처의 *The Prophet Armed: Trotsky 1879~1921*, London, 1954, pp 456~457[국역: 《무장한 예언자 트로츠키》, 필맥, 2005]에서 인용.

9   Leon Trotsky, *First Five Years of the Communist International*, vol 2, London, 1974, p 92.

10   Leon Trotsky, *Writings on Britain*, vol 2, London, 1974, p 141.

11 Leon Trotsky, *Writings 1929*, New York, 1975, p 47.

12 Isaac Deutscher, *Stalin*, London, 1988, p 328에서 인용.

13 "For a Workers' United Front against Fascism", 8 December 1931. 이 글은 www.marxists.org.uk에서 찾아볼 수 있다.

14 Leon Trotsky, *The Revolution Betrayed*, New York, 1989, p 149[국역: 《배반당한 혁명》, 갈무리, 1995].

15 Tony Cliff, *Trotsky 1927~1940: The Darker the Night the Brighter the Star*, London, 1993, p 359에서 인용.

16 Leon Sedov, *The Red Book: On the Moscow Trials*, London, 1980.

17 Tony Cliff, *Trotsky 1923~1927: Fighting the Rising Stalinist Bureaucracy*, London, 1991, p 11에서 인용.

18 Leon Trotsky, *The Permanent Revolution*, London, 2004, p 9[국역: 《연속혁명 평가와 전망》, 책갈피, 2003].

5장 안토니오 그람시

1 John M Cammett, *Antonio Gramsci and the Origins of Italian Communism*, Stanford University Press, 1967, p 52.

2 Gramsci, *Selections from Political Writings 1910~1920*[이하 *SPW 1910~20*], p 100.

3 Gramsci, *SPW 1910~20*, pp 65~66.

4 Gramsci, *SPW 1910~20*, pp 293~294.

5 Gramsci, *SPW 1910~20*, p 340.

6 Gramsci, *SPW 1910~20*, p 152.

7 Gwyn Williams, *Proletarian Order*, Pluto, 1975, pp 255~256.

8 Gramsci, *Selections from Political Writings 1921~1926*[이하 *SPW 1921~26*], p 380.

9 Gramsci, *SPW 1910~20*, p 191.

10 Gramsci, *SPW 1921~26*, p 198.

11 Giuseppe Fiori, *Antonio Gramsci: Life of a Revolutionary*, Verso, 1990, p 174.

12 Gramsci, *Selections from the Prison Notebooks*[이하 *SPN*], p 238.

13 Gramsci, *SPN*, p 324.

14 Gramsci, *SPN*, p 333.

15 Gramsci, *SPN*, pp 330~331.

16 Gramsci, *SPN*, p 198.

17 Gramsci, *SPN*, p 438.